中央高校基本科研业务费资助项目：金融服务黄河
（项目编号：2021KYQD14）

RESEARCH ON PROMOTING INNOVATION IN THE UPPER REACHES
OF THE YELLOW RIVER THROUGH TECHNOLOGY FINANCE

科技金融服务黄河上游地区创新发展研究

马 琴（著）

经济管理出版社
ECONOMY & MANAGEMENT PUBLISHING HOUSE

图书在版编目（CIP）数据

科技金融服务黄河上游地区创新发展研究／马琴著．—北京：经济管理出版社，2023.9
ISBN 978-7-5096-9269-1

Ⅰ.①科…　Ⅱ.①马…　Ⅲ.①科学技术—金融业—作用—黄河流域—区域经济发展—研究　Ⅳ.①F127.4

中国国家版本馆 CIP 数据核字（2023）第 179429 号

组稿编辑：丁慧敏
责任编辑：丁慧敏
责任印制：张莉琼
责任校对：王淑卿

出版发行：经济管理出版社
　　　　　（北京市海淀区北蜂窝 8 号中雅大厦 A 座 11 层　100038）
网　　址：www.E-mp.com.cn
电　　话：(010) 51915602
印　　刷：唐山玺诚印务有限公司
经　　销：新华书店
开　　本：710mm×1000mm /16
印　　张：16.25
字　　数：301 千字
版　　次：2023 年 10 月第 1 版　2023 年 10 月第 1 次印刷
书　　号：ISBN 978-7-5096-9269-1
定　　价：98.00 元

·版权所有　翻印必究·

凡购本社图书，如有印装错误，由本社发行部负责调换。
联系地址：北京市海淀区北蜂窝 8 号中雅大厦 11 层
电话：(010) 68022974　邮编：100038

前　言

　　黄河上游地区包括青海、甘肃、四川、宁夏、内蒙古五省（区），[①] 是我国乃至亚洲重要的水源涵养地和补给地，是世界高海拔地区生物多样性最集中的地区，也是我国北方重要的能源廊道，在生态环境保护、水源涵养、生物多样性、经济发展等方面具有重要地位。同时，黄河上游地区也是气候敏感区，生态环境极易退化，水资源短缺，生态环境保护与修复任务艰巨。在河源地区，分布着高山草甸、湿地河曲、森林草甸、荒漠等生态系统，是黄河天然径流重要的来源地区，生态系统复杂多样，属于我国限制开发地区，保护难度较大；黄河甘肃段是黄河中上游重要的水源补给地，也是水土流失较为严重的地区，易发生自然灾害，水源涵养和水土保持面临的形势较为严峻；传统工业城市（兰州市、白银市、石嘴山市、乌海市等），城镇化程度高，煤化工产业集中，工业污染和生活污染综合治理难度较大，产业生态化发展较慢，经济结构调整、污染治理任务艰巨；河套平原，受黄河水资源约束，地下水超采严重，农业面源污染较重，产业发展低端，生态环境保护与农业高质量发展矛盾突出，是我国生态安全保障和经济社会发展的重点和难点地区。黄河上游地区生态系统复杂多样、生态功能价值极高、生态环境脆弱、水资源紧缺、历史贫困面广、产业转型升级较慢，对人类大规模开发利用活动的承载能力有限，人口、资源、环境协调发展挑战大，区域生态安全格局尚未形成。

　　实施创新驱动发展战略是黄河上游地区生态保护与高质量发展的核心内容。[②] 在世界三次产业革命中，科技创新都起到了关键性作用：在以蒸汽机的发明和应用为代表的第一次工业革命中，机器作业代替了手工制作，极大地提

---

　　① 黄河上游地区的四川省，由于黄河流经地较少，无法获取完整的统计数据，故本书将上游地区中的四川省流域略去。

　　② 任保平. 黄河流域生态保护和高质量发展的创新驱动战略及其实现路径［J］. 宁夏社会科学，2022（3）：131-138.

高了工业生产力，使英国成为当时世界经济发展的中心；在第二次世界产业革命中，以电力的推广和应用为主要代表的电气革命，进一步提升了工业系统的动力，形成了以美国为代表的新世界经济中心；在第三次科技革命中，以信息技术的发明和应用为主要代表，改变了人类的生产和生活方式。纵观世界经济发展的历史不难看出，科技创新已经成为经济发展的核心要素，科技创新是落后地区实现跨越式发展的重要手段。我国"十四五"发展规划将"创新"放在了现代化建设全局的核心地位，指出"深入实施创新驱动发展战略"，明确了创新在我国经济社会发展中的重要地位。黄河上游地区经济发展基础薄弱，生态环境保护与修复任务较重，保护与发展的矛盾突出。以科技创新驱动黄河上游地区生态保护与高质量发展，是新时代黄河上游地区高质量发展的必然选择。

高效的金融服务供给体系是创新发展的重要支撑和保障。有效的科技金融支持体系可以通过银行科技信贷、多层次资本市场体系、科技担保、科技保险、创业风险投资基金、财政科技支出等方式对科技创新全过程实施资金支持，以实现高新技术产业化发展，推动产业转型升级，促进地区科技进步，实现高质量发展。黄河上游地区特殊的生态保护需求和经济社会发展阶段使黄河上游地区科技金融服务创新有其特殊性，科技创新引领生态保护与高质量发展中存在科技创新难与资金支持难双重难题。构建与科技创新需求相一致的科技金融支撑体系是实现科技创新的必要条件。基于黄河上游地区特殊的生态环境保护修复需求和经济社会发展阶段的科技金融对科技创新的支撑，是黄河上游地区创新发展的重要保障。同时，黄河上游地区受历史、地理、自然等因素的制约，许多县域较为偏远，地广人稀，交通等基础设施落后，传统金融服务可及性差，金融服务成本高，由地理距离因素导致的金融网点覆盖面不足，影响了金融服务创新发展的深度和广度。2022年1月，国务院发布的《"十四五"数字经济发展规划》指出，要"合理推动大数据、人工智能、区块链等技术在银行、证券、保险等领域的深化应用"，明确了数字技术在金融领域的深化应用。数字技术具有较强的地理穿透性和信息获取整合能力，其在金融领域的深化应用，可以实现对偏远地区金融服务的有效辐射，是缓解黄河上游地区金融服务供给不足的有效工具。数字金融的发展和创新为黄河上游地区提升金融服务的可及性提供了便利，也为金融促进技术创新提供了新的空间。基于此，本书以复杂系统视角研究黄河上游地区科技创新与科技金融的动态耦合协调发展特点，分析黄河上游地区四省（区）科技金融与科技创新发展的耦合协调性和分布特点；使用面板数据模型，构建黄河上游地区科技金融促进科技创新理论模型，实证分析黄河上游地区科技金融对科技创新的促进作用，特别是公共科技金融和数字金融在黄河上游地区科技创新中的重要作用和影响机制，根据黄河上游地区特殊的经济发展基础和生态环境保护需求，结合实证研究结果，对黄河上游地区不同省份科技金融支持创新发展提出了相应的对策建议。

目录

第一章

导 论

第一节 研究背景与意义

一、研究背景

黄河是中华民族的母亲河，孕育了中华文明。在中华民族 5000 年的发展历史中，黄河流域对中华文明的贡献功不可没，不仅孕育了上古时期的炎黄文明，更孕育了河湟文化、河洛文化、关中文化、齐鲁文化等，是中华民族文化的重要组成部分。黄河也是我国北方重要的生态屏障，是连接我国东西部重要的生态廊道，更是横跨东、中、西部地区的重要经济带和能源基地，对维护国家生态环境安全、区域经济协同发展有着不可替代的作用。开展黄河流域生态保护和高质量发展是关系国家整体生态保护和经济高质量发展的重要节点。2019 年 9 月 18 日，习近平同志在黄河流域生态保护和高质量发展座谈会上强调，"保护黄河是事关中华民族伟大复兴的千秋大计"，[①] 明确了黄河流域生态保护与高质量发展的战略定位。

黄河上游地区包括青海、甘肃、宁夏、内蒙古四省（区），[②] 是我国重要的水源涵养地和煤炭能源基地。其中，河源地区的青海段和甘肃段生态屏障地位重要，环境脆弱、易退化，经济社会发展不充分、历史贫困面广，不具备承载

---

① 习近平. 在黄河流域生态保护和高质量发展座谈会上的讲话 [J]. 水利建设与管理，2019，39（11）：1-3+6.

② 刘小鹏，马存霞，魏丽等. 黄河上游地区减贫转向与高质量发展 [J]. 资源科学，2020，42（1）：197-205.

人类大规模开发利用活动；宁夏和内蒙古段煤炭、天然气资源丰富，产业结构倚重倚能特点突出；在黄河上游地区，可供人类生产生活使用的土地主要分布在河套平原，受黄河水资源约束，农业种植结构偏重旱作农业。黄河上游地区，水土流失严重、水资源短缺、工业用水量大、产业发展低端，是我国生态安全保障和经济社会发展的重点和难点地区。"黄河上中游7省区是发展不充分的地区，同东部地区及长江流域相比存在明显差距，传统产业转型升级步伐滞后，内生动力不足，源头的青海玉树州与入海口的山东东营市人均地区生产总值相差超过10倍。"① 在黄河流域生态保护与高质量发展中，由于黄河上游地区经济社会发展不充分、人口密度低、城镇化率低、产值规模小、产业结构低端等，高质量发展的经济和产业基础薄弱，生态恢复保护挑战大，生态保护与经济高质量协调发展难度较高，经济、社会、生态动态发展关系复杂，在生态保护与高质量发展中有其特殊性，需给予更多的关注。

创新是引领经济发展的第一动力，是黄河上游地区高质量发展的核心。2021年10月22日，习近平在山东省济南市主持召开深入推动黄河流域生态保护和高质量发展座谈会上指出，"'十四五'是推动黄河流域生态保护和高质量发展的关键时期，要抓好重大任务贯彻落实，力争尽快见到新气象。要坚持创新创造，提高产业链创新链协同水平"，② 进一步明确了黄河流域生态保护与高质量发展的方向，提出了创新发展在黄河流域生态保护与高质量发展中的重要地位。技术进步是推动经济可持续发展的重要力量，也是进行生态环境保护的重要手段，在新冠疫情影响下，世界经济复苏缓慢，经济发展不确定性增大，中国经济发展进入新旧动能转换期，以创新驱动经济发展已经成为必然选择，也是经济高质量发展的重要方向。黄河上游地区特殊的生态保护需求和经济发展形势，应该更加注重以创新引领发展。科技创新离不开科技金融的支持，构建与科技创新需求协调一致的科技金融体系是实现科技创新的必要条件。基于黄河上游地区特殊的生态自然环境和经济社会发展阶段的科技金融对科技创新的支撑是需要解决的重要现实问题。

高效的金融服务供给体系是创新发展的重要支撑和保障。科技金融通过有效配置金融资本支持创新发展，可以促进地区基础研发能力提升，通过科技创

---

① 习近平.在黄河流域生态保护和高质量发展座谈会上的讲话 [J].水利建设与管理，2019，39（11）：1-3+6.

② 习近平主持召开深入推动黄河流域生态保护和高质量发展座谈会并发表重要讲话 [EB/OL].中国政府网，http://www.gov.cn.

新的正外部效应，带动区域经济高质量发展。同时，创新的高风险性会导致科技金融资金链与创新链的匹配度低，尤其是在创新研发和成果转化阶段，科技金融支持与科技创新资金需求容易出现结构性失衡问题，进而制约地区科技创新发展。正确认识黄河上游地区特殊的生态环境保护需求与经济发展基础是发展科技金融的起点。黄河上游地区经济金融基础薄弱，生态修复保护任务重，且存在于生态环境保护修复中，前期投入大、资金回收周期长、风险较高，以物质利益最大化为目标导向的市场科技金融难以在短时期内形成支撑黄河上游地区创新发展的融资服务体系；而以公共利益为导向的财政科技金融支出（公共科技金融）在黄河上游地区科技创新发展中具有重要的地位，公共科技金融在黄河上游地区科技创新发展中的作用也是亟待解决的问题。

随着数字技术的发展和成熟，以数字技术为底层支撑系统的数字经济在经济结构中的地位日益突出，经济数字化发展已经成为未来经济发展的趋势。数字技术具有较强的地理穿透性和信息获取整合能力，其在金融领域的深化应用，为黄河上游地区缓解传统金融服务成本高、信用体系不健全、覆盖面窄、信息不对称、金融产品和服务创新少等问题带来了新的转机。同时，数字金融发展需要具备包括互联网接入网络端口、互联网普及率、拥有移动互联网的手机持有率等在内的数字基础设施。黄河上游地区属于我国经济欠发达地区，各项信息基础设施发展较为落后，在创新发展中，是否会因为数字基础设施覆盖面不足和数字技术落后而产生"数据鸿沟"，影响数字金融对创新发展的支持，从而形成新的发展不平衡？这些也是急需研究并解决的问题。

二、研究意义

（一）理论意义

丰富科技金融服务科技创新的研究内容。科技创新离不开金融的支持，发达国家科技创新发展的经验表明，金融对科技创新具有直接的推动作用，构建与科技创新发展相适应的科技金融支撑体系，对促进科技创新具有重要的意义。本书的理论意义在于，以科技金融服务黄河上游地区创新发展为研究对象，基于黄河上游地区特殊的生态环境修复保护和经济社会发展需求，结合黄河上游地区特殊的经济金融发展基础，分析科技金融促进黄河上游地区创新发展的机制，使用实证研究的方法对科技金融服务黄河上游地区创新发展进行检验，丰富了科技金融服务落后地区创新发展的研究内容，拓展了科技金融服务黄河流域生态保护与高质量发展的研究范围，进一步为研究创新驱动发展提供了经验证据。

丰富数字金融服务创新发展的研究内容。随着数字技术的发展，传统金融与数字技术的深度融合为数字金融的发展提供了便利的条件，也为金融服务经济发展落后地区提供了契机。研究数字金融对黄河上游地区科技创新的影响和作用机制，丰富了数字金融的研究内容，验证了数字金融服务创新发展的新机制，同时，也为数字金融促进经济发展落后地区技术创新提供经验证据。

（二）现实意义

1. 服务黄河上游地区生态保护与高质量发展

创新是黄河上游地区生态保护与高质量发展的核心，科技金融是支撑科技创新的重要手段，科技金融的发展对黄河上游地区创新发展具有重要的支撑作用，构建服务科技创新发展的科技金融体系是实现黄河上游地区生态保护与高质量发展的必要条件。基于黄河上游地区特殊的生态环境保护和经济社会发展需求，构建与黄河上游地区发展实际相吻合的科技金融支撑体系，服务于黄河流域生态保护与高质量发展，为地方政府制定黄河上游地区金融支撑创新发展的相关政策提供理论支撑。

数字金融的发展为黄河上游地区金融服务技术创新带来了新的发展契机和空间，数字金融可利用大数据、云计算、物联网、人工智能、区块链等数字技术形成全新的数字金融运行机制，通过场景化应用有效缓解传统金融服务不足、服务成本高、企业信用信息不足等问题，可通过缓解企业融资约束、改善信息不对称、降低风险识别成本、纠正资金错配等方式使企业获得更多的资金支持，从而促进企业技术创新。研究数字金融对黄河上游地区科技创新的影响和作用机制具有重要的实践意义，特别是在经济欠发达地区，研究数字金融服务创新发展，为缓解"数据鸿沟"而产生的新的发展差距提供经验证据，可为地方政府制定黄河上游地区数字金融支持生态保护与高质量发展的相关政策提供理论参考。

2. 拓展了科技金融服务机制和产品

研究黄河上游地区科技金融服务创新发展的机制和服务产品，进一步丰富了科技金融服务经济发展落后地区创新发展的内容，为制定科技金融发展政策提供了理论支撑和经验证据。国内科技金融经过几十年的发展，已经形成了科技贷款、科技保险、科技担保、财政科技资金、创业投资等多种产品，在东部沿海地区，科技金融发展较为成熟，已经形成了丰富的市场科技金融和公共科技金融产品。黄河上游地区由于历史发展原因和地理位置的特殊性，科技金融发展较为缓慢，科技创新能力与全国平均水平存在一定的差距，研究科技金融服务黄河上游地区创新发展，不仅可以丰富科技金融服务创新发展的机制和产品，也为科技金融服务创新发展提供新的经验证据。特别是实证检验数字金融对黄河上游地区创新发展的影响和作用机制，为数字金融服务黄河上游地区生态保护与高质量发展提供了经验证据，具有重要的实践意义。

第二节　国内外相关研究文献综述

一、国外文献综述

国外关于金融与技术创新之间的关系研究较为丰富。基础理论主要有创新理论、金融抑制与金融深化、企业生命周期、信息不对称理论。近年来关于金融对技术创新的促进作用的实证分析在期刊中也较为常见，主要分析金融结构与企业技术创新阶段之间的关系、数字金融对技术创新的促进作用等，归纳起来主要包括以下五个方面：

（1）创新理论。科技金融促进科技创新的研究起源于国外，Schumpeter（1912）在他的《经济发展理论》一书中将"创新"规定为引进新产品、引用新技术、开辟新市场、控制原材料的新供应来源和实现企业的新组织，企业家的职能就是"创新"和引进"新组合"。他认为创新是资本主义经济发展的动力，企业只有实现了"创新"，才会产生企业利润和资本利息，企业利润或者剩余也会激发技术创新行为，在企业家"创新"的过程中，"信贷"可以为企业家实现创新提供资金支持，是"创新"要素的重要组成部分，他首次发现了金融与创新之间的正向关系。Robert Solow（1957）根据 1909~1949 年的统计数据发现，该期间美国的产出水平增长了 1 倍，其中 87.5% 的"增长剩余"都归因于技术变化，技术对经济增长具有促进作用。在科技金融对技术创新的支持方面，创新理论的意义在于，金融可以为"创新"提供资金支持，从而实现"创新"，反映了金融与技术创新之间的正向关系。

（2）金融抑制与金融深化理论。R. I. 麦金农（1973）在其《经济发展中的货币与资本》一书中提出了"金融抑制"理论，认为发展中国家由于利率管制和信贷政策导致大量的小企业和住户被排除在"有组织的金融市场"之外，如果他们要投资以改进技术和产品质量，只能依靠内源性融资，提出"在信贷充足的地方，放款和借款的高利率，会产生一种经济发展所需要的动力，它会促发新的储蓄，改变低效率投资，从而推动技术改造。反之，那种维持金融资产低利率或附属利率以及限制贷款发放的政府政策，往往不能刺激储蓄或阻止低效率投资"。① 他认为要解除"金融抑制"就要实行资金市场自由化，以提高利率，反映资本的稀缺程度，促进储蓄和投资，促进技术进步。爱德华·肖（1973）在其《经济发展中的金融深化》一书中考察了发展中国家的金融深化与金融抑制，他提出金融深化具有储蓄效应、投资效应、就业效应和收入效应等，认为推行金融深化有利于本国经济的发展，提出通过市场替代官僚机构，减少对金融业的干预，让其自由发展，是欠发达地区摆脱经济落后的一剂良方。在金融支持科技创新方面，金融抑制与金融深化理论的贡献主要在于中小型科技企业对金融资源可获得性的质疑，分析了落后经济体中中小企业和住户为何难以从资金市场中获得融资，提出了资金市场的分割性和异质性，最后，提出通过金融自由化（金融深化）来解决资金市场对中小企业的"抑制"问题。实际中，金融抑制在欠发达经济体中确实存在，是中小企业和住户面临的难题，但是，解决中小企业融资难的途径是多样的，通过减少市场干预和金融自由化发展即金融深化来解决金融抑制是值得商榷的观点。

（3）企业生命周期理论。Churchill（1972）将企业成长周期分为创立、生存、发展、起飞和成熟五个阶段，企业不同发展阶段的融资需求各有特点。基于企业生命周期理论，Berger（1998）等提出了融资生命周期理论，该理论将企业分为婴儿期、青壮年期、中年期和老年期四个时期，认为伴随着企业生命周期而发生的信息约束条件、企业规模和资金需求变化是影响企业融资结构变化的基本因素，在婴儿期和青壮年期企业的融资大都依靠内部融资，而从中年期到老年期，企业得到的外部投资会迅速增加。Sahlman（1990）和 Wetzel（1994）提出的融资规律认为，处于创始期的企业融资非常严重地依赖于初始的内部融资和贸易融资，Sullivan（2000）认为，企业的技术创新实际是一个关于技术创新资源长期使用的战略决策过程，在制定技术创新策略时，企业必定

---

① ［美］R. I. 麦金农. 经济发展中的货币与资本 ［M］. 上海：上海三联书店，1997.

会考虑自己所处的生命周期阶段。在科技金融支持创新发展方面，企业生命周期理论的主要贡献在于，科技型企业在技术创新、成果转换、高新技术产业化的不同创新周期，对资金的需求也是不一样的，科技金融支持创新需要从技术创新的阶段来解决资金链与创新链的耦合协调性。

（4）信息不对称理论。信息不对称理论产生于20世纪70年代，主要是指市场交易主体由于占有的信息不对称，从而对交易双方行为以及市场运行效率产生的影响。自1970年美国经济学家阿克洛夫以旧汽车市场交易模型为基础分析"逆向选择"开始，阿罗（Arrow）、赫什雷弗（Hirshleifer）、斯彭斯（Spence）、格罗斯曼（Grossman）、斯蒂格利茨（Stigliz）等经济学家在许多领域对这一理论进行了拓展性研究，并提出了"逆向选择"理论、"市场信号"理论以及"委托—代理"理论等基本理论。在科技金融支持创新发展方面，信息不对称理论具有重要的借鉴意义，尤其是由于信息不对称造成的"逆向选择"和"道德风险"是企业融资难的直接原因，在科技金融创新方面，需要考虑由于"逆向选择"和"道德风险"导致的科技企业融资难问题，具有一定的实践意义。

（5）通过实证方法检验科技金融对科技创新的影响和作用机制。关于科技金融支持创新发展实证方面的研究很丰富，使用计量经济学的方法建立理论模型，并对模型进行检验，这是目前大多数文献的主要研究方法。譬如，Solomon Tadesse（2006）认为银行主导的金融市场在信息密集型产业部门中加快了技术进步速度。Elisa Ughetto、Marc Cowling（2019）研究发现创新程度较大、效益较高、风险较高的项目难以获得银行信贷的支持。Henny Indrawati、Caska、Suarman（2020）认为中小企业技术创新最大的抑制因素是资金。Wang Chenguang、Qiao Cuixia、Ahmed Rahil Irfan、Kirikkaleli Dervis（2020）认为大规模非流动性资本投资是企业技术创新的一个前提。

二、国内文献综述

科技金融概念的提出和完善由国内学者完成。国外学者将着力点放在了金融创新对科技创新的促进作用，并未明确形成"科技金融"的概念。赵昌文（2009）首次定义了科技金融的概念，他将科技金融定义为促进科技开发、成果转化和高新技术产业发展的一系列金融工具、金融制度、金融政策与金融服务的系统性、创新性安排。房汉廷（2015）进一步将科技金融定义为促进技术资本、创新资本与企业家资本等创新要素深度融合的一种新经济范式。朱欣乐等（2018）初步构建了科技金融理论体系，认为科技金融既是世界科学技术和经济金融的融合过程，更是创新型经济的高级形态。指出科技金融是通过金融体系、业态、产品和服务的创新和优化，将政府"有形的手"和市场"无形的手"结合起来，不断地进行着相互矫正、适应和再平衡的生态系统。关于科技金融促进黄河流域创新发展的研究主要集中在以下四个方面：

（一）金融发展对技术创新的促进作用

（1）金融发展促进技术创新。徐建军（2010）从金融功能观的视角揭示金融系统促进技术创新的作用机理，通过实证研究表明，金融机构贷款对我国技术创新具有显著的促进作用；孙浦阳和张蕊（2012）研究发现，金融创新通过技术进步促进经济增长。

（2）金融体系的信息处理和风险防控机制，促进了企业技术创新。叶耀明和王胜（2007）认为金融体系通过集中处理信息、激励企业完善公司治理和控制创新项目的流动性风险，降低了创新项目的交易成本和收益率风险，从而促进技术创新。

（3）在传统的金融市场上，由于存在信息不对称和交易成本高，使得科技型企业出现了"融资难"问题。梁少群（2009）根据交易成本理论，认为我国科技型企业融资困难的原因是信息不对称和交易成本高。

（4）金融结构对技术创新的影响存在异质性。孙伍琴和朱顺林（2008）认为金融体系的结构性差异是导致技术创新结果差异的原因，由于区域经济发展水平、金融深化程度、投资者理念及行为选择等因素的不同，使得区域金融体系存在差异，进而使得金融结构在推动技术创新活动效率上存在差异。米展（2016）研究发现，我国信贷市场对企业自主创新的作用大于股票市场，且信贷市场对国有企业的创新作用较大，股票市场对民营企业的技术创新作用较大。邵传林和王丽萍（2016）发现，股权投资机构对处于产业链前端和中间的科技型中小企业支持不足。孙伍琴（2004）、许宁跃（2015）等研究发现，创新程度较高、效益较高、风险较大的项目难以获得银行信贷的支持。针对创新链与资金链不协调问题，洪银兴（2011）、闫福和李叶（2012）等提出了科技创新的投融资需要与一般金融机制有不同的功能，以发挥科技金融促进科技创新的作用。

（二）科技金融投入、科技金融政策对科技创新的促进效果研究

徐玉莲和王宏起（2012）基于1994~2008年时间序列数据，采用小样本可

靠的 Bootstrap 仿真方法，对我国科技金融发展与技术创新进行了 Granger 因果关系的实证检验，发现财政科技投入、科技资本市场与风险投资支持均对技术创新具有促进作用，银行科技信贷对技术创新的促进作用不显著。张玉喜和赵丽丽（2015）使用 2004~2012 年我国 30 个省份的面板数据，结合静态和动态面板数据模型方法，使用 C-D 生产函数实证分析了国内科技金融投入对创新的效果，发现短期科技金融投入对科技创新具有显著的支持作用，不同的科技金融投入对科技创新的影响存在地区差异，西部地区企业自有资金是促进地区科技创新的主要影响因素。芦锋和韩尚容（2015）基于我国 29 个省份 2003~2013 年的面板数据，建立不同区域的面板模型，通过实证分析发现不同区域、不同发展阶段的科技金融对科技创新都有着不同的作用：在技术孵化阶段，只有政府科技投入具有显著影响，且为负；在科技成果转换阶段，各个科技金融供给主体对科技创新都有显著的影响；在高新技术产业化阶段，除政府科技投入没有显著性影响外，其他科技金融供给主体都具有显著性影响。杜金岷、梁岭和吕寒（2016）采用三阶段 DEA 模型对中国区域科技金融投入产出效率进行了测算，发现中国不同省份科技金融投入产出效率受环境因素影响差异较大，规模效率处于较低水平，是制约中国科技金融发展的重要原因。杜江、张伟科、范锦玲和韩科振（2017）运用 2001~2013 年我国 29 个省份的面板数据，使用空间地理权重和空间经济权重下的空间杜宾计量模型（SDM），实证检验了我国科技金融的空间效应，发现科技创新能力表现出明显的空间相关性，科技金融发展能够显著地提升区域科技创新能力。李俊霞和温小霓（2019）基于"金融资源"和"创新成果"质量视角的相对数值构建评价指标体系，测算 2009~2016 年中国 27 个省份科技金融资源配置效率，发现我国科技金融整体未达到资源配置有效状态，地区间有差异且仍有较大的提升空间。李媛媛、陈文静和王辉（2022）运用 LDA 聚类算法将我国 2011~2020 年国家层面科技金融政策划分为宏观导向类、资金支持类、平台建设类和专利保护类，同时运用同期我国创业板上市企业相关数据，深入挖掘各类政策对企业创新绩效的提升效果及资金网络在其中发挥的调节效应。

关于科技金融对科技创新绩效评价的研究相对较少。徐玉莲等（2011，2020）评价了我国区域科技创新与科技金融耦合协调度，运用多主体仿真方法，分析了政府扶持性资金、风险投资、各类中介等在科技金融不同演化阶段的作用。张玉喜和张倩（2018）、王玉冬和张博（2019）等运用实证研究方法，分析了科技金融投入对科技创新的作用效果和高新技术产业链、创新链与资金链的协同度问题。

（三）数字金融促进技术创新

（1）数字金融的概念和特点。关于数字金融的定义，具有代表性的观点是黄益平和黄卓（2018）提出的数字金融概念，他们将数字金融定义为：传统金融机构与互联网公司利用数字技术实现融资、支付、投资和其他新型金融业务模式。此外，滕磊和马德功（2020）进一步细化了数字金融的概念，提出数字金融是金融服务与包括互联网（移动互联与物联网）、大数据、分布式技术（云计算和区块链）、人工智能、信息安全（生物识别与加密）等数字技术结合的产物。钱海章、陶云清、曹松威和曹雨阳（2020）指出以人工智能、大数据、云计算、区块链、物联网为代表的技术手段使得大量数据的产生、收集、处理、共享成为现实，可以缓解企业融资中的信息不对称和道德风险问题。数字金融是数字技术与金融服务的深度融合与创新，数字技术改变了传统金融服务的模式和产品，通过应用数字技术可以有效"穿透"地理限制，实现金融服务供给，同时，利用信息技术、大数据、云计算可以收集客户各类交易信息，构建客户数字信用体系，补足传统金融服务的短板，降低金融服务门槛和服务成本，改善中小微企业的融资环境。

（2）数字金融促进区域创新能力。聂秀华和江萍等（2021）通过实证研究发现数字金融通过缓解融资约束、优化产业结构显著提高了区域技术创新水平。在数字金融发展较成熟、地区制度质量较好、人力资本水平较高的情况下，数字金融的创新"激励效应"更为突出。胡骋来、屠立峰和乔桂明（2022）指出数字金融环境整体水平以及数字金融覆盖广度、数字金融使用深度和普惠金融数字化程度等，对科技创新有显著促进作用。梁金华、厉飞芹和刘旭凤（2022）研究发现，在数字金融对区域创新能力的影响机制中，地区信贷资源配置、城市基础设施建设、居民消费水平发挥了显著的中介作用。郑万腾和赵红岩（2021）通过实证研究发现，数字金融发展能够通过缓解资本要素扭曲、提升劳动力技能和刺激市场需求间接驱动区域技术创新收敛发展。任碧云和刘佳鑫（2021）、刘佳鑫和李莎（2021）等研究发现数字金融可以通过缓解融资约束促进区域技术创新。

（3）数字金融对企业技术创新的促进作用。唐松、伍旭川和祝佳（2020）通过实证研究发现，数字金融的发展能够有效校正传统金融中存在的"属性错配""领域错配"和"阶段错配"问题，并在金融发展禀赋较差的地区，数字金融展现出更强的企业技术创新驱动效果。万佳或、周勤和肖义（2020）实证检验了融资约束在数字金融与企业技术创新之间的中介效应。梁榜和张建华（2019）、喻平和豆俊霞（2020）、聂秀华（2020）、滕磊（2020）、谢雪燕和朱晓阳（2021）发现数字普惠金融的发展能够降低中小企业债务融资成本和缓解外部融资约束，进而促进企业的创新产出。郑雅心（2020）证明了数字普惠金融可以通过提高区域高等教育水平、完善基础设施建设和增加居民平均工资来间接地促进创新产出。徐子尧、张莉沙和刘益志（2020）验证了数字普惠金融发展通过地区信贷资源配置状况改善和居民消费数量增加及消费质量提高，促进了区域创新能力提升。杜传忠和张远（2020）研究发现，数字金融能够提升银行信贷、促进创新的有效性，在需求侧，数字金融主要通过消费需求间接拉动区域创新。

（4）数据信息不对称造成新的发展差距。何宗樾、张勋和万广华（2020）指出数字金融发展主要导致了面临数字劣势的贫困居民失业概率的提升。王作功、李慧洋和孙璐璐（2019）指出数字金融在缓解传统的信息不对称的同时又引致了严重的数据不对称，与信息不对称相比，数据不对称是基础层面的不对称，对市场主体的影响显得更为深刻。张梁、相广平和马永凡（2021）指出数字金融在区域创新层面表现为"马太效应"，且存在明显的结构性差异，加深了区域间的创新差距。

（5）在数字信用体系构建方面，马艳等（2020）认为数字信用是在数字技术的助力下形成的，以数据为基础，利用数字工具搭建数字化场景，作用于数字经济要素的数字化经济关系。现有研究主要从大数据和区块链等数字技术的应用（星焱，2021）、数字技术植入生产过程创造信用（黄益平等，2018；Willi Brammertz 和 Allan I. Mendelowitz，2018）等方面研究了应用数字技术、构建数字信用体系的机制。

（6）在数字金融服务模式方面，学者主要从构建数字金融生态闭环体系（张薇和阳正发，2022）、利用数字技术提供与供应链相匹配的数字金融服务（陈能能和严浩坤，2022）、降低交易成本（Singh Amrit Pal 和 Negi Aarti，2020）等角度研究了数字金融服务模式。这些研究为构建数字科技金融服务机制和产品提供了有实践价值的参考，也为应用数字技术、创新科技金融服务、促进科技创新提供了启发。

（四）科技创新促进黄河流域生态保护与高质量发展方面的研究

黄河流域经济可持续发展的研究起步于 20 世纪 90 年代，以创新促进黄河流域高质量发展的研究集中在 2019 年以后。张文合（1990）、霍明远（1999）、安祥生（2000）等分析了黄河流域经济综合开发和可持续发展战略。2019 年 9 月 18 日，习近平在黄河流域生态保护和高质量发展座谈会上的讲话为推动新时代黄河流域生态保护和高质量发展指明了方向。石涛（2020）、王金南（2020）、钞小静（2020，2019）等提出科技创新是驱动黄河流域经济高质量发展的重要动力，要提高黄河流域的自主创新能力，创新投融资机制。朱永明等（2021）通过实证分析，发现创新能力、交通系统、人才资源、人为破坏、教育资源、收入水平等是影响黄河流域实现协同高质量发展的关键因素。

以创新驱动黄河流域生态保护与高质量发展：①黄河上游地区生态保护是高质量发展的前提。黄河上游地区生态环境脆弱、经济社会发展不充分，在新一轮发展中面临较大的压力。金凤君（2019）指出认识到黄河流域脆弱的生态环境和高强度的资源环境承载使黄河流域长期处于巨大的压力状态，是正确处理黄河流域生态保护和高质量发展关系的基本出发点，提出优化区域开发结构、促进产业结构升级、提高创新能力是缓解重点区域生态环境约束的有效途径。任保平和张倩（2019）指出应该以黄河流域生态保护为前提，以新发展理念为指引，推动黄河流域高质量发展，提出了产业创新、实践创新和体制创新。徐勇和王传胜（2020）按"基底——生态优先、承载——发展约束、驱动——内外关联"3 个逻辑递进环节搭建了黄河流域生态保护和高质量发展国家战略的总体框架，提出了高质量发展对策。②创新驱动是黄河流域生态保护与高质量发展的核心。安树伟和李瑞鹏（2020）指出创新驱动是黄河流域构建高质量的供给体系、实现新旧动能顺利转换以及产业结构优化调整的关键。高煜（2020）提出黄河流域现代产业体系构建必须坚持创新驱动原则。任保平（2022）实施创新驱动发展战略是黄河流域生态保护和高质量发展的核心内容。

三、国内外研究文献评价

已有研究初步形成了科技金融的概念和理论体系，各位学者从科技创新与科技金融耦合关系、科技金融绩效、科技金融空间效应等角度研究了科技创新与科技金融的关系，为本书的研究奠定了坚实的基础。在黄河上游地区生态保护与高质量发展的方向和逻辑构架方面，已经形成了较为成熟的成果，在以创新驱动黄河流域生态保护与高质量发展方面已经达成了共识，认为创新发展是黄河流域生态保护与高质量发展的核心。在金融支持创新发展的作用和机制方面研究丰厚，特别是数字金融在促进区域创新发展的机制和中介效应方面研究较多，基本形成了数字金融可以通过缓解企业融资约束、改善信贷配置、缓解信息不对称、降低企业融资成本、促进消费等方面促进区域创新和企业技术创新投入。已有文献研究主要侧重于科技创新在黄河流域高质量发展中的重要作用，从资本市场、科技金融成熟度、科技金融创新绩效、科技金融结构等角度，研究了科技金融对科技创新的促进作用，为本书的开展提供了丰富的文献研究资料。现有文献中关于科技金融服务黄河上游地区生态保护与高质量发展方面的研究较少，尤其是缺乏针对黄河上游地区特殊生态环境保护和经济社会高质量发展实际需求的科技金融促进创新发展方面的研究。鉴于科技创新在黄河上游地区生态保护与高质量发展中的重要作用，本书在已有研究基础之上，运用国内外科技金融相关理论，将定性研究和实证分析的方法相结合，分析黄河上游地区科技创新与科技金融之间的作用机制，并构建理论模型。基于 2011 ~ 2020 年黄河上游地区科技金融与科技创新的面板数据，对黄河上游地区科技金融服务创新发展进行实证分析，最后，根据理论与实证分析结果，结合黄河上游地区生态环境保护与高质量发展的实际情况，提出促进科技金融服务黄河上游地区科技创新发展的对策建议。

第三节　研究思路、研究方法与创新

一、研究思路

（一）研究对象

本书的研究对象是：科技金融服务黄河上游地区创新发展的路径和模式。其中，科技金融是指通过资金融通与金融科技创新而形成的服务于科技创新活动的一系列金融制度、金融政策、金融机制、金融产品和风险防范体系。创新发展主要范围为：服务黄河上游地区生态保护与高质量发展的科技创新。

（二）框架思路

本书总体框架如图 1-1 所示，包括逐层递进的 6 个层次：

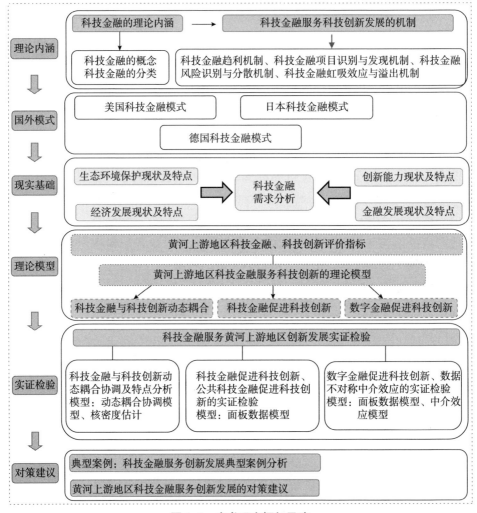

图 1-1　本书研究框架思路

（1）科技金融的理论内涵。本部分介绍国内外科技金融的定义和相关理论，借鉴已有研究文献，对科技金融的概念、功能、创新进行研究，结合已有研究提出科技金融的概念，对国内科技贷款、科技担保、科技保险、创业风险投资、财政科技支出、多层次证券市场的概念和功能进行研究；分析科技金融促进科技创新的运行机制，对趋利机制、风险分散机制、项目筛选机制、虹吸效应和溢出机制进行分析，系统全面地研究科技金融相关理论及运行机理。

（2）科技金融国外主要模式分析。本部分主要介绍国外科技金融服务技术创新的模式。国外科技金融促进技术创新的模式主要有市场主导型和政府主导型。市场主导型模式以美国模式最为典型，美国资本市场发达，科技金融服务体系成熟，形成了相对完备的科技银行、多层次资本市场、风险投资公司和小企业贷款担保体系，可以为不同规模的科技企业提供有效的金融支持。其中，美国小企业局的融资担保体系，通过政府担保来促进银行资金流向金融服务不足的小企业，同时还为小企业提供企业管理、技术创新咨询服务，培育了大量科技型小企业，是美国科技金融生态系统的重要组成部分。政府主导型模式以日本和德国模式最为典型。日本采取"政府+市场"的模式来构建金融体系，形成了以主银行为特点的金融体系；德国金融体系则以银行主导为特点，两国银行都采取混业经营的模式，银行、证券公司和财团成为了创新投入的主力，扩大了科技创新投融资的资金来源，特别是日本和德国的银行可以持有企业股份，参与公司治理，缓解了信息不对称，降低了道德风险，可以促进资金链和创新链的融合。

（3）黄河上游地区科技金融服务创新发展的现实基础。使用历年《中国统计年鉴》《宁夏统计年鉴》《甘肃统计年鉴》《青海统计年鉴》《内蒙古统计年鉴》《中国区域创新评价能力报告》《中国金融年鉴》《宁夏国民经济和社会发展统计公报》《青海国民经济和社会发展统计公报》《甘肃国民经济和社会发展统计公报》《内蒙古国民经济和社会发展统计公报》等公开数据分析黄河上游地区生态、经济、创新、金融等发展现状和特点，并对黄河上游地区 2012～2021 年经济、金融、创新等数据做全面的研究，分析黄河上游地区生态环境保护、经济发展、金融发展、创新能力的特点。

（4）黄河上游地区科技金融服务科技创新的理论模型。在定性分析科技金融促进创新发展的基础之上，借鉴已有文献研究，结合黄河上游地区特殊的生态环境保护形势、经济发展基础、金融现状、创新能力等，建立黄河上游地区科技金融与科技创新评价指标体系，并以复杂系统视角建立黄河上游地区科技创新与科技金融动态耦合协调模型。针对黄河上游地区市场科技金融发展薄弱的问题，构建科技金融促进科技创新发展模型和公共科技金融促进科技创新理论模型。结合未来数字技术发展对金融发展的影响，构建数字金融促进黄河上游地区科技创新的理论模型，并对数据不对称的中介效应进行理论分析和建模。

（5）科技金融促进黄河上游地区创新发展的实证检验。基于前期获得的各类科技金融指数、科技创新指数，实证检验科技金融对黄河上游地区创新发展的促进作用和影响机制。①应用科技金融与科技创新动态耦合协调模型，研究黄河上游地区科技金融与科技创新的耦合协调特征。②应用面板数据模型，研究科技金融对黄河上游地区科技创新的促进作用，特别是公共科技金融对黄河上游地区科技创新的影响作用。③应用面板数据模型和中介效应模型，实证分析数字金融促进黄河上游地区科技创新的影响机制。

（6）国内科技金融服务科技创新案例研究。科技创新是现代化发展的重要动力，我国历来注重科技创新对经济发展的引领作用，全国设立了很多高新技术产业园区和科技孵化园，培育了大量的科技型企业，成为我国科技创新的主体，以创新引领发展取得了显著成效。在科技创新中离不开金融的支撑，我国科技金融服务科技创新有很多成功的案例，特别是以国家自主创新示范区和高新技术产业园区为代表的科技金融服务模式，不仅培育了大量的科技型企业，而且是国内科技金融产品创新的前沿。本章总结国内三个国家自主创新示范区科技金融服务创新的政策和产品体系，为黄河上游地区科技金融服务科技创新提供可借鉴的国内经验。

（7）黄河上游地区科技金融促进创新发展的对策建议。黄河上游地区特殊的生态保护需求和经济社会发展阶段使得黄河上游地区科技金融服务创新发展有其特殊性。认识到黄河流域脆弱的生态环境和高强度的资源环境承载，是正确处理黄河流域生态保护和高质量发展关系的基本出发点。在生态环境保护方面，黄河上游地区的科技创新投入应不以经济利益为主导，而是以人类生态价值为导向进行生态修复与保护；同时，黄河上游地区经济发展基础薄弱，科技创新能力较低，在科技创新引领生态保护与高质量发展中存在科技创新难与资金支持难双重难题，需要更多的政府政策引导，才能在短期内建立起完善的科技金融支持科技创新体系。因此，本部分从构建黄河上游地区科技创新空间布局、黄河上游地区科技金融政策体系、多元化科技金融投入系统、发挥数字金融服务科技创新的作用四方面对黄河上游地区科技金融服务科技创新发展提出对策建议。

二、研究方法

（1）文献研究法。广泛收集和整理国内外科技金融促进科技创新发展的相关研究文献，对科技金融的概念、分类、功能、运行机制做系统研究，为本书进行实证分析提供理论依据。根据国内公开的数据，对黄河上游地区经济、金融、生态保护、创新发展做系统的统计分析，为本书进行理论分析提供现实基础资料。

（2）数理建模和计量分析：①熵权法。对黄河上游地区科技创新和科技金融评价指标体系进行赋权。②复杂系统和非参数估计方法。应用耦合协调模型研究黄河上游地区科技金融与科技创新的动态耦合协调和特征。③面板数据模型。应用面板数据模型。研究黄河上游地区科技金融促进科技创新的促进作用，研究公共科技金融、数字金融对黄河上游地区科技创新的促进作用。④中介效应模型。应用中介效应模型研究黄河上游地区数据不对称在数字金融促进科技创新中的中介效应。

（3）案例研究。选取科技金融创新促进科技创新发展的典型案例进行分析，总结一般性经验，为黄河上游地区制定科技金融促进科技创新的政策提供典型案例和一般性经验。

三、创新之处

（1）公共科技金融在黄河上游地区科技金融体系中占有重要地位。黄河上游地区生态战略地位重要，经济金融发展基础薄弱，市场科技金融以趋利为主要目的，在短期内难以形成支撑黄河上游地区科技创新的金融体系，公共科技金融在黄河上游地区科技创新发展中占有非常重要的地位。本书提出应该以公共科技金融为主导，建立适应黄河上游地区生态保护与高质量发展的科技金融体系，具有一定的创新性。

（2）数字金融促进科技创新。黄河上游地区经济发展基础薄弱，创新能力不足，地广人稀，中小企业较多，传统金融服务可及性差，数字金融具有较强的地理穿透性，在服务创新发展中创新性强，可以缓解传统金融服务中成本高、信息不对称等问题，为黄河上游地区科技创新发展带来了新的契机。但是，由于存在数据不对称问题，黄河上游地区在发展数字金融时，会形成"数字鸿沟"，形成新的发展不均衡。本书研究数据不对称对数字金融促进创新发展的中介效应，并提出发展数字基础设施等对策建议，对经济欠发达地区，具有一定的借鉴意义。

（3）案例分析。本书在第三章和第八章中，对国内外科技金融促进创新发展的典型案例进行分析，总结了一般性经验，丰富了科技金融研究的内容。

第二章
科技金融理论基础

　　科技金融是适应科技创新而发展起来的金融服务机制、政策、产品和模式，其本质是金融服务。在科技金融理论研究中，我国已经形成了较为完善的科技金融概念和理论体系，特别是在科技金融促进创新的作用和机制方面的研究成果较多。在科技金融实践方面，科技金融服务科技创新的作用日益突出，我国已经形成了财政科技支出、科技贷款、科技保险、科技担保、创业风险投资和多层次资本市场体系，多层次的科技金融服务体系可以为科技型企业和各类科技项目提供有针对性的金融服务和产品，企业通过多元化的资金来源实现科技创新的外源性资金支撑，对我国创新驱动发展具有重要的促进作用。

第一节　科技金融理论内涵

一、科技金融的概念

　　金融促进技术创新的研究起源于国外，在科技金融研究方面，已经形成了创新理论、金融抑制和深化理论、企业生命周期理论、信息不对称等理论，其主要思路是研究科技金融在企业技术创新中的作用、创新以及金融市场如何为技术创新提供有效的资金支持。虽然国外学者最早发现金融创新与技术创新之间具有正向关系，但是科技金融概念的提出和完善是由国内学者完成的，国内目前使用最为广泛的科技金融概念是赵昌文（2009）提出的，他指出"科技金融是促进科技开发、成果转化和高新技术产业发展的一系列金融工具、金融制度、金融政策与金融服务的系统性、创新性安排，是由向科学与技术创新活动提供金融资源的政府、企业、市场、社会中介机构等各种主体及其在科技创新融资过程中的行为活动共同组成的体系"①。科技金融的实质是构建与科技创新不同阶段相适应的金融服务支撑体系，在防范风险与取得收益的前提下，形成资金链与创新链的深度融合，促进技术创新，进而形成地区经济发展新动力。近年来，我国科技金融支持科技创新的数量和规模都在扩大，公共科技金融和市场科技金融投入逐年上升，已经形成了较为完善的科技金融政策和产品体系。在科技金融创新服务体系和产品创新方面也取得了一些成功的经验，尤其是数字技术的发展，为科技金融服务科技创新提供了多种维度。因此，科技金融的概念还应该包括技术创新所引发的科技金融创新和风险防范机制，金融科技创新主要来自于数字技术在传统金融领域的应用，由数字技术与传统金融的深度融合而形成的全新的数字金融运行机制、服务模式和数字金融产品，是克服传统金融服务不足的主要方式，也是未来金融支撑科技创新的主要方式。基于以上分析，结合众多学者的研究成果，本书将科技金融定义为：科技金融是通过资金融通与金融科技创新而形成的服务于科技创新活动的一系列金融制度、金融政策、金融机制、金融产品和风险防范体系，由向科技创新活动提供金融服务的政府、市场、企业、社会中介等主体构成。资金融通是科技金融的核心内容，通过资金融通可以为科技创新活动提供有效的资金支持，形成符合科技创新规律的金融支撑体系，同时，风险防范是科技金融发展的必要条件，因此，形成具有事前筛选与事后监督的科技金融风险防范机制是科技金融概念中的应有之义。

　　科技金融与金融科技。科技金融是一种金融服务和产品，其本质是金融，而金融科技是将科学技术应用于金融领域，促进传统金融服务和产品创新，其本质是科技。随着科学技术的发展，将各类技术应用于传统金融服务部门的金融科技应运而生，金融科技的发展和应用促进了金融服务方式和产品的创新，是金融产品创新的重要组成部分。因此，金融科技是指将最新的技术全面应用于金融服务和产品领域中的技术应用创新，譬如在支付清算、借贷融资、财富管理、零售银行、保险、交易结算等方面应用的大数据、云计算、人工智能、区块链等一系列技术。对金融市场影响较大的金融科技主要集中在支付清算、融资、投资管理、基础设施等方面：支付清算主要涉及手机和网络支付、电子货币以及区块链；在融资模式中，涉及众筹、电子货币、区块链等；基础设施

---

① 赵昌文，陈春发，唐英凯. 科技金融 [M]. 北京：科学出版社，2009.

涉及电子聚合器、智慧合同、大数据、云计算、电子身份认证；投资管理涉及机器人投资顾问、电子自动交易、智慧合同等。金融科技的本质是由科技进步而带来的金融服务方式和产品的创新，其侧重点在科技服务金融创新；科技金融是金融对科技创新的服务，其侧重点在金融服务科技创新。此外，由于金融科技的进步，可以形成全新的科技金融服务模式和产品，金融科技的发展对科技金融服务模式和产品创新具有一定的推动作用，尤其是数字技术的应用，可以缓解传统金融服务中存在的信息不对称、融资成本高等问题。金融科技的发展对推动金融资源流向技术创新具有重要的意义。

二、科技金融的功能

科技金融是服务科技创新的重要金融工具，良好的科技金融体系应该是贴合科技创新的整个阶段，能够服务于科技创新的整个过程的投融资需求，形成事前的项目筛选和事后的风险分散机制，在支持科技创新的同时最大限度地降低科技创新风险，带来高额收益。根据科技创新的进程，可以将科技创新分为四个阶段，即科技研发、成果转化、产业化阶段、技术扩散，对应于科技创新的不同阶段，需要不同的科技金融支持。科技研发阶段既需要政府财政的大力支持，也需要资本市场中的天使投资基金、私募投资基金等创业风险投资公司的支持；在成果转化和产业化阶段则需要政府补贴、科技贷款、科技保险等的融资支持；在产业化阶段对资金需求量比较大，可通过科技贷款、科技保险、资本市场融资；在技术扩散阶段，需要政府和市场的大力投入，形成科技创新的外溢效应，带动区域产业结构转型升级。

（一）投融资功能

科技金融通过投融资、金融资源配置、金融政策反馈以及风险管理方式促进技术创新。投资功能是金融的基本功能，金融系统通过股票、债券、基金等途径为社会资金提供投资渠道，其中投资于科技创新项目的资金就是科技金融投资功能的发挥。科技金融的投资功能可以通过科技贷款、创业基金、科技债券、科创板市场、担保基金等途径支持科技创新，实现社会资金投资功能。科技金融可以帮助市场上缺乏资金的科技型企业融资，通过发行债券、贷款、保险、基金等渠道融资，科技金融机构是连接市场资金供给方与需求方的桥梁，通过发放科技贷款、发行科技债券、科创板上市等方式为科技创新融资，将社会中闲置的资金集中起来服务创新发展，同时也为社会资金提供了有效的投资渠道，实现了资金供给与需求的有效对接。

（二）金融资源配置功能

科技金融的金融资源配置功能主要是通过金融系统的资金配置功能实现的，通过科技型企业融资实现金融系统资金在科技创新中的配置，金融系统通过吸收存款、银行借贷、金融担保和信用评估等方式将社会剩余资金重新进行配置，提高了资金的配置效率，科技金融主要通过支持科技创新企业、科技项目、科技补贴等方式参与金融系统的资金配置，而较高的风险和收益是科技金融进行金融资源配置的特点。一方面，由于高风险性，使得在科技创新的研发和成果转化阶段面临市场资金支持不足的问题；另一方面，由于科技创新的高收益性，使得科技创新在高新技术产业化阶段受市场资金的青睐。通过科技金融可以将大量的资金引入科技创新中去，提升我国科技创新投入，有利于促进我国自主创新能力的提升，进而有利于促进经济发展动能转换，提升综合国力。

（三）政策反馈功能

科技金融的政策反馈功能主要是通过科技创新绩效来反映政府科技金融政策和科技金融投入的效率，形成政策、资金、创新绩效的反馈系统，以便于政府部门在引导、协调和监管的过程中作出适当的调整，进一步促进科技创新政策的完善。由于不同地区的经济发展水平、科技创新能力、金融结构、市场化程度等方面的差异，科技金融支持创新的效果也具有区域异质性，不同地区应该根据地区实际情况制定科技金融政策，以此来促进区域科技创新。尤其是要根据金融结构与创新发展的耦合协调程度，出台科技金融支持创新的政策，譬如：在经济欠发达地区，金融市场化程度不高，地区科技保险、创业投资基金、各类科技金融服务中介机构数量和规模不足，企业融资主要依靠银行贷款等间接融资，科技贷款对企业技术创新的影响就会比较高；在区域经济发展较好的地区，各类金融机构和金融产品较为丰富，可供企业融资的方式和渠道较多，科技型企业对于科技贷款的依赖程度就会降低；针对不同区域经济、金融发展水平，因地制宜制定相关的科技金融支持政策，再通过科技创新成果和绩效对科技金融政策进行评价和反馈，可进一步修正科技金融政策，实现科技金融政策反馈功能。

（四）风险管理功能

科技金融的风险管理功能主要是通过多层次金融市场体系、产品体系以及市场机制进行风险识别、分散、转移和化解。科技创新具有高风险性，科技金融必须具有风险识别和分散机制才能保证适度的资金安全性。科技创新的不同阶段，其创新风险不同，从而对科技金融的需求不一样，在科技金融市场中需要发展出多层次的金融风险识别、转移、分散和化解机制才能保证科技创新的资金安全，从而形成社会资金投资创新的趋势。因此，科技金融产品应该借鉴传统金融市场中衍生品和金融衍生工具进行风险对冲，随着我国创新驱动发展战略的实施，科技创新必然成为未来发展的主要方向，适当的科技金融风险管理对科技创新是必要的，可通过创新科技金融衍生产品进行风险管理。此外，随着数字技术在金融领域的推广和应用，可以利用大数据、云计算、区块链等技术及时识别潜在风险，降低科技金融投资风险；同时，可利用数字技术构建科技型企业数字信用体系，通过收集企业研发、生产经营中的数据建立信用数据，确保科技金融资金全部使用到创新项目中，缓解资金供求双方由于信息不对称而出现的"逆向选择"和"道德风险"。

三、科技金融创新

科技金融创新是科技金融的重要组成部分，由于科技创新的不同阶段对资金的需求不一样，因此，服务于科技创新的科技金融天然具有创新性。科技金融创新主要体现在科技金融服务模式、科技金融产品、科技金融运行机制等方面的创新，特别是近年来金融科技的发展给科技金融的创新带来了新的发展契机。创新驱动是我国重要的发展战略，特别是当前世界在疫情影响下，世界各国经济发展缓慢，尚未恢复至新冠疫情之前的增长速度，对我国外贸进出口的影响较大。在此背景下提升产业结构，构建全产业链，形成国内国外双循环市场对我国经济发展格外重要。在构建全产业链发展过程中，成为产业链"链主"是实现产业结构升级和经济发展动力转换的重要标志，而成为"链主"离不开科技创新的发展，离不开高新技术产业的发展壮大。因此，高新技术产业的发展是我国未来产业发展的方向，特别是突破国外"卡脖子"技术的约束瓶颈是当前重要的科技攻关方向，由我国当前科技创新的现实需求决定了科技金融支持创新本身就具有创新性，科技金融需要发展出与我国科技创新相适应的资金支持体系和风险识别与分散机制，以此来形成中国科技金融运行机制和产品。

金融科技的发展为科技金融创新带来了新的发展契机。在传统金融服务中信息不对称、融资成本高、信息体系不健全、地理位置偏远等问题都影响着金融对实体经济发展的支持，而金融科技的发展可以"穿透"地理位置的限制，有效缓解金融服务成本和企业融资成本高的问题；同时，金融科技的应用，可以通过大数据和云计算技术缓解由信息不对称造成的"逆向选择"和"道德风险"，有效对接科技创新与科技金融服务，帮助科技型中小企业进行科技创新。金融科技的发展可以促进科技金融服务模式、运行机制和产品的创新，通过数字技术可以构建数字科技金融运行机制，形成企业数字信用体系，实现智能合约签订，为未来科技金融创新提供了巨大的空间。

科技金融创新要以我国科技发展战略为主要方向。科技金融的产生和发展与我国科技发展战略密切相关，是科技创新催生了对科技金融的需求，进而产生了科技金融服务和产品。纵观世界发展历史，科技创新往往是一国综合国力的表现，也是一国参与国际竞争的重要方式，更是全球产业分工和价值分配的重要影响因素，因此，在新一轮的发展中，要根据我国科技创新发展的需求对科技金融服务方式和产品进行创新，紧紧围绕国家发展战略，形成高效的科技金融资金配置机制，将资金引导至国家重要的科技创新项目、科技创新企业、科技创新方向中去。同理，对于黄河上游地区，科技金融创新应该紧紧围绕黄河上游地区特殊的生态环境保护需求、经济社会高质量发展要求以及产业发展方向提供有效的资金支持，服务于黄河流域生态保护与高质量发展。

第二节　科技金融的类别

根据科技金融资金投入的来源，可以将科技金融分为公共科技金融和市场科技金融；根据科技金融产品的种类，可以将科技金融分为财政科技资金、科技贷款、科技保险、科技担保、创业风险投资、多层次资本市场体系。多层次的金融服务体系和产品是实现科技创新资金支撑的必要条件，在科技金融市场中，不同的科技金融服务和产品对处于科技创新不同阶段的企业支撑作用不同，企业在政府和市场的共同投入中获得外源性资金，实现技术创新和产业化发展，从而促进地区经济发展。

一、公共科技金融和市场科技金融

根据科技金融资金来源可以将科技金融分为公共科技金融与市场科技金融。公共科技金融主要由政府财政科技投入和研发经费中政府支出比例构成，公共科技金融主要是服务于国家重大科技发展战略、各类民生保障服务以及对企业科技创新的补助等，具有一定的公益性。同时，公共科技金融具有一定的政策性，地方政府会根据国家和区域科技发展定位制定公共科技金融支持政策，有针对性地对各类科技创新项目提供科技资金，服务国家发展战略。市场科技金融主要由利益驱动，它主要指市场科技资本投入，主要有科技贷款、科技保险、风险投资、创业投资及各类证券等。市场科技金融的发展受区域经济发展水平影响，在经济发展较好的地区，市场科技金融较为发达，譬如，北京市、江苏省、广东省等地区科技金融发展较好，2020 年中国创业投资管理资本总规模中，北京市为 3464.9 亿元、江苏省为 266.9 亿元、广东省为 1448.2 亿元，分别为我国创业投资管理资本规模的前三甲，而黄河上游地区的宁夏回族自治区为 10.3 亿元、甘肃省为 32.8 亿元、青海省为 4.9 亿元、内蒙古自治区为 0.5 亿元，[①] 与发达地区创业投资管理资本规模存在较大差距。市场科技金融具有一定的项目筛选和价值发现功能，通过市场科技金融主体的尽职调查、项目风险分析等机制可以筛选出具有一定发展潜力的技术创新项目，同时，市场也具有一定的风险分散功能，可以将科技创新的风险通过多层次金融市场体系和资本市场进行分散，减少科技创新的风险。

二、财政科技资源

财政科技资源在我国发展历史较长，1949 年以来，财政科技资源对国家科技发展战略的支撑作用就非常突出，尤其是在计划经济体制下，科技创新基本依靠财政资源支持，譬如，1956 年制定的《1956－1967 年科学技术发展远景规划》和 1963 年制定的《1963－1972 年科学技术规划纲要》，在政府财政科技资源的支撑下取得了巨大的发展成就，奠定了新中国科学技术发展的基础。关于

---

① 中国科学技术发展战略研究院. 中国创业投资发展报告（2021）［M］. 北京：科学技术出版社，2021.

财政科技资源的定义，各位学者提出了不同的主张。张晓玲（2006）认为：
"广义的政府科技投入是指政府借助财政手段、政策手段、行政手段（包括科技计划手段）、国际贸易手段等重新整合社会稀缺科技资源，建立和健全社会所有行为主体科技投入需求的环境和条件体系的行为和模式。狭义的政府科技投入主要是指政府利用财政资源支持 R&D 活动的行为和模式。"[1] 赵昌文等（2009）认为："财政科技投入是指国家通过财政预算和相关科技税收政策等方式直接或间接用于科学技术活动的经费"，包括"科学事业费、科技三项费、科研基建费及其他科研事业费。"[2] 财政科技资源主要是以政府为投入主体，通过各种行政手段，形成以公共财政投入为主，其他社会资金投入为辅的科技投入模式。总结起来，可以认为财政科技资源主要是政府通过财政手段和其他科技金融政策，将政府资金投入科技创新活动，以提升区域科技创新能力，服务国家重大发展战略的目标。财政科技资源投入不以营利为目的，具有一定的公益性和空间溢出性，财政科技支出类别主要为产业化科技项目、基础科学技术研究、科研机构建设、科技人员培养等。

财政科技资源是服务国家科技发展战略的重要方式。财政科技资源一般是以国家和社会公共利益为导向进行投入，它服务于国家科技发展战略需求，一般具有高风险性、高投资和投资周期长的特点，譬如，国家重大科技攻关计划、国家重点研发计划等解决国民经济和社会发展中带有方向性、关键性和综合性问题的科技计划，涉及农业、电子信息、能源、交通、材料、资源勘探、环境保护、医疗卫生等领域的科技投入都需要财政科技资源的支持。此外，财政科技投入也用于保障国家各级各类科技研发机构和平台的正常运转，包括各类机构和平台的人员经费、科技项目经费支出、科技补助支出、科技政策扶持及其他公用经费支出，譬如，国家自然科学基金、国家社会科学基金、星火计划、火炬计划以及政府各级各类科研机构、高校等机构科技研发支出、人员经费支出等，都是财政科技资金支出的重要项目。财政科技投入具有引导作用，通过设立财政科技引导基金，发挥财政杠杆作用，引导区域社会资金投入到科技创新项目中，支持地区科技产业发展。财政科技资金对地区科技创新具有重要的支撑作用，譬如，各地方政府出台的科技创新补助政策，政府出资形成的各类创业投资基金、科技贷款担保基金等，都是政府财政科技资源的投入方式，通

---

① 张晓玲. 论政府科技投入的形式、性质、目标和功能 [J]. 长江论坛，2006（6）：56-60.

② 赵昌文，陈春发等. 科技金融 [M]. 北京：科学出版社，2009.

过财政科技资金的投入积极引导企业进行科技攻关，通过对企业技术创新进行后补助、对企业科技贷款进行利率补贴等方式，降低企业研发风险，提高企业科技投入的积极性，政府通过多元化的财政科技金融投入方式，可以促进企业提高科技研发投入，从而助力政府财政科技资源达到"四两拨千斤"的效果。

财政科技资源按照来源可以分为中央财政拨款和地方政府拨款。中央政府财政科技投入是中央政府通过财政和各类科技政策直接或间接用于科学技术活动的经费；譬如，国家973计划和火炬计划。地方政府财政科技投入是地方各级政府通过财政和各类科技政策将财政科技资源投入到科技活动中的公共财政经费；譬如，地区自然科学基金、社会科学基金、各类科技后补助资金、科技金融补助金等。中央和地方财政科技投入是我国科技投入的重要组成部分，反映了我国地区科技发展水平和方向，主要用于重大科技攻关项目、重大工程建设项目、重大经济发展战略等关系国计民生的重要领域。按照财政科技资金支持的阶段，可以分为基础研究、应用研究、高新技术产业化财政科技支出、科技后补助资金等，在科技创新的不同阶段给予相应的资金支持和补助。

财政科技资金主要源于政府财政资金，支出方式主要有财政直接拨款、各类各级项目支出和各类财政补贴、补助。财政科技资金对于国家和地区经济社会发展具有重要意义，它主要用于科技研究和发展活动，面向国家发展重大战略进行经费支持，譬如，信息技术、新能源、新材料、国防科技攻关等，一方面要以国家安全为主导，进行科技攻关；另一方面也要注重国家经济发展和产业结构调整，兼具国家科技安全、经济安全、社会安全等功能，是一项综合性支出。财政科技资源具有长期性和战略性的特点，譬如，国家科技重大专项，是紧密结合经济社会重大需求，培育形成自主知识产权，对企业自主创新能力具有重大推动作用的科技项目，涵盖了国际科技发展的前沿问题和我国经济社会发展急需解决的重大科技攻关项目。对国家产业发展、经济安全、社会发展、能源发展、医疗卫生发展、生物安全发展具有重要的意义，不可单纯用经济效益来衡量。

三、科技贷款

我国科技贷款发端于20世纪80年代，已经发展了40余年，科技贷款的模式和产品逐渐丰富，对科技贷款的认识逐步深化。"1980年是科技贷款的元年。

当年 7 月，浙江省进行了中国科技贷款的第一次探索，试行有偿科研经费。"①
1980 年浙江省委发布了《浙江省有偿科研经费管理办法》，首次将银行引入科研经费的配置过程中，银行负责贷款的发放、监督使用和回收，由科委负责贷款审批。1983 年，湖南省进行了科技贷款发放的探索，"根据 1983 年 3 月湖南省湘潭市科委和中国人民银行湘潭市支行联合颁布的《关于银行贷款支持科技发展的试行办法》，银行对企业科技成果的推广和新产品的开发予以贷款支持"。② 此后，科技贷款由地方性探索，发展为全国范围内的推行，1984 年 8 月，中国工商银行出台的《中国工商银行关于科研开发和新产品试制开发贷款的暂行规定》拉开了全国科技贷款发展的序幕，贷款发放逐渐演变为以商业银行为主体的模式，贷款规模不断扩大，贷款品种不断丰富。1985 年 10 月 7 日发布的《中国人民银行、国务院科技领导小组办公室关于积极开展科技信贷的联合通知》，是我国第一个科技贷款的中央文件，标志着国家政策对科技贷款的支持。科技贷款在发展初期主要用于支持国家科技计划和地方科技成果转化项目，具有一定的政策导向性，特别是 1990 年中国人民银行在国家信贷综合计划中增设科技开发贷款项目，为科技贷款的迅速发展提供了条件，中国工商银行、交通银行、中国银行等相继开展了科技贷款的业务。随后，随着我国经济社会的不断发展，科技贷款在全国范围内蓬勃发展，政策性银行、开发性金融、科技小额贷款公司都加入了科技贷款行列，科技贷款抵押品也逐渐丰富，包括知识产权质押贷款在内的各类科技贷款品种逐渐丰富。近年来，随着我国创新驱动发展战略的推进，中央和地方各省份都发布了大量的科技贷款政策，譬如，2022 年 4 月人民银行设立科技创新再贷款，引导金融机构加大对科技创新的支持力度，撬动社会资金促进科技创新。科技创新再贷款额度为 2000 亿元，利率 1.75%，期限 1 年，可展期两次，发放对象包括国家开发银行、政策性银行、国有商业银行、中国邮政储蓄银行、股份制商业银行等共 21 家金融机构，按照金融机构发放符合要求的科技企业贷款本金 60% 提供资金支持。各省份也出台了科技贷款利率补贴的政策，进一步提高了银行进行科技贷款的积极性，促进了地方科技创新发展。

科技贷款是各类银行和金融机构将贷款发放给科技型企业、科研平台、科

---

① 顾昕，周大伟. 开展科技贷款与建立中国科技开发银行 [J]. 科学管理研究，1986（2）：24-28.

② 朱鸿鸣，赵昌文，付剑峰. 中国科技贷款三十年：演进规律与政策建议 [J]. 中国科技论坛，2012（7）：20-26+31.

研院所、科研中介机构，用于支持科技创新、技术改造、设备更新的款项。从科技贷款发展的历程不难发现，科技贷款是我国科技发展和经济社会体制改革下的产物，始终伴随着我国科技发展战略规划的推进而发展。随着我国金融体系的多元化发展，开展科技贷款业务的主体由最初的中国工商银行，逐渐发展为国有商业银行、政策性银行、邮储银行、股份制银行、国有开放银行等多元供给的模式，同时，科技贷款由银行提供贷款发放、监督使用和回收，科委进行贷款审核的模式，发展为银行审核、发放、监督使用和回收，央行进行再贷款补贴、地方政府进行利率补贴的形式，科技贷款逐渐发展为政府引导，市场决定的模式，结合了政府和市场的优势，体现了科技贷款的市场属性和政策属性。其中，科技再贷款具有较强的政策引导性，通过科技再贷款的政策传导机制，可以引导科技贷款流向科技型企业，特别是"高新技术企业"、"专精特新"中小企业、国家技术创新示范企业、制造业单项冠军企业等科技企业，优先支持参与国家科技计划项目企业、国家制造业创新中心、国家级专精特新"小巨人"企业、国家关键产业链龙头骨干企业及上下游关键配套企业、参与组建创新基地平台企业以及国家级科技园区内企业，服务于国家重大科技发展战略。

科技贷款具有专用性、高风险性、高成本、高收益的特点。科技贷款不同于一般意义上的贷款，是一项专门用于科技研发、成果转化、技术改造和设备更新的款项，其用途具有明确的指向性，同时，科技贷款政策也具有明确的目标，其目的是促进国家和地区科技发展，特别是关乎经济社会发展重大战略需求的科技项目发展。由于科技创新具有较大的不确定性，有一定的风险，所以科技贷款也具有高风险性和高成本性。一般情况下，地方政府发展科技贷款都会配套特定的政策进行扶持，尤其是对贷款利率进行补贴，以降低贷款的成本，减少银行等金融机构的风险和顾虑。譬如，2021年宁夏回族自治区科技厅修订出台的《宁夏科技金融补助管理暂行办法》中第六条贷款利息补助中明确规定："对承担国家、自治区科技成果转化项目获得项目贷款产生的利息补助标准按照不超过贷款发放时最近一次公布的一年期贷款市场报价利率（以下简称LPR）确定，单户企业每年补助上限100万元。贴息期限为一年。企业以知识产权、应收账款、订单、预期收益等质押取得的贷款，补助标准按照贷款发放时最近一次公布的一年期LPR确定，单户企业每年补助上限50万元。贴息期限为一年。对职工总数不超过500人、年销售收入不超过2亿元、资产总额不超过2亿元的科技型中小企业，贷款利息补助标准按照不超过贷款实际利率的

50%确定，单户企业每年补助上限 50 万元；其他科技企业贷款利息补助标准按照不超过贷款发放时最近一次公布的一年期 LPR 的 50%确定，单户企业每年补助上限 50 万元，贴息期限为一年。"① 通过对各类符合条件的科技型企业和项目科技贷款利率进行补贴，降低科技贷款的风险，支持科技贷款的发展，可以有效促进企业进行科技研发和成果转化，提升地区科技创新能力。

发展科技贷款对我国区域创新能力提升具有重要意义。区域科技创新能力是地区经济发展的引擎，在未来，科技创新将成为引领经济发展的第一动力，世界历史发展也证明，谁掌握了先进的科学技术，谁将处于产业链、价值链的顶端，能够释放更大的生产力，因此，科技创新能力、成果转化能力对地区经济社会发展具有非常重要的意义。地区经济社会发展水平、区域人力资源、科技研发投入等都是影响科技创新发展的重要因素，我国区域经济发展不充分不平衡，地区人力资源储备、科技创新人才队伍不平衡，区域科技创新能力发展也不平衡，不同地区发展科技创新的思路和方式也不一样。黄河上游地区，地广人稀，经济社会发展水平、市场化程度、人力资源储备等与发达地区存在差距，科技创新综合能力较弱，市场科技金融发展不充分，财政科技支出基数小、原始创新能力弱是科技创新的基本现实。要提升黄河上游地区科技创新能力，期初应该以政府为主导，借助现有的金融体系，大力发展科技贷款支持科技创新和成果转化。同时，加强科技金融市场的建设，出台相应的政策，积极引导国内各类创业投资基金进入，加强对科技型企业创新项目的税收补贴，鼓励企业积极进行技术研发和推广应用。

四、科技保险

我国从 2006 年开始推广科技保险，科技保险险种主要有专利保险、科技贷保险、产品研发责任保险、关键研发设备保险、项目投资损失保险等，基本覆盖了科技创新、成果转化、高新技术产业化等整个创新链。科技保险在分散化解技术创新风险、提供保险保障方面的作用越来越突出。随着我国创新驱动战略的深入推进，各地开始对科技保险产品和服务体系进行新的探索。譬如，2022 年 7 月 21 日银保监会和上海市政府联合发布的《中国（上海）自由贸易试验区临港新片区科技保险创新引领区工作方案》，在打造保险全方位、全领

---

① 宁夏科技金融项目资金管理暂行办法 [EB/OL]. 宁夏财政厅官网，http://nx.gov.cn，2021-06-17.

域、全流程参与科技创新的新生态方面作出了很多探索性的规定，指出："聚焦产业发展和科技创新中的风险管理需求，打造全生命周期的科技保险产品和服务体系。探索保险资金投资科技产业，推动产业链与资金链、创新链有机融合。鼓励和支持科技保险产品创新、模式创新、机制创新。"① 该方案在科技保险服务科技创新全过程"量身定做"方面进行了很多有益的探索，突出了科技保险的政策性，即服务于上海市重点产业的科技创新，使得科技保险在科技创新全领域的风险分散功能方面得到进一步的加强。

关于科技保险的定义，学者们进行了丰富的研究，归结起来主要涵盖以下四点：①为科学实验的贷款提供保证保险；②对科研成果的推广提供风险保障；③对科研成果的使用提供治理和信誉保险；④为科学活动提供保险等。根据国家发展和改革委员会对"十四五"规划中名词解释的定义："科技保险是指以与科技企业技术创新和生产经营活动相关的有形或无形财产、科技企业从业人员的身体或生命、科技企业对第三方应承担的经济赔偿责任，以及创新活动的预期成果为保险标的的保险。"② 从我国科技保险的官方定义可以看出，科技保险在我国的险种主要有人身保险、责任保险、信用保险和财产保险，人身保险主要是科技企业从业人员的身体或生命保险，常见的有伤残、疾病和死亡等健康寿险；责任保险主要是科技企业对第三方应承担的经济赔偿责任和创新活动预期成果失败的责任；信用保险起步较早，从 2006 年推广科技保险时，就已经针对出口型高新技术企业进行了信用保险，它主要是针对高新技术出口企业的出口信用保险；财产保险主要是科技型企业由于自然灾害和意外造成的自身财产损失的险种。随着我国科技保险的发展，各地科技保险的险种已经覆盖了科技研发损失、投资损失等领域，保险的险种开始向创新链中的高风险阶段延伸和覆盖。

科技保险具有政策性和商业性的特点。科技创新是引领未来经济发展的主要动力，在地区发展中具有战略性和引领性的作用，同时，科技创新也有较高的风险和成本，科技保险的发展恰恰可以缓解科技创新的风险，发展科技保险是地区进行科技创新的必要条件，因此，科技保险具有一定的公共产品属性，具有一定的政策性。同时，科技保险是商业化运行的险种，它除了有高风险性

---

① 中国银行保险监督管理委员会（http：//www.cbirc.gov.cn）。

② "十四五"规划《纲要》名词解释之 35：科技保险［EB/OL］. 国家发展和改革委员会官网，http://ndrc.gov.cn.

之外，还有一定的商业性。科技保险的政策性体现在政府的宏观政策指导和科技保险补助，对科技保险发展具有一定的引导作用，政府通过科技保险的政策传导机制，促进地区重大科技创新战略的实施。在科技保险日常运营管理方面，保险公司独立经营、独立核算、自负盈亏，因此，科技保险也具有一定的商业属性。此外，由于科技保险具有一定的政策性，各地区之间科技保险的险种有一定的区别，保险的产品和险种体系复杂多样。同时，科技创新过程的复杂性也使得科技保险的设计具有一定的复杂性。一方面，在科技创新过程中，不同科研人员的研发能力、企业新产品运营和推广能力不同，会使得同一个创新项目未来的成功概率不同，这在一定程度上造成了科技保险产品设计的复杂性；另一方面，科技保险在保费厘定方面存在科技创新历史数据缺失，很难确定科技创新的风险，从而使科技保险保险费用的厘定存在一定的难度。

科技保险可以缓解创新活动的高风险，发展科技保险对于我国科技创新具有重要意义。科技保险在企业科技成果转化，新产品的研发、推广使用方面，可以有效化解人身、财产等风险，为科技创新保驾护航，降低了企业科技创新的风险和成本，对地区创新能力提升具有促进作用。特别是产品研发责任险和项目投资损失险，进一步降低了企业进行科技研发的顾虑，可以有效促进地区科技研发投入。此外，科技保险的政策性，使得科技保险的险种呈现出区域异质性，在不同地区，科技保险的险种存在一定的差异，特别是针对地区重点产业发展的关键技术创新保险，与地区制定的产业发展战略息息相关，科技保险在支持区域产业发展方向、新产品研发、设备保险等方面存在区域差异。

五、科技担保

科技担保是面向科技型中小微企业提供贷款融资担保和信用担保的金融产品。科技担保在我国发展历史较长，1994 年成立的深圳市高新投集团有限公司是国内最早从事政策性科技担保的企业，是立足于解决科技型中小微企业融资难问题而设立的专业性金融担保机构。随着市场经济和资本市场的完善，我国科技担保机构迅速发展，各地都出现了地方国有控股的科技担保机构，譬如，1999 年成立的北京中关村科技融资担保有限公司，2005 年成立的安徽省信用担保集团有限公司，2022 年成立的湖北省科技融资担保有限公司等。目前，国内科技担保机构已经形成了信用担保、信用再担保、科担贷、科担专精特新贷、科担人才贷、政银担等科技产品和服务体系；在服务范围方面，已经从单一的科技担保发展成为资本市场上的创新金融服务集团，集担保、创业投资、小额贷款、金融产品增信等为一体的新型科技金融服务机构，对促进我国科技创新起到了重要作用。随着我国创新驱动发展战略的实施，各地纷纷出台了科技融资担保体系建设实施方案，譬如，2022年湖北省出台的《湖北省科技融资担保体系建设实施方案》在产品创新、体系建设、担保运行机制、金融机构合作等方面制定了相应的扶持政策，为构建专业化科技担保体系提供了有力的政策支持。目前，我国已经初步形成了科技担保产品、服务和政策体系。

科技担保的服务对象是科技型中小微企业。科技型中小微企业存在资产规模小、缺乏有效抵押物、信用信息不健全等问题，导致其在传统金融市场上难以获得外源性融资，加之科技型企业特有的高风险性，使得科技型中小微企业融资难、融资贵问题比较突出。企业是我国科技创新的主体，科技型中小微企业是构建我国企业创新链和创新生态体系的重要组成部分，在提升我国自主创新能力建设方面具有战略意义，解决科技型中小微企业融资难问题具有特殊的意义。针对科技型中小微企业自身的特点和战略地位，化解银行等各类金融机构科技贷款风险是解决科技型中小微企业融资难的有效途径，科技担保通过代偿机制可以有效化解科技贷款的风险，为各类金融机构积极发展科技贷款提供了保障，形成了科技金融服务体系的风险分散化解机制，为资金流向科技创新领域提供了有效支撑。

科技担保兼具市场性和政策性特点。科技型中小微企业在我国科技创新生态体系中具有重要地位，是构建全产业链创新链的必要组成部分，也是我国大型科技型企业发展的基础。从国家科技创新发展战略和经济结构转型升级的角度来看，大力支持科技型中小微企业发展具有促进科技创新与进步、增强国家科技创新竞争力、促进经济可持续发展的作用，发展科技担保助力科技型中小微企业融资发展具有一定的政策性。科技型中小微企业的特殊地位决定了科技担保有公益属性。同时，科技型中小微企业的企业性质决定了科技担保具有市场属性，科技担保的机制属于政府政策支持市场化运行的模式，科技担保机构是独立法人、独立核算、自主决策、自负盈亏、风险自担的营利性担保机构，它以市场机制参与市场竞争，科技型中小微企业在科技创新成果产业化发展时，会带来较高的收益，就会按期履行担保合同，科技担保会产生收益；如果科技型中小微企业不能履行合同规定的偿贷义务时，科技担保就需要进行代偿，就会产生损失，因此，科技担保兼具政策性和市场性双重特点。

科技担保的发展是金融服务科技创新的重要方式，也是分散化解科技创新风险的重要手段。科技创新自身的特点决定了科技金融具有高风险性，而科技担保体系的发展，恰恰可以有效缓解科技创新失败带来的高风险性，由金融体系内部的组织结构和产品体系层层分散风险，降低科技创新风险对金融体系造成的冲击。国内科技担保机构主要有国有控股的公司和私营企业两种类型，也有地方政府专门设立的科技担保基金对科技贷款进行担保，这也属于科技担保的一种类型。譬如，2018 年，宁夏回族自治区财政厅联合科技厅设立了宁夏科技创新与高层次人才创新创业担保基金，在支持区内国家高新技术企业、自治区创新型示范企业、农业高新技术企业方面起到了重要的作用，成立以来累计支持 308 家次科技企业获得担保贷款 21 亿元，[①] 实现了放大财政资金，缓解科技创新风险，促进科技创新发展的目标。

六、创业风险投资

创业风险投资是指各类创业投资企业（基金）和创业投资管理企业为了获取高额利润，为高成长性的科技型企业提供股权资本并为其提供管理和经营服务，以期在公司成熟后通过股权转让获得高收益的投资行为。我国对股权投资的探索始于科技体制改革，1985 年 3 月，中共中央做出了《关于科学技术体制改革的决定》，文件指出"对于变化迅速、风险较大的高技术开发工作，可以设立创业投资给以支持"，这为我国发展高新技术产业股权投资提供了政策依据。1985 年由财政部、国家科学技术委员会（简称"国家科委"）等作为主要发起人成立的全民所有制的股份有限公司：中国新技术创业投资公司，是国内第一家创业投资公司，标志着股权投资在我国的正式开启。随后各地纷纷成立了创业风险投资公司，譬如，1997 年上海成立的上海信息投资股份有限公司，1999 年开始从事创业投资业务的深圳高新投集团有限公司等。随着我国市场经济体制改革的推进，对外开放力度加大，创业风险投资相关法律制度的不断健全，国内创业投资公司不断涌现，同时，国外创业风险投资机构纷纷进入中国发展，譬如，美国国际数据集团下属的 IDG 技术创业投资基金，从 1993 年开始大规模进入中国市场，其在中国投资成功的科技型企业非常多，其中就有我们非常熟悉的当当网、腾讯、搜狐等互联网科技企业。中国创业风险投资经过 30 余年的发展，风险投资机构和管理资本规模迅速扩大，截至 2020 年底，国内共

---

① 宁夏财政厅官网（nx. gov. cn）。

有 3290 家创业投资机构，较 2019 年增长 9.9%，管理资本总量达到 11157.5 亿元，同比增长 11.7%。① 创业风险投资的发展为大量科技型企业发展提供了有效的资金支持，是我国科技金融的重要组成部分。按照被投资企业的发展阶段，创业风险投资可以划分为创业投资基金、成长型基金、上市前投资基金、并购基金、重振基金等。

创业风险投资一般会经历资金募集、尽职调查、投资决策、投后管理、基金退出和清算五个阶段。资金募集是创业投资基金管理人或者受其委托的募集服务机构向投资者募集资金用于基金的组建，创业风险投资机构与风险投资者就出资比例、出资时间、投资范围、投资策略、风险揭示、承担的投资费率、投资者的重要权利（如认购、赎回、转让等限制和时间要求等）、信息披露、基金收益与风险的匹配等情况达成一致。尽职调查阶段是创业风险投资对投资基金投资项目的来源以及立项工作，能够快速发现、接触和了解项目，是创业投资基金的核心能力之一。根据实务经验，投资项目一般来源有：内部管理团队寻找与筛查、外部中介机构以及同行机构推介、公司路演和一些投融资交流会，投资机构在众多的项目信息中筛选出具有投资价值的项目，就需要投资机构对项目开展独立的公司调研。尽职调查是投资机构对项目形成初步投资意向后，针对拟投资的目标公司在行业、财务、法律、公司治理等方面进行全面、深入、细致的调查，从而为基金投资分析和决策提供基础与支持。投资决策阶段是创业风险投资机构根据尽职调查的资料，结合企业提供的商业计划书，对项目进行估值以及投资谈判，项目估值需要项目双方独立估值和第三方估值，在实践中有市场法、收益法和成本法等估值方法，对于估值后拟确立的项目，项目双方要进行投资活动涉及的投资周期、投资方式、投资内容与条件、投资项目的经营与管理以及双方在投资过程中的权利、义务、责任进行谈判，在谈判结束后形成投资协议。投后管理是投资增值的核心，专业化的投后管理团队、投后管理规范与投后管理流程是风险投资机构竞争力的体现，投后管理分为投后监管和增值服务两部分。投后管理一般是对被投公司日常管理和监督、风险监控、外派人员管理、提供增值服务等一系列管理措施，对被投公司财务和运行数据持续跟踪、相关协议持续跟进、定期评估、不定期走访、风险检测、外派董事等方式跟踪和监管被投资企业。基金退出和清算是创业风险投资的最后

---

① 中国科学技术发展战略研究院. 中国创业投资发展报告 2021 ［M］. 北京：科学技术出版社，2021.

阶段，创业风险投资的盈利主要来自于股权投资的收益，也就是退出项目后的利润，创业风险投资的退出方式有首次公开上市、兼并收购、股票回购以及清算、注销等。

创业风险投资具有高风险性、高收益性、权益性投资、长期性等特点。创业风险投资以追求利润最大化为终极目标，其采取的权益投资并非要对企业进行控股，而是在投资过程中能够实现企业发展壮大后权益增值，从而撤出投资，实现资产增值。这就决定了创业风险投资具有周期长的特点。具有良好发展前景的科技型公司，其发展壮大，直至上市都需要一定的时间，公司上市后仍需要一定的周期才能出售股权，故而创业风险投资具有长期性的特点。科技创新以高风险性和高收益性为特点，而投资于科技型创业公司的基金也会随着科技型公司科技创新的高风险和高盈利而承担相应的风险和收益；创业投资基金对科技型公司的投资是以股权投资为主，是一种权益性投资，因此，具有权益投资的特点。

创业风险投资对优化中小企业融资环境，助推多层次资本市场建设，促进经济转型升级，拓宽社会资本投资渠道具有重要意义。科技创新的高风险性使得科技型企业在资金市场上并不受青睐，由于科技创新的高风险性使得创新链与资金链匹配度较低，在科技创新的前期企业很难从外部市场获得融资，使得科技金融与科技创新出现了结构性失衡问题，而创业风险投资的出现和发展，在一定程度上弥补了中小科技型企业在科技创新前期融资不足的问题。创业风险投资可以为科技型中小微企业提供有力的资金支持，特别是创业投资基金事前的项目筛选和尽职调查，可以筛选出具有良好发展前景的企业，并为其提供权益投资，优化了科技型中小微企业的融资环境。创业风险投资基金是一项长期投资，属于资本市场的组成部分，一方面，可为科技型中小企业提供权益融资；另一方面，通过资本市场退出投资企业，实现投资价值增值，助推了多层次资本市场的建设。创业风险投资基金对科技型中小企业的权益投资，缓解了企业融资困难，促进了企业科技创新，扶持了企业的发展，进而促进了经济结构转型升级。

七、多层次科技资本市场体系

资本市场是现代市场经济发展的产物，它是进行中长期（一年以上）资金借贷或融通活动的市场，也称为长期资金市场。相对于短期（一年以内）资金借贷或融通的货币市场而言，资本市场在长期的金融活动中，不仅资金借贷期限长，而且风险大，具有长期稳定的收入，故称为资本市场。多层次资本市场是我国企业直接融资的重要渠道，广义的多层次资本市场主要由股票市场、债券市场、中长期贷款市场构成。狭义的资本市场主要指证券市场，包括主板、创业板、科创板、全国中小企业股份转让系统（俗称"新三板"）、区域股权市场等。本书使用狭义的资本市场概念，多层次科技资本市场体系一般指区域股权交易中心、全国中小企业股份转让系统、创业板、科创板、主板市场中科技型企业进行长期融资的市场。科技资本市场的发展是我国科技金融市场体系建设的重要组成部分，同时也为创业投资基金提供了退出渠道，促进了创业风险投资基金的发展。

我国科技资本市场历经 30 余年的发展，已经形成了较为完善的市场结构和组织机制，"各层次市场相互促进、互为补充，优化了资源配置效率，为实体经济提供了多样化服务"，[①] 在解决企业直接融资方面发挥了重要作用。2023 年，随着股票发行注册制的全面推行，我国上市公司数量逐年增加，融资规模逐年扩大。"注册制改革是朝着市场化方向迈出的一大步"，[②] 体现了市场在资源配置中的决定性作用。

我国证券市场规模呈现逐年扩大的趋势，较好地满足了不同规模企业的融资需求。2020 年，我国股票总市值已超过 86 万亿元，占 2020 年 GDP 的比重约为 85.47%。截至 2021 年 10 月 27 日，在上海证券交易所和深圳证券交易所上市的公司数量为 4534 家，股票市场总市值为 868383.02 亿元，债券市场总市值为 634089.2 亿元，在沪深两市上市流通的基金 983 只。其中，在主板上市的公司数量为 3135 家，股票总市值 689912.95 亿元，在科创板上市的公司数量为351 家，股票总市值为 48685.29 亿元；在创业板上市的公司数量为 1048 家，股票总市值为 129784.77 亿元。[③] 2021 年 9 月 3 日北京证券交易所注册成立，对推动资本市场服务创新型中小企业具有重要意义，进一步完善了资本市场结构。截至 2021 年底，在北京证券交易所上市公司数量为 82 家，总市值为 2722.75

---

① 辜胜阻，庄芹芹，曹誉波. 构建服务实体经济多层次资本市场的路径选择 [J]. 管理世界，2016 (4)：1-9.

② 吴晓求，方明浩. 中国资本市场 30 年：探索与变革 [J]. 财贸经济，2021，42 (4)：20-36.

③ 上海证券交易所官网（http：//www.sse.com.cn/）、深圳证券交易所官网（http：//www.szse.cn/index/index.html）。

亿元;[①] 2021 年底，在"新三板"挂牌公司 6932 家，总市值 22845.4 亿元。[②]从上市公司数量和市值可以看出，我国资本市场结构呈现"金字塔"形状，其中，沪深两市上市公司规模大、市值高、公司数量相对较少；北京证券交易所发展势头良好，刚成立 3 个月，挂牌上市公司达 82 家，在促进创新型中小企业发展方面作用明显；科创板经过 2 年多的发展，上市公司数量为 351 家，发展较快；在"新三板"上市公司数量多、规模小、市值低。此外，各省（区）区域股权交易中心汇集了大量小微企业，数量众多，市值较低。从流通性来看，沪深两市的证券具有较高的流动性，资本进入门槛较低，可以吸纳社会零散资金进入市场交易，投融资功能较强；"新三板"和区域股权交易中心的流动性较低，资本进入门槛较高，社会投融资功能有待提高。

科技资本市场投资的主要对象为科技型企业，尤其是创新性较强的高科技中小企业，对投资机构的资金实力和专业性要求比较高。在科技金融体系中，创业风险投资处于创新链和资金链的前端，其投资的风险和收益都较高，尤其是对科技型企业而言，项目筛选是创业投资的重要内容，在尽职调查、投资决策、投后管理、项目退出与清算阶段都需要专业的机构进行，才能确保投资项目的成功，实现资本增值，因此，具备专业的投资项目筛选和投后管理机构才能在激烈的市场竞争中生存下来。因此，科技资本市场中投资逐渐呈现出机构化和专业化的特征。

多层次科技资本市场拓宽了科技型企业融资渠道，为创业风险投资提供了退出渠道，为社会资本提供了多元化的投资渠道。资本市场发行股票和债券是科技型企业进行直接融资的主要渠道，为成熟期的科技型企业提供了多元化的融资解决方案，促进了企业科技创新，同时为科技型中小微企业转让股权提供了有效途径，也为广大投资者提供了投资渠道。同时，多层次科技资本市场也是分散化解科技创新投资风险的重要方式，企业上市后，股票在二级市场上流通，各类机构和个人投资者对股票进行交易，通过分散股权的方式，利用市场传递机制将企业的风险层层分散，也会将企业的收益分散出去，为具有一定风险偏好的投资者提供投资机会。

---

① 北京证券交易所官网（http://www.bse.cn/index.html）。
② 全国中小企业股份转让系统官网（http://www.neeq.com.cn/）。

第三节　科技金融服务创新发展的机制

我国科技金融体系经过几十年的发展，已经形成了包括财政科技资源、科技贷款、科技保险、科技担保、创业风险投资、多层次科技资本市场体系等在内的一套服务体系、运行机制和产品，在科技金融体系运行中，通过多层次的市场和产品体系，逐渐形成了趋利机制、项目识别与发现机制、风险识别与分散机制、虹吸效应与溢出机制。

一、科技金融趋利机制

科技金融的趋利机制是指科技金融通过为科技创新、成果转化、产业化发展、技术扩散提供有效的资金支持以实现利益最大化，其中，利益最大化分为社会公共利益（包括经济安全、军事安全、生态环境安全等国家和区域战略性集体利益）最大化和资本利得最大化，它们是一对利益共生体，公共科技金融以社会公共利益为主，资本利得为辅；市场科技金融则以资本利润最大化为主，社会公共利益为辅。譬如，在公共科技金融中，通过财政科技资源设立的科技担保投资引导基金，是通过财政科技金融资源引导市场科技金融投资方向，通过政策引导可以实现对特定高新技术产业的支持，进行产业结构转型升级，在实现公共利益的同时也实现了市场科技金融资源追求利润最大化的目标。

科技金融发展的目的是服务国家科技发展战略，以政府政策与市场相结合的方式，通过财政的杠杆作用撬动社会资本投入到高新技术产业中，构建创新链与资金链相匹配的金融支持创新的模式。通过金融系统的资金配置、风险化解功能，在降低创新风险的同时，实现科技自主创新能力的提升，服务于国家发展战略。随着市场经济体制改革的深入和发展，我国科技金融在构成主体、服务机制、产品体系等方面取到了巨大的进步，已经初步形成了以公共科技金融为引导，市场科技金融为主体的多层次科技金融体系，法律制度、社会中介服务、政策支持、人力资源服务等构成了一个相对完善的科技金融生态系统。

不同科技金融主体趋利机制各异。财政科技资源以公共利益为主，通过各类科研院所、科技计划、各级各类项目、各类科技金融补助政策的方式将财政资源投入到科技创新中，实现科技创新能力的提升，服务于国家重大科技计划和重大现实需求。财政科技资源不以营利为目的，是国家中长期科技发展规划的重要资金支撑，也是国内各类科研院所、科研项目、科研资金补贴的主要来源。财政科技资源可以分为中央财政科技资源和地方政府财政科技资源，中央财政科技资源服务于国家层面的科技创新和发展战略，地方财政科技资源主要用于支持地方科技创新和发展战略。市场科技金融由各类金融机构提供，受国家科技发展政策引导，主要以利润最大化为驱动机制。科技贷款主要由银行等各类金融机构提供给企业、科研院所、各类科技创新平台等用于科技研发、成果转化、高新技术产业化、技术扩散的资金构成。科技保险主要由各类保险公司提供。科技贷款和科技保险兼具公益性和资本利得性，一方面，科技贷款和科技保险是政府科技金融政策的传导途径，受国家科技发展政策引导；另一方面，银行、保险公司等各类金融机构是独立法人主体、自主经营、自负盈亏，在科技金融活动中既要确保风险可控，还要实现盈利，只有实现了盈利，科技贷款和科技保险才能可持续发展。科技担保是科技金融体系中风险防控和企业增信的机制，其运行机制受国家政策引导，科技担保又分为政策性担保基金和市场担保基金，政策性担保基金主要以公共利益为导向，市场担保公司主要以资本利得为导向。科技担保，一方面，为科技型中小企业做贷款担保，通过杠杆作用，为科技型中小企业争取更多的科技贷款，以支持企业进行自主科技创新；另一方面，科技担保也是科技创新风险的分担机制，通过科技担保可以减少银行的损失，当科技型中小企业无法按期偿还贷款时，科技担保就要履行代偿功能，这在一定程度上缓解了科技金融的风险。创业风险投资和科技资本市场体系以资本利得为主要目的，以公共利益为辅助目的，创业风险投资和科技资本市场体系的公共利益机制主要是受国家相关法律政策约束，创业风险投资在支持成长型企业时，从侧面也实现了国家科技发展战略，扶持了部分企业的发展。科技资本市场体系能够为高科技企业提供更多的融资渠道，在一定程度上丰富了国家科技金融体系，改善了企业融资环境，从这一角度讲，它们具有公共利益。从创业风险投资和科技资本市场上的机构投资者和个人投资者的角度来讲，这是他们在承担一定风险的基础上，获得高额收益的途径，他们进行科技投资的主要目的是资本利得，服务资本的增值。

二、科技金融项目识别与发现机制

科技金融的项目识别与发现机制主要是市场科技金融的运行机制，公共科技金融主要受政府政策和国家发展战略引导去立项，较少通过市场方式发现科技创新项目。市场科技金融项目识别与发现机制主要以利益为驱动，通过政策手段和市场手段的综合运用，层层筛选，在市场中发现符合国家产业发展方向、风险可控、具备产业化发展的新技术和新项目。各类科技金融主体通过市场调查、项目评估等方式在市场中发现预期能够为其带来利益的项目。譬如，创业风险投资基金通过尽职调查、项目估值进行投资决策，以期能够找到风险可控、盈利最大的科技创新项目；科技贷款在贷款审核阶段，也要对项目的抵押物、现金流等进行评估和分析，最后才决定是否进行贷款。科技保险在审核保险标的物时，需要对保险标的物风险进行评估等，这些都是市场科技金融的项目识别与发现机制。通过设计项目识别与发现机制，可以有效降低科技金融的风险，实现科技金融的盈利。

科技金融的项目识别与发现机制是市场科技金融进行投融资的前提。市场科技金融主要以资本利得为主要目标，在进行科技项目投资时，如何防控风险、项目发展前景如何等都是需要重点考察的问题，只有对项目进行了全面的分析与调查之后，才能进行投融资决策。科技贷款、科技保险、科技担保、创业风险投资等市场科技金融已经建立了完备的科技创新项目筛选与识别机制，通过科技金融的项目识别与发现机制而立项的科技项目，其实已经是经过了层层筛选出来的具备一定发展前景的科技创新项目，通过科技金融的项目识别与筛选机制，可以降低市场风险，促进科技创新发展。

三、科技金融风险识别与分散机制

科技金融的风险识别与分散机制主要通过金融系统来完成。科技金融风险识别是通过项目实施过程中的监督机制来实现的，风险分散则是通过多层次市场体系、产品体系、政策体系将科技创新的风险分散到不同的市场主体，从而将较大风险转化为可接受的小风险，这得益于多层次的金融市场体系。科技创新具有高风险性，如何分散化解科技创新的风险是科技金融支持科技创新的重要内容，科技保险、科技担保、科技资本市场体系都是科技金融系统中重要的风险分散机制。

科技贷款、科技保险、创业风险投资、科技资本市场体系通过法律监督、合同履行监督、外派高管等方式对科技创新项目实施过程的风险进行识别，通过日常性的监督不仅可以做到风险早识别，而且也可以预防风险积累扩散。风险识别是风险分散的一种特殊方式，在日常科技项目监督过程中，可以发现存在的可能风险，及时止损，如果没有风险识别机制，由于科技项目双方存在信息不对称，导致道德风险和逆向选择，会使得风险积累扩大，最后形成局部系统性风险，甚至通过金融体系的层次传导机制，形成系统性风险。

多层次科技金融服务体系和产品体系是科技金融风险分散机制的重要保障。科技保险通过为科技创新提供专利保险、科技贷保险、产品研发责任保险、关键研发设备保险、项目投资损失保险等财产险和人身安全险，确保科技创新过程中的人身财产安全，是科技金融风险分散机制的重要组成部分。近年来随着我国科技创新驱动战略的大力实施，各地科技保险产品逐年丰富，已经形成了覆盖科技创新全过程的保险险种，有效分散了科技创新风险带来的金融风险。科技担保主要为企业进行科技贷款担保和信用担保，其具有政策性和商业性双重属性，不仅可以为科技型企业增信，使更多的资金投入到科技创新中来，而且科技担保独有的代偿功能，也是确保银行等金融机构贷款安全的重要保障，通过科技担保，可以承担部分科技创新风险，降低金融机构的贷款风险。多层次科技资本市场体系，通过吸纳机构投资和个人投资者为科技型企业提供融资资金，在提供投融资的同时，通过市场资金流动渠道，将科技金融风险分散到每个投资者身上，将不可控的较大风险化解为可控、可承担的小风险。在创业风险投资的退出机制中，创业投资基金将已经成熟的企业推向资本市场，完成股权退出和清算，通过科技金融市场体系实现了资本增值，同时，将投资风险转移至资本市场，由多层次资本市场进行风险分散。

科技金融的高风险和高收益是并存的。在科技金融风险识别与分散机制中，始终伴随的是以营利为目的的运行机制，实现高额收入是市场进行科技创新投资的主要目的，市场科技金融同时具备融资功能和投资功能，除了给予科技型企业融资便利之外，还为机构投资者和大量的社会资金的投资提供了高收益的项目，因此，科技金融的风险性和高收益性相伴而生，是一把"双刃剑"。

四、科技金融虹吸效应与溢出机制

在科技金融发展较好的地区，由于其具有高额的收益会形成区域性虹吸效应，将周边的资金吸引至本区域，增加区域科技金融机构数量和规模，可以为科技创新提供更多的资金支持。同时，科技金融也具有溢出效应，通过市场竞争机制，会将部分科技金融机构排除本区域，进而向周边发展，带动周边科技金融的发展。此外，科技金融的溢出机制还包括对科技创新促进作用的溢出效应，区域科技创新能力提升后，带来的经济发展红利，会对周边地区形成示范效应，促进区域科技创新能力的整体提升。

科技创新的不同阶段对资金的需求不一样，有效的科技金融支持是区域内资本市场、信贷市场、公共科技金融等对科技创新全过程的资金支持，以实现科技创新和高新技术产业化，从而促进地区科技进步，推动产业转型升级，实现经济可持续发展。科技创新与科技金融在发展过程中会出现良性正反馈和非良性负反馈。区域科技创新与科技金融都处于较高发展水平，且科技金融结构与科技创新匹配度较高时，就会出现二者之间的良性耦合，科技金融体系会为科技创新提供有效的支持，科技金融市场会发挥事前筛选与事后监督的机制，提高科技金融资金使用绩效。同时，科技创新的高收益性，会形成区域科技金融的虹吸效应，实现区域科技金融市场规模的扩大，从而为区域科技创新提供丰富的资金来源，促进科技创新的发展。同时，科技创新外溢效应会通过金融科技在科技金融服务和产品体系中的应用，促进科技金融服务和产品创新，从而更好地服务科技创新。当科技创新与科技金融之间发展不平衡时，二者之间就会出现非良性的负反馈。如果区域内科技创新缺乏资金支持，大量科技创新项目无法顺利实施，就会制约高新技术产业化发展，进一步减少区域内创新、创业项目，导致科技金融市场投入回报率低，进而制约区域科技金融市场规模的增加，进一步制约科技创新，科技创新与科技金融之间形成非良性的负反馈机制。科技金融的正反馈机制和负反馈机制都会带动区域内科技金融的虹吸效应和溢出效应，当出现正反馈机制时，区域科技金融和科技创新会形成虹吸效应和外溢效应，促进地区科技金融和科技创新的发展，进而吸引更多科技金融机构和企业发展进入本地区，同时带动周边科技创新发展。当科技金融与科技创新出现负反馈机制时，就会使本地区的科技金融机构和创新主体向外部转移，形成虹吸效应和外溢效应的洼地。

第三章
国外科技金融的主要模式

国外科技金融促进技术创新的模式主要有市场主导模式和政府主导模式。市场主导模式以美国模式最为典型，美国资本市场发达，科技金融服务体系成熟，形成了相对完备的科技银行、多层次资本市场、风险投资基金和小企业贷款担保体系，可以为不同规模的科技企业提供有效的金融支持。其中，美国小企业局的融资担保体系，通过政府担保来促进银行资金流向金融服务不足的小企业，同时还为小企业提供企业管理、技术创新咨询服务，培育了大量科技型小企业，是美国科技金融生态系统的重要组成部分。政府主导模式以日本和德国模式最为典型，日本采取政府+市场的模式来构建金融体系，形成了以主银行为特点的金融体系；德国金融体系则以银行主导为特点，两国银行都采取混业经营的模式，银行、证券公司和财团成为创新投入的主力，扩大了科技创新投融资的资金来源，特别是日本和德国的银行可以持有企业股份，参与公司治理，降低了信息不对称，缓解了道德风险，可以促进资金链和创新链的融合。

第一节 美国科技金融模式

美国科技金融体系是市场主导型的典型，市场在科技金融供求方面具有决定性作用，已经形成了相对完备的银行体系、多层次资本市场体系、风险投资体系、小企业科技担保政策支持体系等，在科技研发、成果转化、高新技术产业化、技术扩散等方面具备完善的金融支撑系统，形成了以市场为主导的科技项目筛选和风险分散机制，不仅能筛选出具有高投资价值的项目，而且完善的金融体系可以有效分散创新的风险，为企业创新提供良好的金融生态。政府在科技金融体系中充当政策指导、信息联结、风险分散、重大灾害救助的角色，是市场机制的重要补充。

一、美国研发投入分析

美国作为世界科技创新强国，研发经费投入位居世界第一，且研发经费投入呈逐年上升趋势，从图 3-1 可以看出，2011~2018 年美国研发投入从 4297.92 亿美元上升至 6074.74 亿美元，增加了 1.413 倍，增长速度较快。

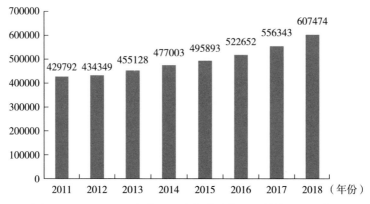

图 3-1　2011~2018 年美国研发经费总额　　单位：百万美元

数据来源：经济合作与发展组织（OECD）数据库（https://stats.oecd.org）。

美国已经形成了以企业为主体的科技投入模式。从表 3-1 中的数据可以看出 2018 年美国企业研发支出占全美研发投入支出的比重为 73%，政府研发投入占全美研发投入的比重为 10%，大学研发投入占比为 12%，私人非盈利组织研发投入支出占比为 5%；从 2011~2018 年不同主体研发投入占比的数据来看，美国企业研发投入一直居于主体地位。美国企业不仅研发投入占比较高，且研发投入金额也较大，2018 年美国企业研发投入支出总额为 4456.37 亿美元，其次是大学研发投入，投入总额为 748.97 亿美元，政府排名第三，研发投入为 602.24 亿美元，[①] 私人非盈利组织研发投入较少，是科技投入的重要补充。

---

① 经济合作与发展组织（OECD）数据库（https://stats.oecd.org）。

表 3-1 2011~2018 年美国不同部门研发投入占比 单位：%

部门研发投入	2011 年	2012 年	2013 年	2014 年	2015 年	2016 年	2017 年	2018 年
研发投入政府支出	13	12	11	11	11	10	10	10
研发投入大学支出	15	14	14	13	13	13	13	12
研发投入企业支出	68	70	71	72	72	73	73	73
研发投入私人非盈利组织支出	4	4	4	4	4	4	4	5

数据来源：经济合作与发展组织（OECD）数据库（https：//stats.oecd.org）。

实验开发、应用研究、基础研究投入形成了合理比例。从图 3-2 中可以看出，2011~2020 年，美国实验开发投入数额最高，且增速高于应用研究和基础研究。从表 3-2 中可以看出，2020 年实验开发投入占比为 65%，应用研究投入占比为 20%，基础研究投入占比为 15%，已经形成了以实验开发为主体的研发投入模式，且 2011~2020 年，美国实验开发和应用研究投入占比分别提高了 1 个百分点，基础研究投入占比降低了 2 个百分点，说明美国科技创新投入更加注重技术的应用。

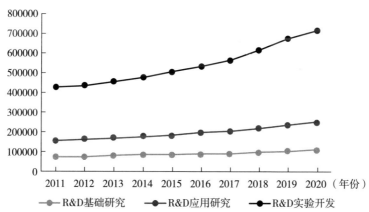

图 3-2 2011~2020 年美国不同类型研发经费数额 单位：百万美元

数据来源：经济合作与发展组织（OECD）数据库（https：//stats.oecd.org）。

表 3-2 2011~2020 年美国不同研发类型经费支出占比 单位：%

研发类型	2011 年	2012 年	2013 年	2014 年	2015 年	2016 年	2017 年	2018 年	2019 年	2020 年
基础研究	17	17	18	18	17	16	16	16	15	15
应用研究	19	20	19	19	19	21	20	20	20	20
实验开发	64	63	63	63	64	63	64	64	65	65

数据来源：经济合作与发展组织（OECD）数据库（https：//stats.oecd.org）。

实验开发在美国企业不同类研发投入经费中占比最高。从图 3-3 中可以看出，美国企业实验开发投入经费数额较大，且远远高于应用研究和基础研究，形成了企业以实验开发研究为主要投入的研发投入模式。

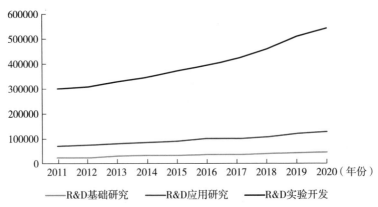

图 3-3　2011~2020 年美国企业不同类型研发经费数额　单位：百万美元

数据来源：经济合作与发展组织（OECD）数据库（https://stats.oecd.org）。

二、美国小企业管理局

小企业在美国经济发展中具有重要的地位，超过一半的美国人拥有或者在小企业工作，小企业每年为美国创造约 2/3 的就业机会。[①] 保护和发展小企业在美国具有非常重要的意义，而成立服务于小企业的政策性金融机构也具有重要价值。1953 年成立的美国小企业管理局（The U. S. Small Business Administration，SBA）是美国政策性金融机构的主要代表，是美国唯一的国家级小企业金融服务机构，[②] 它独立于联邦政府，旨在帮助、咨询、协助、保护小企业的利益，通过为小企业发展提供资本、贷款担保、合同、咨询以及专业知识培训对小企业发展进行援助，增强社区创业精神，进而维护企业自由竞争，促进美国整体经济发展。除了为小企业贷款提供一定比例的政府担保外，SBA 还涉及以下业务：通过《国家小企业周刊》对美国 50 个州的小企业主进行宣传和介绍，表彰杰出企业家和小企业对他人的影响以及对美国经济的贡献；通过全国退伍军人小型

① 美国小企业管理局官方网站（SBA initiatives）。
② 此处的小企业是指由 SBA 定义的小企业，SBA 只服务于它们认定的小企业。

商业周，SBA 在全国范围内帮助军人、退伍军人、军人家属小企业主，介绍军人、退伍军人、军人配偶企业主以及提供创业培训的组织；通过小企业星期六活动，支持小企业及其为社区所做出的贡献；通过 SBA 中心领导和支持的次级中心支持历史黑人学院和大学（白宫 HBCU 倡议），为美国企业家提供咨询和培训服务；对金融服务不足的小企业，通过社区委员会（CUC）向 SBA 提供有关战略的投入和建议，以帮助加强服务不足社区小企业的竞争力和可持续性，这些社区分布在市中心和农村地区，包括妇女、少数民族、退伍军人、部落群体和其他群体；小型制造商在美国经济中发挥着至关重要的作用，SBA 通过制造办公室，利用其作为国家最广泛的小型企业融资和管理支持网络的作用服务小型制造商，并且会优先考虑美国小型制造商的扩张。对于小企业服务不足社区，企业家可能会遇到获取 SBA 产品和服务的障碍，SBA 通过改善关键资源的获取，为需要的小企业提供支持，以减少获取服务障碍。SBA 成立以来，服务了大量的小企业，在贷款担保方面，成果丰硕，2021 年 SBA 批准了 51850 多笔 7（a）贷款，总金额为 370 亿美元，比 2020 年增长 62%。在 504 贷款计划中，小企业管理局批准了 9670 多笔贷款，金额为 82 亿美元，比 2020 年增加了 41%。小额贷款计划向服务不足社区的小企业发放 4500 多笔贷款，总额近 7500 万美元，SBA 超过了其贷款人匹配机构优先目标的 544%，有助于改善小企业获得资本的途径。①

（一）7（a）贷款项目

7（a）贷款项目是小企业管理局主要的贷款项目，当小企业无法获得贷款时，小企业局通过 7（a）贷款项目帮助它们获得贷款。SBA 为符合条件的小企业提供部分贷款担保（约为每一笔贷款金额的 50%~90%），为了抵消项目成本，保持 7（a）贷款项目的可持续性，SBA 向批准和支付的每笔 7（a）贷款收取预付一次性担保费和年度持续服务费。7（a）贷款项目通过提供贷款担保，可以帮助小企业获得金融机构的贷款。

7（a）贷款项目的具体流程为：小企业通过与 SBA 有合作关系的放款机构申请 7（a）贷款项目，由放款机构根据相关标准审查借款人的贷款申请，并决定是否借款。SBA 向放款机构保证，在放款机构遵守了所有有关贷款法规的基

---

① SBA. FY 2023 Congressional Budget Justification FY 2021 Annual Performance Report ［R］. Congressional Budget Justification and Annual Performance Report（sba. gov）.

础上，如果借款人没有偿还贷款，则由 SBA 向放款人偿还贷款，偿还最高金额为约定的偿付比例，同时，保留借款人偿还贷款的义务。7（a）贷款项目包括特快贷款和社区优势试点计划，其中，特快贷款允许放款机构使用已有的文件和程序，提高小企业信用可得性，同时，SBA 的担保比例会下降，曾经为 35 万美元以下的贷款提供了 50%的担保，从 2021 年 10 月开始，SBA 特快贷款最大贷款规模永久性地增加到了 50 万美元。社区优势试点计划于 2011 年开始运作，仅面向金融服务不足市场的贷款人。此外，SBA 7（a）贷款的担保可以在二级市场上出售，根据担保利息证书的条款，SBA 保证支付该证书下贷款的本金和利息。在 2021 财政年度，SBA 为 4.6 万多家小企业提供了共计 366 亿美元的担保。[①] 从表 3-3 中可以看出，SBA 提供的 7（a）贷款项目贷款数量逐年增加，受新冠疫情影响，2019 年以后该项目帮助的小企业数量出现了下行。2021 年，SBA7（a）贷款项目总计贷款数额为 366 亿美元，覆盖小企业 45156 家，提供了 593277 个就业岗位，与 SBA 有合作关系的放款机构为 1738 个。

表 3-3　2016~2021 年 SBA7（a）贷款项目

SBA7（a）贷款项目	2016 年	2017 年	2018 年	2019 年	2020 年	2021 年
贷款金额（十亿美元）	24.1	25.4	25.4	23.2	22.6	36.6
覆盖小企业数量（家）	57083	56382	53761	46111	42303	46156
提供就业数量（个）	587716	571208	543171	482083	454311	593277
合作机构（个）	2045	1978	1810	1708	1673	1738

数据来源：SBA. FY 2023 Congressional Budget Justification FY 2021 Annual Performance Report ［R］. Congressional Budget Justification and Annual Performance Report（sba. gov）.

（二）504 贷款计划

504 贷款计划是 504 认证发展公司贷款计划，可为小企业提供厂房、不动产、主要设备担保融资，或为这些主要固定资产产生的债务再融资，是 SBA 的关键经济发展计划之一，该计划要求创造就业机会、社区发展和实现公共政策目标。目前小企业及其附属公司可借入的贷款数额为 500 万美元，小型制造商或某些能源相关项目，每个项目贷款金额可高达 550 万美元，其中，每个小型

---

① SBA. FY 2023 Congressional Budget Justification FY 2021 Annual Performance Report ［R］. Congressional Budget Justification and Annual Performance Report (sba. gov).

企业（包括其附属公司）的贷款总额上限为 1650 万美元，贷款期限可以为 10 年、20 年或者 25 年。① 从表 3-4 中可以看出，2016~2021 年 SBA 的 504 贷款计划贷款数额逐年增加，受 504 贷款计划帮助的小企业数量也逐年增加，同时放款人（CDCS）数量在逐年下降。2021 年，504 贷款项目总计贷款数额为 82 亿美元，帮助的小企业数量为 9510 家，提供了 84176 个就业岗位，同时与 SBA 有 504 贷款项目合作关系的金融机构为 186 家。相对于 7（a）贷款项目，504 项目关注小型制造企业的固定资产担保贷款，服务的范围较小，贷款规模较 7（a）贷款项目小。

表 3-4　2016~2021 年 504 贷款项目

504 贷款项目	2016 年	2017 年	2018 年	2019 年	2020 年	2021 年
贷款数额（十亿美元）	4.7	5.0	4.8	5.0	5.8	8.2
帮助的小企业数量（家）	5722	6060	5787	6008	7119	9510
提供就业数量（个）	61983	59350	55729	52701	57727	84176
放款人（CDCS）数量（家）	230	218	217	212	208	186

数据来源：SBA. FY 2023 Congressional Budget Justification FY 2021 Annual Performance Report ［R］. Congressional Budget Justification and Annual Performance Report（sba. gov）.

（三）小额贷款计划

小额贷款计划是向非营利中间贷款人提供的贷款，通过这些中间贷款人将资金贷给小型企业和初创企业，贷款金额不超过 5 万美元。该计划于 1992 年开始实施，并于 1997 年永久实施。尽管该计划对所有小企业开放，其目标是针对金融服务不足的市场中的新企业和早期企业，包括信用记录很少或没有信用记录的借款人、低收入借款人、农村和城市地区通常不符合常规贷款或其他条件的妇女和少数民族企业家，是规模较大的 SBA 担保贷款。小额贷款中介放款人将获得高达 SBA 贷款余额 30% 的赠款，以帮助抵消向小额贷款人为小企业提供培训和技术援助的成本。在小额贷款计划中，将资本、技术援助和培训相结合，这有助于增强小企业的营利能力，改善运营，发展业务，支持创造就业和持续经营。2021 年，SBA 的小额贷款中介机构批准了 4500 多笔小额贷款，总额近

---

① SBA. FY 2023 Congressional Budget Justification FY 2021 Annual Performance Report ［R］. Congressional Budget Justification and Annual Performance Report（sba. gov）.

7470 万美元。① 从表 3-5 可以看出，2016~2020 年小额贷款项目帮助的小企业数稳步增长，2021 年数量出现了较大幅度下降，提供的就业数量、SBA 向小额贷款机构提供的贷款、放款人向小企业的贷款数额等也在 2020 年达到最高，2021 年有所下降。

表 3-5 2016~2021 年小额贷款项目

小额贷款项目	2016 年	2017 年	2018 年	2019 年	2020 年	2021 年
帮助的小企业数量（家）	4506	4958	5457	5532	5892	4514
提供就业数量（个）	17573	18531	20486	21235	24596	17531
SBA 向小额贷款机构的贷款（千美元）	3500	44350	35886	42266	55235	48622
放款人向小企业的贷款（千美元）	61223	68518	76743	81529	84985	74694
小额贷款机构提供的咨询数量（个）	17948	19600	21800	22100	23550	18040

数据来源：SBA. FY 2023 Congressional Budget Justification FY 2021 Annual Performance Report［R］. Congressional Budget Justification and Annual Performance Report（sba. gov）.

（四）其他技术援助和担保计划

除了向小企业贷款提供担保外，SBA 还通过技术培训和技术援助帮助创新型企业发展及获得政府项目，培育市场创新生态系统，增加市场创新活力，保护市场的自由竞争和技术发展。

（1）主要技术援助计划和再担保计划。主要技术援助计划主要为金融服务不足的企业家和微型企业发展组织提供培训和技术援助，通过资助企业技术研发、开发微型企业的最佳运营方式以及为处境不利的企业家提供技术援助方案等途径为小企业发展服务。再担保计划是 SBA 通过再担保的方式支持小型和新兴企业的发展，该计划可为每家企业提供最高 650 万美元的担保，如果是联邦合同，则最高提供 1000 万美元担保。如果发生违约，SBA 再担保的比例为担保人损失的 80%~90%。

（2）小企业投资计划。SBA 的小企业投资计划（SBIC）旨在刺激私募股权资本和长期贷款资金流向需要的小企业（在市场上难以获得私募股权投资和长期贷款的小企业），主要为小企业的业务运营、增长、扩张和现代化发展提供融

---

① SBA. FY 2023 Congressional Budget Justification FY 2021 Annual Performance Report［R］. Congressional Budget Justification and Annual Performance Report（sba. gov）.

资。SBA 通过 SBIC 计划向私人管理的投资基金发放许可证，这些基金管理者再从私人投资者那里筹集资金，然后将其与通过 SBIC 发行由 SBA 担保的债券资金相结合，来为小企业融资。SBA 不通过 SBIC 计划直接投资小企业，而是为在某些部门或行业具有投资专业知识的合格投资管理公司提供融资许可证，小型企业投资公司由 SBA 授权和监管。获得授权后小型企业投资公司筹集私人或公共资本，对符合条件的小型企业进行股权或债务投资。

（3）小企业创新研究和技术转移计划。小企业创新研究和技术转移计划由小企业创新研究计划（Small Business Innovation Research，SBIR）和小企业技术转让计划（Small-business Technology Transfer Programs，STTR）构成，主要资助符合联邦研发需求创新的小企业，并支持创新的商业化。主要通过 SBA 支持的创新生态系统资源来帮助创新企业家竞争 SBIR 和 STTR 的资助，2021 年 SBA 通过 SBIR 和 STTR 项目支持小企业的资金超过 42 亿美元。[①]

（4）联邦和州技术合作计划。联邦和州技术合作计划（Federal and State Technology Partnership Program，FAST）旨在为金融服务不足的创新型企业家提供关键和直接援助，目的是提高他们获得 SBIR 和 STTR 资金的成功率。FAST 基金通过培训和推广，增加 SBIR 和 STTR 申请人的渠道，建立合作组织和个人支持这些申请人及现有获奖者的能力，从而构建创新生态系统。

（5）增长加速器基金竞赛计划。增长加速器基金竞赛（Growth Accelerators Fund Competition Program，GAFC）通过向加速器和孵化器注入 5 万美元的额外运营资本来刺激创新和创业。该项竞赛旨在通过向加速器、孵化器、合作社区、创客空间和其他组织提供资金，找出创业生态系统中的短板和不足。该竞赛确定了传统上难以获得研发资金和投资资本的群体和地区，如农村社区以及由妇女、少数民族和退伍军人生活的地区。该计划允许快速支持任何特定群体或关键技术，自 2014 年成立以来，该计划已向 49 个州、哥伦比亚特区、美国维尔京群岛和波多黎各的组织颁发了 387 个奖金，每个奖金为 5 万美元。

此外，国际贸易促进计划（International Trade Promotion Program）通过贸易融资为出口小企业提供贷款和担保。8（a）商业发展（8（a）Business Development Program，BD）通过商业发展帮助合格的社会弱势小企业参与美国经济竞争，主要有提供培训、技术援助和合同机会等方式实现。小企业发展中心项目

---

① SBA. FY 2023 Congressional Budget Justification FY 2021 Annual Performance Report［R］. Congressional Budget Justification and Annual Performance Report（sba. gov）.

（Small Business Development Centers Program，SBDC）由高等教育机构和国家经济发展组织主办，是创业生态系统的重要组成部分。SBDC 向美国企业家提供咨询和培训，重点是战略发展、财务规划、业务发展和现金流管理，他们根据客户要求、业务趋势和个人业务需求不断评估、咨询和培训。区域创新集群计划（Regional Innovation Clusters Program，RIC）促进区域创新生态系统的发展，使小企业能够有效地利用伙伴关系将新技术商业化，并扩展到新市场，服务于自身发展和区域经济的增长。RIC 是商业、研究、教育、融资和政府机构之间的实地合作，致力于在特定区域内发展特定行业或相关行业。此外，SBA 还提供其他各类服务，包括为创业小企业、妇女、退伍军人等提供培训等。

三、硅谷银行

硅谷银行（SVB）是美国典型的科技银行。1983 年成立的硅谷银行是创新经济的金融合作伙伴，是专注于创新经济的金融服务机构，隶属于硅谷银行金融集团，主要业务有商业银行业务（包括全球商业银行业务）、私人银行、证券业务、投资银行业务、风险资本和信贷投资业务。硅谷银行与美国 50% 以上的风险投资公司有合作关系，美国风险投资支持的技术和医疗保健 IPO 中有 45% 是硅谷银行的客户，是美国科技银行的典型代表。硅谷银行 1988 年在纳斯达克市场上市，在服务科技型企业方面，硅谷银行有 35 年以上经验，是美国科技型企业金融服务的重要机构，主要面向新兴科技领域客户提供融资服务，包括信息技术、清洁能源、生命科学、葡萄酒行业。

硅谷银行主要以投贷联动的方式向客户提供金融服务，即向处于初创期或成长扩张期的企业提供贷款和股权投资。硅谷金融集团下属子公司有硅谷银行和硅谷资本，硅谷资本通过风险投资机构或者直接投资企业，借助风险资本市场上的 PE/VC 识别和筛选出具有高成长性的企业，进行直接或者间接的股权投资，企业获得股权融资后，硅谷银行才会向企业提供贷款。此外，为了预防中小型科技企业创新失败带来的高风险，硅谷银行在贷款给科技型企业的同时认购股权，待企业 IPO 后，通过资本市场退出企业，获得高收益，以弥补投资的高风险；硅谷银行与美国 50% 以上的风险投资公司有合作关系，它还会通过贷款给风险投资机构，由风险投资机构对科技型中小企业进行投资。

硅谷银行将其客户分为以下几类：①科技和生命科学、医疗健康客户。包括硬件、软件、互联网企业、生命科学、医疗健康等细分行业企业客户。所服务客户包括初创期（一般收入低于 500 万美元甚至没有收入）、成长期（一般收入在 500 万~7500 万美元，少数公司可能已经公开上市）和成熟期（一般收入超过 7500 万美元，往往已经上市或者虽未上市但规模非常大）。②PE/VC 客户。硅谷银行自成立以来就一直维持着与 PE/VC 圈的密切关系。③高端酿酒客户。主要是美国西部地区的葡萄园和葡萄酒庄。④私人银行财富管理客户。主要是满足前述目标客户高管的私人银行服务需求。

（一）硅谷全球商业银行

硅谷全球商业银行支持企业发展不同阶段的业务，提供产品、服务和战略建议，帮助企业将想法转化为商业。在企业发展的各个阶段提供金融服务，包括创业银行、风险投资和公司银行业务。创业银行主要向创始人提供相关产品和服务，在公司创业期、成长期提供相应的服务，包括 3 年免费业务检查、提供储蓄、优化风险投资公司、为成长型公司提供常规金融服务，2021 年上半年，美国风险投资支持的首次公开募股的公司中有 63% 是 SVB 的客户。①

1. 创业银行业务

（1）业务检查。硅谷创业银行的业务检查通过 SVB 网上银行业务，即全天候获取企业实时账户信息和跟踪现金流交易，帮助企业管理现金流，简化业务流程并提高效率。通过连接各种流行的商业应用程序，如 QuickBooks、Xero、Expensify4 以及其他许多应用程序，实现企业更好的财务管理。将企业账户与后台会计软件或 ERP 解决方案同步，实现更高效的支付自动化。帮助企业主随时随地完成更多工作，包括账户报告、内部转账、移动存款、管理电汇和其他一系列交易。通过桌面或手机扫描支票电子图像或将支票电子图像直接发送给 SVB，以了解应收账款和存款。

（2）提供储蓄。通过硅谷创业银行的创业资金市场账户，帮助企业提高资金收益率。与银行储蓄账户一样，企业可以从硅谷创业银行存款中获得 4.33% 的年收益率。

（3）硅谷银行创新卡。硅谷银行创新卡是一张可扩展的名片，可让企业更灵活地管理采购和应付款，同时在无上限的情况下获得 2 倍的奖励，即使用硅谷银行创新卡消费 1 美元，即可获得 2 点积分。与业务相关的功能为：①通过银行创始人信托基金的可扩展信贷业务，保障企业增长相关的支出；②对业务

---

① 硅谷银行官网（https://www.svb.com/startup-banking）。

进行信贷，不承担个人责任；③使用差旅和费用（T&E）工具节省时间，实时更新，以实现业务无缝报告。此外，使用该卡，可以通过深入了解 T&E 和采购，如最高支出类别、最高支出和最常用的供应商，以帮助企业改进管理，还可以管理公司卡，发放员工卡并保持预算，对塑料卡或虚拟卡上的特定交易进行预消费控制。通过将会计与 Xero、QuickBooks、Intacct 和 NetSuite 集成，来改进会计工作流程。

（4）收款业务。通过银行的商户服务产品，可实现接受销售付款、发票付款、订阅付款和定期付款，增加现金流。通过灵活的 API 在企业的网站或应用程序中管理订单并创建集成的结账体验。通过管理交易类型、增值税、将客户卡存档、开票等方式，使用精确的数据、工具和报告，最大限度地减少欺诈损失和拒付。

（5）全球增长服务。硅谷创业银行团队将在欧洲、拉丁美洲、印度、中东、北非、中国、澳大利亚和新西兰为企业的全球增长目标提供市场准入建议和介绍。此外，SVB 客户可以从 AWS、Google cloud、Airtable 和 Vouch 等 50 多家公司获得创业公司所需产品的折扣，譬如，云计算、会计服务等。

2. 风险投资

美国风险投资支持的 44% 的技术和医疗 IPO 都与 SVB 银行有合作，硅谷银行通过提供银行服务和业务战略支持，帮助一些领先的创新者与银行建立合作伙伴关系，帮助企业在每个阶段实现业务目标，提供金融和银行服务，帮助企业利用商业机会、筹集资金、保护股权、管理现金流和进入全球市场。

（1）银行服务。通过为成长公司的企业家和金融专业人士设计、提供银行服务，管理创业者不断增长的交易和支付需求。

（2）风险债券。风险债券是 SVB 的核心业务，专为高增长的创业公司设计。风险债券是为快速增长的投资者支持的创业公司设计的贷款，它通常可在同一时间或在一轮股权交易后不久获得，通常用于将企业资金跑道延伸至下一轮投资，减少现金流中断的风险。风险债券可以提供 3~9 个月的额外资本，以支持企业所需的任何关键阶段的投资活动。它可以用来雇用或加强销售团队、改进营销、投资研发或购买资本设备以实现商业化并开始扩大规模。风险债务金额的确定由多种因素共同决定，包括公司增长率、投资者、行业、客户利益和其他潜在资本化风险，通常情况下，会将风险债务的金额设定为最近一轮股本的 20%~35%。企业创新需要可观的资本，即使在现金充裕的时候，对于寻求延长跑道、降低资本成本并保持创新繁荣的成长型风险投资公司来说，风险债券也是一个有吸引力的融资选择。创业公司可以从以下方面受益：当公司快速扩张或烧钱时，风险债务降低了运营资金的平均成本；提供现金灵活性，风险债务可以作为一种现金缓冲，以应对运营故障、融资受阻和不可预见的资本需求。

（3）全球支付和外汇服务。硅谷银行可以向110多个国家或地区发送和接收90多种货币的付款，帮助企业获取高效、安全、经济高效的交易系统，这些交易系统可以处理国际支付，并有助于支持企业全球收入增长的目标。

3. 公司银行业务

硅谷银行专业银行专家团队主要帮助技术、生命科学和医疗保健领域的企业突破挑战。67%的美国风险投资支持的公司 IPO 中，有 700 多家公开交易的技术和医疗保健公司将 SVB 视为其长期财务合作伙伴。[①] SVB 主要为科技公司和医疗保健公司提供公司银行业务，服务内容：①为企业提供全面债务和股权融资，获取量身定制的债务和股权解决方案，帮助推动增长、收购、全球扩张或资产负债表优化；②与合作伙伴合作，围绕规模化创新公司的独特需求、复杂解决方案和快速步伐而构建定制服务；③利用硅谷对创新经济的深入理解，与专家接触，与同行建立联系，并随时了解情况，提供咨询；④为科技企业提供杠杆融资和赞助商融资，可为公司和私募股权投资者提供复杂的融资解决方案；⑤通过与公司和基金经理的联系确保高绩效风险投资；⑥纳斯达克私人市场业务，为私人公司员工和投资者提供集中交易场所，以产生流动性。SVB、纳斯达克和多家全球投资银行推出了纳斯达克私人市场（NPM），作为私人公司独立、集中的二级交易场所，NPM 预计将支持广泛的私人公司流动性需求，包括投标报价、拍卖、大宗销售和利益相关者的交易。

（二）投资银行

硅谷投资银行致力于为创新驱动的医疗保健和科技公司提供服务，为其提供一整套金融解决方案，包括并购咨询、股权和债务融资、专有研究等。

1. 资本市场业务

硅谷银行与医疗保健和技术领域的公司合作，设计和实施最佳的资本结构，以帮助企业成长。硅谷银行的资本市场业务涵盖各种股权和债务工具，利用 SVB 的资产负债表为客户提供支持，帮助他们发展成为经验丰富的成功企业。

---

① 硅谷银行官网（https：//www.svb.com/startup-banking）。

硅谷银行团队在 IPO、公开上市的后续发行、注册董事、直接上市和可转换债券发行等领域拥有丰富的专业知识，可以为企业提供有效的支持。

2. 并购咨询业务

硅谷银行的并购顾问团队由资深、经验丰富的专业人士领导，他们拥有超过 20 年的经验，并与医疗领域公司建立了长期关系，专注于客户的价值创造。硅谷银行与客户合作，提供深入的行业见解和广泛的联系，帮助医疗保健和科技公司利用并购推动股东价值的增长。

3. 证券业务

硅谷投资银行的证券业务主要包括：①股权销售。硅谷银行有近 30 年的股权销售经验，并且拥有自己的股权分销平台，以基本面分析为基础，为客户提供实用的投融资服务。②股权交易。硅谷银行是医疗和科技股的领先交易者，专注于股票、衍生品和可转换债券的高风险交易，其交易团队在 1200 多种证券中进行市场交易，基于团队的专业知识、市场情报等方面的优势，可以为合作伙伴提供投融资服务。③衍生品交易。服务内容包括交易结构设计、套利交易、宏观对冲等。④可转换证券。硅谷银行为企业客户提供承销和重组服务，为机构客户提供销售和交易咨询以及在可转换债券领域的销售服务。

4. 股票研究

硅谷银行在医疗保健和技术领域的深度覆盖可为客户提供股票咨询。硅谷投资银行的投资观点是由华尔街和投资分析经验丰富的许多专业人员所提供，在行业内具有一定的优势，可为客户提供专业的咨询服务。此外，在医疗保健方面，硅谷银行从 SVB MEDACorp（一个由 20000 多名主要意见领袖和行业从业者组成的网络）获得关键见解，可以为顾客提供专业的股票建议。其中，在医疗保健领域，涵盖生物技术领域的公司、数字健康、医疗保健服务、生命科学工具以及医疗用品和设备；技术领域覆盖范围包括企业软件、消费者互联网、商业支持和营销软件、教育技术、数字基础设施和技术支持服务、工业技术以及金融科技。

5. 杠杆融资和结构性融资

通过实践经验和市场知识帮助客户获取资本。①金融杠杆。硅谷银行在构建和安排各种类型和规模的杠杆融资交易方面拥有丰富的专业知识，对于希望在资本结构中增加债务的公司，有许多选择，除了直接配售、俱乐部交易以及广泛的银团贷款和债券外，还能够构建、承诺和安排 ARR 贷款、优先股权投资、可转换债务和其他定制债务结构。②结构融资。硅谷银行经验丰富的团队在探索结构化金融产品以满足其短期和长期需求时，采用了 CEO 和 CFO 重视的高度咨询方法，积极与 30 多家通过资格预审的投资公司合作，开展结构性融资交易。

6. 战略咨询

与 MEDACorp 网络中的关键意见领袖（KOL）和以医疗保健为重点的专业人士进行接触，确定并向客户提供可行的建议。MEDACorp 网络提供了有关临床开发、监管逆风（和顺风）和其他商业化动态的实时见解，为评估业务和投资决策提供了宝贵的指导。硅谷银行战略咨询由 2 万多名学术医师、办公室医师、临床医师、监管和报销专家、律师、医院管理人员等组成，该团队长期以来一直是硅谷银行差异化研究和指导的基础，他们的专业知识涵盖制药、生物制药、医疗技术、诊断、医疗服务和 IT，涵盖约 50 个临床专业和 21 个基础科学学科。硅谷银行通常会邀请医疗保健专业人士进一步了解新兴公司及其创新的影响，并为其提供战略咨询服务。

（三）　风险投资和信贷投资

SVB 已经在创新经济领域投资 20 余年，截至 2022 年 6 月管理资产规模达到 88 亿美元，通过 SVB 投资策略服务的独角兽企业达到 760 家以上，投资团队具有超过 100 年的综合投资经验，以及广泛的全球专业网络和联系。[①] SVB 为客户提供了一个深度互联的投资平台，为有限合伙人提供最具创新性的公司和基金经理，利用 SVB 在技术、生命科学和风险投资方面的历史和关系力量，通过与美国 50% 以上的风险投资公司以及全球基金和公司的合作关系，可为投资者提供更多的 SVB 资本的投资解决方案。

四、多层次证券市场

美国证券市场经历了 200 余年的发展，已经形成了以市场为主导的多层次资本市场体系，包括主板市场、创业板市场、区域性证券交易所、OTCBB 市场、粉红单市场、私募股权交易市场以及地方性柜台交易市场，可以满足不同规模企业的上市融资需求。本书主要介绍美国的两个证券交易所上市产品和标准，为黄河上游地区发展资本市场，推动科技企业发展直接融资提供借鉴。

---

① 硅谷银行官网（https://www.svb.com/startup-banking）。

（一）纽约证券交易所

纽约证券交易所起源于 1792 年 5 月 17 日，由 24 名股票经纪人签署的《巴顿伍德协议》标志着纽约证券交易所的正式成立，该协议为股票的交易制定了规则，并设定了佣金制度。经过 200 多年的发展，纽约证券交易所已经发展成为集股票、期权、债券、ETPS 等证券产品交易的全球市场。作为全球性证券交易市场，纽约证券交易所制定了美国公司上市标准和非美国私有企业上市标准，当然，国外公司也可以选择按照美国上市公司标准申请上市。表 3-6 和表 3-7 是美国本土企业在纽约证券交易所申请上市的财务标准和股权分布标准，公司需要同时满足财务标准和股权分布标准方可申请上市。从表 3-6 中可以看出，纽约证券交易所对申请上市的公司从税前收入、市值、总资产和总收益、流通市值、股东权益、最低股价和经营历史等方面给出了上市的财务条件，满足五个标准中的任意一项即可申请上市，同时，表 3-7 给出了股权分布的条件，申请上市的企业需满足所有股权分布条件才可以申请上市，总计有三套标准，满足其中一套即可。从股权分布条件可以看出，纽约证券交易所非常注重股权分散和流通性，三套标准对公众股东数量和公众持股数量都有相应的要求，标准一的公众股东数量为 800，公众持股数量为 50 万股，这对于活跃证券交易所产品交易非常有帮助，只有具有一定流通性的有价证券，才能有效满足企业上市融资的需求，公众持股数量的标准其实是市场筛选项目的标准，只有较高的公众持股和流通性的股票才能实现持续的交易和增长。

表 3-6　美国本土企业上市标准（需要满足以下标准之一）

上市标准	标准一	标准二	标准三	标准四	标准五
税前收入	75 万美元	—	—	—	—
市值	—	—	5000 万美元	7500 万美元	—
总资产和总收益	—	—	—	—	7500 万美元
流通市值	300 万美元	1500 万美元	1500 万美元	2000 万美元	2000 万美元
股东权益	400 万美元	400 万美元	400 万美元	—	—
最低股价	3 美元	3 美元	2 美元	3 美元	3 美元
经营历史	—	2 年	—	—	—

表 3-7　股权分布标准（同时满足以下股权分布标准之一）

分布标准	标准一	标准二	标准三
公众股东数量	800	400	400
公众持股量	50 万股	100 万股	50 万股
日交易量（6 个月）	—	—	2000 股

数据来源：纽约证券交易所官网（https：//www.nyse.com/index）。

表 3-8 和表 3-9 是国外企业申请上市的标准，需要同时满足表 3-8 中任意一个条件和表 3-9 的所有条件方可申请上市。从财务标准可以看出纽约证券交易所对公司的收入和市值非常重视，也就意味着在纽约证券交易所上市的外国企业，需要具有较高的市值和较高的税前收入；对房地产公司、封闭式投资管理公司、商业发展公司的标准进行单列，要求流通市值不得低于 6000 万美元；从表 3-9 中可以看出，对于股权分布和最低股票交易价格也做了相应的规定，非常注重公众持股数量和流通性，其中公众持股数量、股东人数和最低股价要求均高于美国本土企业上市的标准。

表 3-8　纽约证券交易所首次上市量化标准（满足财务标准之一）

单位：美元

财务标准	收益	全球市值	房地产投资信托基金	封闭式投资管理公司	商业发展公司
调整后的税前收入	过去三个会计年度的总计≥1000 万；最近的两个财政年≥200 万；之前的每三个财政年度>0	—	—	—	—
全球市值	—	2 亿	—	—	7500 万
股东权益	—	—	6000 万	—	—
流通股市值	见表 3-6	见表 3-6	见表 3-6	6000 万	6000 万

注：房地产投资信托基金适用于三年没有经营历史的房地产投资信托基金（REITs）。经营历史超过三年的 REITs 必须符合收益或全球市场的要求。

数据来源：纽约证券交易所官网（https：//www.nyse.com/index）。

表3-9 满足以下所有股权分布标准

股权分布标准	IPO，股份转移，股权分割	股票转让			其他
股东数量	400	400	总计2200	总计500	400
公众持股数量	110万股	110万股	110万股	110万股	110万股
公众持股市值	4000万美元	1亿美元	1亿美元	1亿美元	1亿美元
最低股价	4美元	4美元	4美元	4美元	4美元
月平均交易量	—	10万	10万	100万	—

数据来源：纽约证券交易所官网（https：//www.nyse.com/index）。

表3-10和表3-11为非美国公司申请上市的财务标准和股权分布标准，需要满足一条财务标准和所有股权分布标准才能申请上市。对于非美国企业上市，纽约证券交易所还列出了调整后的现金流量、全球市值的标准，这些标准较美国公司上市标准高，纽约证券交易所更注重在全球市场上挑选优质企业上市。从表3-11中可以看出，对于全球企业的附属公司和公开持股有更高的要求，也就意味着上市企业必须是全球市场上发展较好的企业，才能在纽约证券交易所上市。

表3-10 纽约证券交易所首次上市量化标准（满足财务标准之一）

单位：美元

财务标准	收益	收益现金流	收入	关联公司
调整后的税前收入	过去三个财政年度的总额≥1亿；最近两个财政年度中的每一个≥2500万	—	—	—
调整后的现金流	—	过去三个财政年度的总计≥1亿；最近两个财政年度中的每一个≥2500万	—	—
全球市值	—	5亿	7.5亿	5亿
收入	—	1亿（最近12个月）	7500万（最近一个会计年度）	6000万
经营历史	—	—	—	12个月

数据来源：纽约证券交易所官网（https：//www.nyse.com/index）。

表 3-11 满足以下所有股权分布标准

股权分布标准	附属公司	其他条件
持有 100 股以上股东数量	5000 家（全球范围）	5000 家（全球范围）
公开持有股份	250 万股（全球范围）	250 万股（全球范围）
公众持股市值	6000 万美元（全球范围）	1 亿美元（全球范围）
最低股价	4 美元	4 美元

数据来源：纽约证券交易所官网（https：//www.nyse.com/index）。

（二）美国纳斯达克市场

纳斯达克也称为美国全国证券交易商协会自动报价表，成立于 1971 年，是美国第一家电子证券交易机构，由纳斯达克股票市场公司拥有并控制，有 4000 多家上市公司在场内交易，主要上市公司分布在计算机、电信、生物技术、批发贸易等科技行业。美国很多著名的科技公司都在纳斯达克市场首次上市，譬如，苹果、微软、谷歌、亚马逊和思科等。纳斯达克根据企业的规模，将股票市场分为三个层次，即全球精选市场、全球市场和纳斯达克资本市场，根据每个市场的定位分别制定了相应的上市标准，三个层次中的企业根据自己的经营业绩变化和相关要求可以进行转板。纳斯达克市场的分层，为不同规模的企业提供了上市融资的机会，是美国中小科技型企业直接融资的主要市场。

在纳斯达克上市的公司一般都是生化、生技、医药、科技、制造以及零售连锁服务等行业的企业，且经营周期一年以上，具有良好的发展前景。除了满足信息披露、公司治理等条件外，在股权分布、财务情况、公司市值等方面需要满足相应的条件。

1. 纳斯达克全球精选市场上市条件[①]

为了纳入全球精选市场，公司必须满足纳斯达克《上市规则》第 5315（e）条的所有要求、《上市规则》第 5315（f）①、②和③条的全部适用要求。如果公司是根据 1940 年美国《投资公司法》注册的封闭式管理投资公司，则该公司必须满足第 5315（e）条中的所有要求，第 5315（f）①和②条中的所有适用要求。1940 年《投资公司法》第 2 节中定义的商业开发公司必须满足第 5315（e）条中的所有要求，以及第 5315（f）①和②条中的所有适用要求。此外，商业

---

① 纳斯达克官网（https：//listingcenter.nasdaq.com/rulebook/nasdaq/rules/nasdaq-5000）。

发展公司必须拥有至少 8000 万美元的市值，以代替满足第 5315（f）③条的规定。

（1）第 5315（e）条。应满足以下所有要求：①如果公司未在纳斯达克全球精选市场上市，则出价至少为每股 4 美元。②至少有 1250000 股不受限制的公开持有股份。③公司应至少有三名注册且活跃的做市商。④如果自申请之日起该证券在美国场外交易市场交易，则该证券在上市前的 30 个交易日内的最低平均日交易量必须为 2000 股，在 30 天内至少 15 天以上的交易量达到平均交易量以上。如果该证券在联交所上市，并附有至少 400 万美元的公开承销的承诺，则不需要达到前述条件。⑤至少发行 40 万存托凭证。

（2）第 5315（f）条。①所有权要求：（A）至少 550 名总持有人，前 12 个月的平均月交易量至少为每月 1100000 股；或（B）至少 2200 名总持有人；或（C）（i）至少 450 名整股股东；以及（ii）至少 50% 的此类整股股东必须各自持有市值至少 2500 美元的无限制证券。② 市场价值要求，无限制公开持有的股份应满足以下条件之一：（A）市值至少为 1.1 亿美元；或（B）如果公司股东权益为 1.1 亿美元以上，则市值至少为 1 亿美元；或（C）在以下情况下，市值至少为 4500 万美元：（i）与首次公开募股相关的公司上市；以及（ii）与在全球精选市场上市的另一家公司有关联或从该公司分拆的公司；或（D）根据 1940 年《投资公司法》注册的封闭式管理投资公司的市值至少为 7000 万美元。③ 估价要求，除封闭式管理投资公司外，公司应满足以下（A）、（B）、（C）或（D）项的要求：（A）（i）前三个财政年度税前持续经营的总收入至少为 1100 万美元，（ii）前三财政年度税前持续经营的收入为正，以及（iii）最近两个财政年度税前连续经营的收入至少为 220 万美元；或（B）（i）前三财政年度的总现金流至少为 2750 万美元，（ii）前三财政年度的现金流均为正，（iii）前 12 个月的平均市值至少为 5.5 亿美元，前一财政年度的收入总额至少为 1.1 亿美元；或（C）（i）过去 12 个月的平均市值至少为 8.5 亿美元，以及（ii）上一财年的总收入至少为 9000 万美元；或（D）（i）市值至少为 1.6 亿美元，（ii）总资产至少为 8000 万美元，以及（iii）股东权益至少为 5500 万美元。

2. 纳斯达克全球市场上市条件①

（1）股票初始上市要求。申请在全球市场上市的公司应满足第 5405（a）条规定的所有要求以及第 5405（b）条规定的至少一项标准。

---

① 纳斯达克官网（https://listingcenter.nasdaq.com/rulebook/nasdaq/rules/nasdaq-5000）。

1）第5405（a）条：①最低出价至少为每股4美元；②至少1100000股不受限制的公开持有股份；③（A）至少400名整股股东；以及（B）至少50%的整股股东必须各自持有市值至少2500美元的无限制证券；④如果自申请之日起该证券在美国场外交易市场交易，则该证券在上市前的30个交易日内的最低平均日交易量必须为2000股（包括存托凭证相关的基础证券在一级市场上的交易量），且交易发生在这30天中的15天以上，如果该证券在联交所上市，并附有至少400万美元的公开承销的承诺，则不需满足上述条件；⑤至少发行了40万份存托凭证。

2）第5405（b）条：①收入标准。（A）最近完成的财政年度或最近完成的三个财政年度中的两个财政年度的持续经营所得税前年收入至少为1000000美元；（B）股东权益至少为1500万美元；（C）不受限制的公开持有股份的市值至少为800万美元；（D）至少三家注册活跃的做市商。②权益标准。（A）至少3000万美元的股东权益；（B）至少两年的经营历史；（C）不受限制的公开持有股份的市值至少为1800万美元；（D）至少3家注册活跃的做市商。③市场价值标准。（A）上市证券的市值为7500万美元（当前上市公司必须满足这一要求，如果仅符合市值标准，则必须在申请上市前连续90个交易日满足4美元的出价要求）；（B）不受限制的公开持有股份的市值至少为2000万美元；（C）至少有4家注册活跃的做市商。④总资产/总收入标准。（A）最近完成的财年或最近完成的三个财年中的两个财年的总资产和总收入均为7500万美元；（B）不受限制的公开持有股份的市值至少为2000万美元；（C）至少有4家注册活跃的做市商。

（2）商业收购一项或多项的公司的备选初始上市要求。除了能够按照规则第5405条所述的要求上市外，如其商业计划是完成一项或多项收购的公司（"收购公司"）也可以按照以下规则的规定在纳斯达克全球市场上市其主要股权证券（存托凭证除外）。①收购公司的上市证券市值必须至少为1亿美元。②主要股权证券必须：（A）收盘价或（如果上市与IPO相关）IPO价格至少为每股4美元；（B）公开持有股票的市值至少为8000万美元。③拥有至少110万股公开持有的股份。④满足以下分配标准之一：（A）如果收购公司与首次公开募股（IPO）相关，则至少有300整股股东持有人。（B）如果收购公司因转让或报价而上市，则至少有300名整股股东；或至少有2200名股东，月平均交易量为10万股（最近6个月）；或至少有500名股东，月平均交易量为100万股（最近12个月）。

（3）认股权证的初始上市要求。对于首次上市，认股权证必须满足以下所有要求：至少发行 450000 份认股权证、附属公司债券必须在全球市场上市或是承保证券、必须至少有 3 名注册的活跃做市商以及必须至少有 400 整股股东持有人。

（4）优先股和二级普通股的首次上市要求。当公司的主要股权证券在全球市场上市或是承保证券时，优先股或二级普通股必须满足以下①~⑥中规定的所有要求。①至少 20 万股不受限制的公开持有股份；②不受限制的公开持有股票的市值至少为 400 万美元；③最低出价至少为每股 4 美元；④至少 100 个整股股东和至少 50%的整股股东必须各自持有市值 2500 美元以上的无限制证券；⑤至少 3 家注册活跃的做市商；⑥如果截止申请日，该证券在美国场外交易市场交易，则该证券在上市前 30 个交易日内的最低日平均交易量必须为 2000 股，且这个交易必须在 30 天中的 15 天以上，如果该证券在联交所上市，并附有至少 400 万美元的公开承销的承诺，则不需要满足本条规定。

（5）股票持续上市要求和标准：

1）股票持续上市的价格和股东要求：最低出价为每股 1 美元和至少 400 名总持有人。

2）股票持续上市的财务标准：①权益标准。第一，股东权益至少为 1000 万美元；第二，至少有 75 万股公开持有的股份；第三，公开持有股票的市值至少为 500 万美元；第四，至少有两名注册且活跃的做市商。②市场价值标准。第一，上市证券的市值至少为 5000 万美元；第二，至少 110 万股公开持有的股份；第三，公开持有股份的市值至少为 1500 万美元；第四，至少有 4 家注册活跃的做市商。③总资产/总收入标准。第一，最近完成的财政年度或最近完成的 3 个财政年度中的两个财政年度的总资产和总收入至少各为 5000 万美元；第二，至少 110 万股公开持有的股份；第三，公开持有股份的市值至少为 1500 万美元；第四，至少有 4 家注册活跃的做市商。

（6）收购公司的持续上市要求。除了每股最低出价为 1 美元和至少有 4 名注册活跃做市商之外，如果出现以下情况，纳斯达克将立即启动暂停和退市程序。①收购公司上市证券的平均市值低于 5000 万美元，或公开持有股票的平均市值在连续 30 个交易日内低于 4000 万美元，纳斯达克员工将向该收购公司发出员工退市决定书。如果上市证券的平均市场价值低于 7500 万美元或公开持有股票的平均市场值低于 6000 万美元，纳斯达克将通知该收购公司，并将告知收购公司退市标准。②收购公司最初上市的证券低于以下分配标准：（A）至少

300 名公众股东（如果是认股权证，则至少 100 名认股权证持有人）；（B）至少 1200 名股东，月平均交易量为 10 万股（最近 12 个月）；或（C）至少 60 万股公开持有股份。③收购公司未能按照相关规则的要求，在其组织文件规定的期限内或合同规定的期限或相关规定的期限（以较短者为准）内完成其业务合并。

收购公司上市的认股权证，必须满足以下持续上市要求：①公开持有的认股权证数量至少为 100000 份；②认股权证持有人数至少为 100 人；③未发行权证的总市值至少为 100 万美元。

（7）认股权证的持续上市要求。认股权证必须满足以下所有要求：①附属公司债券必须继续在全球市场上市或是承保证券；②至少有两个注册的活跃做市商，其中一个做市商必须是可以稳定出价的做市商。

（8）优先股和二级普通股的持续上市要求。优先股或二级普通股必须满足以下所有要求。①至少 10 万股公开持有的股份；②公开持有股票的市值至少为 100 万美元；③最低出价至少为每股 1 美元；④至少 100 名公众持股人；⑤至少有两名注册且活跃的做市商。

3. 纳斯达克资本市场上市条件①

（1）股票初次上市要求。申请在纳斯达克资本市场上市的公司必须满足第 5505（a）条规定的所有要求以及第 5505 条（b）款规定的至少一项标准。

1）第 5505（a）条：①（A）最低出价为每股 4 美元；或（B）如果公司符合《上市规则》第 5505（b）①或③条规定的权益或净收益标准的要求，则最低收盘价为每股 3 美元；如果公司符合第 5505（b）②条规定的上市证券市值标准的要求，最低收盘价则为每股 2 美元，如果发行人已连续运营至少 3 年，公司还必须证明其有形资产净值（即总资产减去无形资产和负债）超过 200 万美元；如果发行人持续经营时间少于 3 年，则有形资产净值需要超过 500 万美元；或者，过去 3 年的平均收入至少为 600 万美元。证券必须在批准前至少连续 5 个营业日满足适用的收盘价要求。②至少 100 万股不受限制的公开持有股份。③（A）至少 300 名整股股东；以及（B）至少 50% 的此类整股股东必须各自持有市值至少 2500 美元的无限制证券。④至少 3 家注册活跃的做市商。⑤如果自申请之日起该证券在美国场外市场交易，则该证券在上市前的 30 个交易日内的最低平均日交易量必须为 2000 股（包括与存托凭证相关的一级市场上的标的证

---

① 纳斯达克官网（https：//listingcenter. nasdaq. com/rulebook/nasdaq/rules/nasdaq-5000）。

券交易量)，且交易发生在这30天中15天以上，如果该证券在联交所上市，并附有至少400万美元的公开承销的承诺，则不需要满足本条规定。⑥至少发行了40万份存托凭证。

2) 第5055 (b) 条：①权益标准。(A) 股东权益至少为500万美元；(B) 不受限制的公开持有股份的市值至少为1500万美元；(C) 两年的运营历史。②市场价值标准：(A) 上市证券的市值至少为5000万美元（如果符合上市证券市值标准，则当前上市公司必须在申请上市前连续90个交易日满足该要求和价格要求）；(B) 股东权益至少为400万美元；(C) 不受限制公开持有股份的市值至少为1500万美元。③净收入标准：(A) 最近完成的财政年度或最近完成的三个财政年度中的两个财政年度的持续经营净收入为75万美元；(B) 股东权益至少为400万美元；(C) 不受限制的公开持有股票的市值至少为500万美元。

(2) 优先股和二级普通股的首次上市要求。当主要股权证券在资本市场上市或是承保证券时，公司的优先股或二级普通股必须满足以下规则①~⑥中的所有要求才能上市。①最低出价至少为每股4美元；②至少100个整股股东和至少50%的整股股东必须各自持有市值至少2500美元的无限制证券；③至少20万股不受限制的公开持有股份；④不受限制的公开持有股份的市值至少为350万美元；⑤至少有三家注册活跃的做市商；⑥如果截至申请日，该证券在美国场外市场交易，则该证券在上市前30个交易日内的最低日平均交易量必须为2000股，且交易发生在这30天中的15天以上，如果该证券在联交所上市，并附有至少400万美元的公开承销的承诺，则不需要满足本条规定。

(3) 股权、认股权证和可转换债的初始上市要求。对于首次上市，股权、认股权证和认股权证（即授予持有人在特定时间内，以特定价格向发行公司出售特定数量公司普通股的权利的工具）必须满足以下要求：①至少发行40万份；②附属证券必须在纳斯达克上市或是受保证券；③至少三家活跃的注册做市商；④就认股权证而言，至少有100名整股股东的公众持股人。

对于首次上市，可转换债证券必须满足①~③中的要求，并且必须满足④条中的任意一条：①未偿本金至少为1000万美元。②必须提供以债券或可转换债券为附属证券的相关最新出售信息。③至少有三家注册活跃的做市商。④ (A)债券发行人必须拥有在纳斯达克、纽交所美国或纽约证券交易所上市的股票；(B) 其股票证券在纳斯达克、纽交所美国或纽约证券交易所上市的发行人，直接或间接拥有债务证券发行人的多数权益，或与债务证券发行人为共同控制，或为债务证券提供担保；（C）国家认可的证券评级机构（"NRSRO"）对债务证券的当前评级不低于标准普尔公司的"B"评级或其他 NRSRO 的同等评级；或（D）如果没有 NRSRO 为该发行分配评级，则评级不低于标准普尔公司"B"评级，或拥有 NRSRO 对同等证券的同等评级。

（4）认购收据的首次上市要求。认购收据是用于为特定收购筹集资金的证券。纳斯达克将根据以下要求在纳斯达克资本市场上市认购凭证：①认购收据可交换的证券必须在纳斯达克全球精选、全球或资本市场上市。②除公司治理要求外，在认购凭证上市时，发行人没有收到与认购凭证可交换证券相关的员工退市决定书，也没有收到关于证券发行人或认购凭证可兑换证券的任何持续上市标准存在缺陷的通知。③认购收据发行的收益必须仅指定用于完成具有约束力的收购协议标的的特定收购（"特定收购"）。④认购收据发行的收益必须存放在由独立托管人控制的计息托管账户中。⑤认购收据将在以下情况下立即兑换为现金：（i）与特定收购相关的收购协议终止；或（ii）如果特定收购未在发行认购收据之日起 12 个月内或有效协议中规定的更早时间内完成或者认购收据被赎回。持有人将收到相当于其在托管账户中按比例份额的现金付款，包括从这些资金中赚取的利息。⑥如果特定收购完成，认购凭证持有人将收到其认购凭证可交换的普通股。⑦首次上市时，认购收据必须具有：（A）每份认购收据的价格至少为 4.00 美元；（B）无限制公开持有股份的最低市值为 1 亿美元；（C）至少 110 万股不受限制的公开持有股份；（D）至少 400 名整股股东和至少 50% 的此类整股股东必须各自持有市值至少 2500 美元的无限制证券；（E）认购凭证的出售人和以普通股换取认购凭证的发行人必须根据《证券法》进行登记。

（5）权益性证券持续上市标准，满足①条的所有条件，并且满足②条其中一个条件。① 权益性证券持续上市要求：（A）至少有两名注册且活跃的做市商，其中一个是稳定出价的做市商；（B）最低出价至少为每股 1 美元；（C）至少 300 名公众持股人；（D）至少 50 万股公开持有股份；（E）公开持有股份的市值至少为 100 万美元。②权益证券的持续上市标准：（A）权益标准：股东权益至少为 250 万美元；（B）上市证券市值标准：上市证券市值至少 3500 万美元；（C）净收入标准：最近完成的财政年度或最近完成的三个财政年度中的两个财政年度的持续经营净收入为 50 万美元。

（6）优先股和二级普通股的持续上市要求。当股权证券在资本市场上市或是承保证券时，公司的优先股或二级普通股必须满足以下①~⑤中的所有要求才能继续上市。①最低出价至少为每股 1 美元；②至少 100 名公众持股人；③至少 10 万股公开持有的股份；④公开持有股份的市值至少为 100 万美元；⑤至少有两个注册的活跃做市商，其中一个是稳定出价的做市商。

（7）股权、认股权证和可转换债的持续上市要求。对于股权、认股权证和认股权证（即授予持有人在规定期限内以规定价格向发行公司出售规定数量的公司普通股股票的权利），附属证券必须在纳斯达克上市或是受保证券，且必须有至少两名注册且活跃的做市商，其中一个是稳定出价的做市商。

可转换债务证券必须满足以下要求才能继续上市：①未偿本金至少为 500 万美元；②至少有两名注册且活跃的做市商，其中一个是稳定出价的做市商；③必须在美国提供与债券或可转换债为附属证券的相关最新出售信息。

（8）认购收据的持续上市要求。认购收据必须满足以下所有要求，才能继续上市。①至少 10 万股公开持有的股份；②至少 100 名公众持股人；③在连续 30 个交易日内，认购收据的上市证券市值至少为 1500 万美元；④认购凭证可交换的普通股权证券必须在纳斯达克上市，且未收到与认购凭证相关的员工退市决定；⑤公司没有宣布特定收购终止。

4. 纳斯达克市场制度

（1）做市商制度。做市商在市场上报出证券买入价和卖出价，投资者根据做市商的报价进行证券买卖，投资者之间没有直接的交易，做市商在买入价和卖出价中赚取差价，获得利润。根据美国法律规定，不同规模的公司在纳斯达克挂牌上市，必须要有活跃的做市商报价。做市商制度保障了证券交易市场中证券的流动性和交易的可持续性，在交易出现异动的情况下，做市商可以利用自身的流动性，平抑证券价格反常波动，起到平稳价格的作用，做市商在多年连续的交易中，记录了大量的交易数据，报出的买入价与卖出价基本符合价格的趋势，在证券市场上有价格发现的功能。此外，在纳斯达克上市的公司以科技型小企业为主，在上市初期流动性较差，做市商制度保证了小企业股票的流动性，维护了市场的稳定。做空机制也是纳斯达克市场的重要机制，允许投资者进行做空交易，做空机制在预期证券价格下跌时可以起到对冲风险的作用，保证投资者的利益。

（2）发行制度和信息披露制度。纳斯达克市场成立之初就是服务美国中小型企业直接融资的证券市场，特别是科技创新型企业的融资，企业上市实行注册制，企业向证券监管机构披露信息，经审核通过后即可注册公开发行证券。纳斯达克市场要求上市公司按照季度、半年、年度披露完整的发展规划、业务开展状况、运营情况和财务信息；在股权变动方面，要求上市公司披露企业股权结构变更、高级管理人员等重大人事变动信息；对于股票价格异动的情况，要求公司及时公开信息，回应市场关切，同时要求公司在 15 天内向证券交易委员会备案，并提交详细的资料。

（3）退市制度。在纳斯达克全球市场和资本市场上市交易的证券都有相应的持续上市要求，一旦不满足要求就会收到退市通知。从以上纳斯达克不同市场持续上市的标准可以看出，纳斯达克市场非常关注的是证券价格、证券流通性、公众持股、市值和经营能力。动态调整的转板制度和退市制度保证了纳斯达克证券市场的活跃性，可以筛选出具有良好经营能力的企业，做市商和公众持股要求使得上市公司证券的流通性得以保障，从而确保了证券市场投融资功能。

此外，美国证券交易体系还包括区域股权交易所、OTCBB 市场、粉红单市场、私募股权交易市场以及地方性柜台交易市场，他们主要面向不能在证券交易所挂牌上市的证券和股票提供交易场所，这些市场进入标准较低、交易产品较多，为进一步进入证券交易所交易培育了大量的企业。

五、风险投资公司

20 世纪 40 年代，美国产生了现代意义上的风险投资公司。当时，美国资本市场发展还不完善，融资难、融资贵问题一直是困扰小微企业发展的瓶颈，发展出与中小企业投融资需求相适应的金融服务体系迫在眉睫，现代意义上的风险投资公司应时而生。到 20 世纪 90 年代，随着现代信息技术的发展，美国高科技产业兴起，金融服务融合了现代信息技术，金融产品创新层出不穷，风险投资公司在科技创新中获得了巨额利润，促成了美国风险投资公司的大发展，形成了风险投资与科技创新的正向反馈机制，促进了美国经济的快速增长。

美国风险投资公司的发展与美国经济社会发展政策密切相关。首先，美国政府先后出台了一系列支持风险投资公司发展的政策文件，譬如，美国《中小企业投资法》规定：小企业投资公司经由小企业管理局审核后可获得优惠的信贷支持，这为风险投资发展注入资金提供了支持，促进了小企业投资公司的发展。美国《小企业法》《国民税收法案》和《经济复苏法案》，在经济补贴、税收、风险资本增值税率等方面给予了风险投资公司优惠，支持了风险投资公司的发展。其次，美国风险投资资金来源广泛，金融机构是风险投资公司资金的主要来源，包括各类商业银行、保险公司、投资银行、非银行类金融机构都是风险投资的主要出资人，特别是 20 世纪 80 年代，美国养老金进入风险投资领域，给风险投资带来了巨额的资金来源，促进了风险投资的发展。再次，公司制组织形式的发展规范了风险投资公司的组织形式，美国风险投资公司采用有限合伙制企业组织形式，使得风险与收益相匹配，有限合伙人负责公司 90% 的风险资金，以个人出资额对公司负担有限责任，不参与公司的经营与决策；普通合伙人以个人身份出资并参与公司的经营管理，并以个人财产对经营活动承担无限责任。有限合伙制公司形式不仅丰富了风险投资的资金来源，也以契约的方式分离了主要出资人与管理人的权利义务，使得风险投资公司的组织形式更加规范。最后，多层次资本市场的完善为风险投资机构资金退出提供了有效的渠道，美国逐渐成熟的多层次资本市场为各类风险投资机构退出提供了畅通的渠道。

（一）风险投资规模和数量持续扩大

经过 80 余年的发展，美国风险投资公司的数量和规模都发展到了新的阶段。2021 年，美国在全球风险投资融资中的份额达到 13 年来的最高水平，占全球总融资额的 61%，在全球投资中的份额占 49%。[1] 截至 2021 年，美国风险投资基金的筹资额首次突破 1000 亿美元，对公司的风险投资超过 3000 亿美元，风险投资支持的首次公开募股筹资超过 5000 亿美元，风险投资支持并购交易超过 1000 亿美元，平均每天约有 40 家公司筹集约 9 亿美元。[2]

管理基金规模增速较快。从表 3-12 和表 3-13 中可以看出，美国风险投资公司数量从 2007 年的 987 家增长到了 2021 年的 2889 家，增长了 2.9 倍，这些公司共管理 9647 只风险基金，管理的美国风险投资资产（AUM）约为 9950 亿美元，风险投资公司数目和管理资金规模在逐年扩大。在 9950 亿美元的资产管理规模中，7730 亿美元代表了现有投资的价值，而 2220 亿美元是干粉（投资创业公司的新资本）。2020~2021 年，AUM 增长了 36%，而干粉增长了 21%，这表明 AUM 的增长很大程度上源于现有的投资价值。2021 年风险投资公司的中等资金规模为 5600 万美元，虽然风险投资的资产管理规模有所增长，但大型基金管理资产较多，66% 的公司管理资金不足 1 亿美元，132 家公司管理资金超

---

① ② 美国风险投资协会 2022 年度报告 [R/OL]. NVCA-2022-Yearbook-Final, https://nvca.org/wp-content/uploads/2022/03/NVCA-2022-Yearbook-Final.pdf.

过 10 亿美元。2021 年有 17342 名活跃投资者对美国公司进行了一项或多项投资。①

表 3-12　2007 年、2013 年、2021 年美国风险投资数据摘要

项目	2007 年	2013 年	2021 年
风险投资公司数（家）	987	1132	2889
累计资本总额（亿美元）	1619	1767	5338
首次设立的风险投资基金数（只）	46	91	184
风险投资募集资金（十亿美元）	201	326	771
资金增加（十亿美元）	33.8	22.4	131.2
资产管理规模（十亿美元）	225.7	293.3	995.3
每家公司管理基金平均规模（百万美元）	217.4	224.9	353.6
平均基金规模（百万美元）	128.1	131	129.7
平均增长规模（百万美元）	185.5	88.7	185.5

数据来源：美国风险投资协会 2022 年度报告［R/OL］. NVCA-2022-Yearbook-Final, https：//nvca. org/wp-content/uploads/2022/03/NVCA-2022-Yearbook-Final. pdf.

表 3-13　2007~2021 年美国风险投资公司和基金概况

年份	基金总数（只）	公司总数（个）	资本总额（十亿美元）	资产管理规模（十亿美元）	平均基金规模（百万美元）
2007	2940	1227	347.4	225.7	185.5
2008	3139	1295	378.2	223.3	174.1
2009	3297	1352	394.6	226.3	127.3
2010	3472	1423	412.1	241.6	115.1
2011	3678	1514	436.0	258.4	145.7
2012	3983	1652	461.1	261.5	115.2
2013	4309	1801	483.6	293.3	88.7
2014	4792	2041	522.7	327.4	105.8
2015	5353	2308	565.4	361.9	97.3

① 美国风险投资协会 2022 年度报告［R/OL］. NVCA-2022-Yearbook-Final, https：//nvca. org/wp-content/uploads/2022/03/NVCA-2022-Yearbook-Final. pdf.

续表

年份	基金总数（只）	公司总数（个）	资本总额（十亿美元）	资产管理规模（十亿美元）	平均基金规模（百万美元）
2016	5989	2581	615.4	383.4	106.4
2017	6632	2890	659.8	404.3	93.6
2018	7390	3226	733.9	501.7	132.9
2019	8123	3507	804.3	592.9	173.2
2020	8876	3792	889.1	731.8	150.0
2021	9647	4062	1020.3	995.3	185.5

数据来源：美国风险投资协会 2022 年度报告 ［R/OL］. NVCA-2022-Yearbook-Final，https：//nvca. org/wp-content/uploads/2022/03/NVCA-2022-Yearbook-Final. pdf.

（二）美国风险投资占全球风险投资比例较高

美国拥有全球最发达的风险投资市场，其风险投资总额和交易价值占全球风险投资交易总额的价值比例较高。从表 3-14 中可以看出，2009 年美国风险投资占全球交易价值的 73.7%，占全球交易数的 63.5%，2021 年美国风险投资占全球交易价值的 48.8%，占全球交易数的 39.6%，呈逐年下降的趋势，但是从占比来看，美国仍然占世界 1/3 以上的风险投资交易价值，是全球风险投资最发达的国家。

表 3-14　2009～2021 年美国在全球风险投资交易活动中所占比例

年份	全球交易价值（十亿美元）	美国交易价值（十亿美元）	全球交易总数（笔）	美国交易总数（笔）	全球交易价值美国占比（%）	全球交易数美国占比（%）
2009	37.7	27.8	7211	4581	73.7	63.5
2010	48.6	32.0	9400	5560	65.8	59.1
2011	68.1	45.4	11926	6901	66.7	57.9
2012	62.3	41.6	14236	8026	66.9	56.4
2013	74.4	49.6	17613	9512	66.6	54.0
2014	120.4	73.9	21862	10709	61.4	49.0
2015	177.3	85.8	27323	11341	48.4	41.5
2016	191.6	82.6	27544	10215	43.1	37.1
2017	200.7	88.5	29021	11101	44.1	38.3

年份	全球交易价值（十亿美元）	美国交易价值（十亿美元）	全球交易总数（笔）	美国交易总数（笔）	全球交易价值美国占比（％）	全球交易数美国占比（％）
2018	339.4	144.3	31870	11622	42.5	36.5
2019	309.8	144.8	32110	12510	46.7	39.0
2020	351.8	167.1	31891	12173	47.5	38.2
2021	682.6	332.8	40072	15855	48.8	39.6

数据来源：美国风险投资协会 2022 年度报告［R/OL］. NVCA-2022-Yearbook-Final, https：//nvca. org/wp-content/uploads/2022/03/NVCA-2022-Yearbook-Final. pdf.

从风险投资融资数额来看，美国占全球风险投资融资比例较高。从表 3-15 中的数据可以看出，2021 年美国风投基金融资占全球的 61.5％，风投基金总数占全球的 51.0％，风投融资功能较强，风投市场发达。

表 3-15 2009~2021 年美国在全球风投融资中所占比例

年份	全球融资金融（十亿美元）	美国融资金额（十亿美元）	全球基金总数	美国基金总数	全球融资金额美国占比（％）	全球基金总数美国占比（％）
2009	29.7	16.4	452	158	55.2	35.0
2010	40.3	17.5	492	175	43.5	35.6
2011	52.2	23.9	600	206	45.8	34.3
2012	56.7	25.1	666	305	44.3	45.8
2013	46.7	22.4	736	326	48.0	44.3
2014	72.1	39.2	1123	483	54.3	43.0
2015	102.7	42.7	1377	561	41.6	40.7
2016	148.2	49.9	1603	636	33.7	39.7
2017	146.8	44.4	1628	643	30.2	39.5
2018	179.3	74.2	1746	758	41.4	43.4
2019	245.9	70.4	1679	733	28.6	43.7
2020	187.0	84.8	1736	753	45.3	43.4
2021	213.4	131.2	1513	771	61.5	51.0

数据来源：美国风险投资协会 2022 年度报告［R/OL］. NVCA-2022-Yearbook-Final, https：//nvca. org/wp-content/uploads/2022/03/NVCA-2022-Yearbook-Final. pdf.

（三）美国风投注重对种子期企业的投资

美国发达的资本市场为风险投资的发展提供了良好的投融资环境，已经形成了支撑科技创新企业不同发展阶段的风投体系。从表3-16中的数据可以看出，在首轮投资和VC首轮投资中，美国风险投资占比约为全球的2/3，且美国风投首轮投资者占美国首轮投资的60%左右，形成了对创新型企业发展初期的资金支持，解决了科技创新链与资金链在早期结构性失衡的问题。从2007~2021年的数据来看，美国VC投资者和美国风投首轮投资者数量逐年增加，在全球数量中占比较高，注重对种子期和初创期企业的资金支持。

表 3-16　2007~2021 年美国活跃的风险投资者数量

年份	投资者	首轮投资	VC投资者	VC首轮投资者	美国投资者	美国首轮投资者	美国VC投资者	美国风投首轮投资者
2007	3414	1509	1580	748	2454	1150	1257	634
2008	3703	1530	1677	740	2612	1156	1316	610
2009	3227	1332	1477	595	2273	1007	1154	510
2010	3836	1764	1643	713	2644	1279	1286	595
2011	5070	2578	1888	935	3198	1717	1455	773
2012	6344	3151	2162	1064	3760	2006	1670	863
2013	8037	3635	2479	1133	4213	2044	1854	913
2014	10893	4317	2959	1307	4936	2207	2163	1046
2015	11922	4180	3327	1358	5200	2098	2372	1073
2016	10735	3530	3550	1421	4999	1902	2501	1120
2017	11168	3579	4014	1698	5205	1974	2759	1297
2018	12324	4006	4556	1942	5497	2155	2925	1404
2019	13298	4140	4827	1922	5839	2211	3112	1456
2020	14103	4565	5000	2044	5815	2252	3159	1495
2021	17342	6329	5981	2704	6593	2581	3401	1751

数据来源：美国风险投资协会2022年度报告［R/OL］. NVCA-2022-Yearbook-Final, https：//nvca. org/wp-content/uploads/2022/03/NVCA-2022-Yearbook-Final. pdf.

美国的风险投资已经形成了种子期、早期 VC、后期 VC 全覆盖模式，且种子期投资交易数量高于早期和后期投资数量，对于初创企业支持力度较大，从表 3-17 中可以看出，2008 年美国种子期风投交易数量远远低于早期和后期风投交易数量，约占早期的 42.8%，占后期的 51.6%，2021 年种子期风险投资交易数量为 6181，早期交易数量为 4747，后期交易数量为 4927，种子期约占早期的 130.2%，约占后期的 125.4%，种子期交易量大幅增加，说明美国风险投资对企业种子期的投资较为活跃，可以为企业早期创业提供资金支持，促进新兴企业发展。

表 3-17 　2008~2021 年按风投阶段划分美国风险投资交易数量

年份 风投阶段	2008	2009	2010	2011	2012	2013	2014	2015	2016	2017	2018	2019	2020	2021
种子期	922	1223	1747	2575	3474	4595	5219	5719	4918	5228	5190	5549	5323	6181
早期 VC	2154	1739	2044	2382	2517	2772	3078	3165	2945	3264	3418	3527	3263	4747
后期 VC	1785	1619	1769	1944	2035	2145	2412	2457	2352	2609	3014	3434	3587	4927

数据来源：美国风险投资协会 2022 年度报告［R/OL］．NVCA-2022-Yearbook-Final，https：//nvca. org/wp-content/uploads/2022/03/NVCA-2022-Yearbook-Final. pdf.

（四）具有成熟的退出渠道

创业风险投资一般会通过 IPO 和并购退出企业。成熟的资本市场可以为创业风险投资资金退出提供良好的环境，被投资的公司进入成长期后，风险基金通常会通过上市的方式退出在这些公司的投资，或将股权出售（一般通过收购、合并或贸易出售）给更大的实体、金融买家（例如，私募股权买家）或出售给特殊目的收购公司。美国发达的资本市场为创业风险投资退出提供了良好的退出渠道，从表 3-18 中可以看出，2009~2021 年美国风险投资退出占全球退出价值比例始终保持在 50% 以上，在前文（见表 3-15）中美国交易价值占全球交易价值的比例在逐年下降，但是退出价值占比一直较高，说明美国具有成熟的风险投资退出渠道，可以实现风险投资的及时退出，进入新一轮的投资，已经形成了风险投资和科技创新的良性循环。

表 3-18 2009~2021 年美国占全球风险投资退出活动的百分比

年份	全球退出价值（十亿美元）	美国退出价值（十亿美元）	全球退出总数（笔）	美国退出总数（笔）	全球退出价值美国占比（%）	全球退出数美国占比（%）
2009	30.0	16.6	814	485	55.2	59.6
2010	75.1	48.4	1263	740	64.5	58.6
2011	96.5	67.4	1312	760	69.9	57.9
2012	138.6	128.3	1486	885	92.6	59.6
2013	98.0	72.5	1641	933	74.0	56.9
2014	206.1	112.2	2073	1108	54.4	53.4
2015	133.2	75.6	2341	1064	56.8	45.5
2016	120.4	73.8	2250	970	61.3	43.1
2017	190.2	100.5	2248	1013	52.9	45.1
2018	307.9	124.0	2256	1146	40.3	50.8
2019	731.0	264.0	2452	1189	71.2	48.5
2020	527.0	324.7	2461	1126	61.6	45.8
2021	1370.8	749.0	3535	1656	54.6	46.8

数据来源：美国风险投资协会 2022 年度报告 [R/OL]. NVCA-2022-Yearbook-Final, https://nvca.org/wp-content/uploads/2022/03/NVCA-2022-Yearbook-Final.pdf.

美国创业风险投资通过 IPO 退出的数量逐年上升。从表 3-19 中的数据可以看出，2009 年美国风投支持的 IPO 数量为 9 个，占当年美国 IPO 总数的 4.9%，2021 年美国风投支持的 IPO 数量为 181 个，占当年 IPO 总数的 18.76%，从绝对数量上看增加了 20 倍，美国风投支持的 IPO 呈快速增加的趋势，多层次资本市场为风投通过 IPO 退出提供了有力的支撑。

表 3-19 2009~2021 年美国企业 IPO 数量以及 VC 通过 IPO 退出的数量

年份	2009	2010	2011	2012	2013	2014	2015	2016	2017	2018	2019	2020	2021
IPO 总数	183	277	270	305	381	412	302	200	256	259	253	477	965
风投支持的 IPO	9	43	46	59	84	124	81	42	63	91	84	106	181

数据来源：美国风险投资协会 2022 年度报告 [R/OL]. NVCA-2022-Yearbook-Final, https://nvca.org/wp-content/uploads/2022/03/NVCA-2022-Yearbook-Final.pdf.

美国风险投资通过并购方式退出的数量呈逐年增加趋势。并购退出是美国风险投资退出投资的重要途径之一，从表 3-20 的数据可以看出，2009 年美国风投支持的并购数量为 472 个，2021 年美国风投支持的并购数量为 1357 个，增长了 2.88 倍，增长速度较快，交易价值从 2009 年的 131.43 亿美元增加到 2021 年的 1021.44 亿美元，呈快速增长趋势。

表 3-20　2009~2021 年美国风投支持的并购数量以及交易价值

单位：个，百万美元

年份	2009	2010	2011	2012	2013	2014	2015	2016	2017	2018	2019	2020	2021
并购总数	472	692	707	822	835	961	970	917	937	1043	1082	987	1357
交易价值	13143.3	35676.9	29614.5	36786.6	30423.2	67849.3	44789.6	60520.7	50120.2	69819.6	69306.8	79699.4	102144.1

数据来源：美国风险投资协会 2022 年度报告［R/OL］. NVCA-2022-Yearbook-Final，https：//nvca.org/wp-content/uploads/2022/03/NVCA-2022-Yearbook-Final. pdf.

美国已经形成了多层次的科技创新金融支持体系。美国小企业管理局（SBA）对无法获得商业贷款的小企业给予贷款担保、业务培训、技术咨询、技术创新支援等支撑，通过这些方式帮助小企业融资和成长，在企业发展早期培育了大量成长性良好的科技型小企业。同时，发达的资本市场为科技型企业提供了可获得的融资支持，尤其是对种子期企业的支持数量占比较大，缓解了创新中资金链与创新链不匹配的问题，形成了科技创新商业化发展的有效支撑。此外，多层次的证券市场，为风险投资企业退出提供了成熟的退出机制，风投企业通过 IPO 和并购可以退出对企业的投资，进行下一轮新投资，已经形成了科技金融与科技创新的良性循环。

第二节　日本科技金融模式

由于历史原因，日本金融体系既受日本历史文化惯性的影响，又有欧美金融体系"移植"的痕迹，各类金融机构经历了分业经营到混业经营的发展历程，已经形成了由中央银行、民间金融机构以及政策性金融机构为主要组成部分的金融体系，其中，中央银行是主导，民间金融机构是主体，政策性金融机构是重要补充。此外，日本企业财团作为特殊的金融控股机构，在日本金融体系中也发挥着重要的作用，不仅在企业初创期为其提供贷款，在企业成长期，也为企业争取更多的银行贷款。日本金融体系的形成大体经历了两个阶段：一是在第二次世界大战后，逐渐发展出了主银行制度，间接金融在日本金融体系中占据主导地位，银行成为日本企业融资的主要来源。二是在1973～1990年受金融自由化发展思潮的影响，日本放松了金融管制，直接融资体系快速发展，各类债券、股票、期货等金融产品在这一时期发展迅速，形成了日本资本市场体系。当前，日本已经形成了支撑科技型企业研发投入、成果转化、高新技术产业化发展整个过程的科技金融支撑体系，有效地促进了科技创新。

一、日本科技研发支出现状

日本研发投入呈现逐年上升的趋势。日本是世界科技强国，自主创新和原始创新对日本经济的刺激作用非常突出，特别是"第二次世界大战后，日本从经济与社会萧条中快速恢复并发展成为仅次于美国的第二大经济体，其中，'技术引进与模仿'的发展策略发挥了十分重要的作用"。[①] 日本研发投入在发达国家中仅次于美国，排名世界第三位，从图3-4中可以看出，2011～2020年日本研发支出总额从1483.892亿美元增长至1740.654亿美元，增长了1.173倍，呈现稳步上升的趋势。

日本形成了政府、企业、大学及私人非营利组织研发支出的资金支撑体系。从表3-21中可以看出，日本不同部门研发投入占比与美国的比例类似，企业已经成为日本研发投入的主体，其次是大学投入，私人非营利组织投入占比较低。从表中的数据可以看出，2020年企业研发投入占总投入的79%，大学研发投入占比为12%，政府研发投入占比为8%，私人非营利组织研发投入占比为1%，从2011～2020年的数据来看，政府研发投入比较稳定，保持在8%～9%，大学研发投入小幅下降，私人非营利组织研发支出保持在1%，企业研发投入小幅上涨，达到了79%，说明日本企业创新活动较为活跃，是日本科技创新的主体。

---

① 吴盼文. 日本金融制度 [M]. 北京：中国金融出版社，2016.

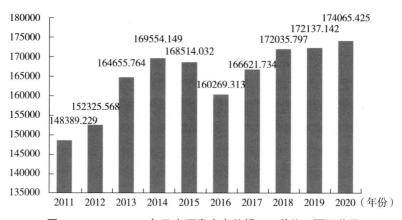

图 3-4　2011~2020 年日本研发支出总额　单位：百万美元

数据来源：经济合作与发展组织（OECD）数据库（https：//stats. oecd. org）。

表 3-21　2011~2020 年日本不同部门研发投入占比　单位：%

部门研发支出	2011 年	2012 年	2013 年	2014 年	2015 年	2016 年	2017 年	2018 年	2019 年	2020 年
研发政府支出	8	9	9	8	8	8	8	8	8	8
研发大学支出	13	13	14	13	12	12	12	12	12	12
研发企业支出	77	77	76	78	79	79	79	79	79	79
研发私人非盈利组织支出	2	1	1	1	1	1	1	1	1	1

数据来源：经济合作与发展组织（OECD）数据库（https：//stats. oecd. org）。

在不同类型研发投入占比中，实验开发和应用研究支出占比较高。从表 3-22 中可以看出，2020 年日本基础研究支出占比为 13%，应用研究支出占比为 19%，实验开发支出占比为 68%，实验开发类支出较高，注重技术的应用开发。

表 3-22　2011~2020 年日本不同类型研发投入占比　单位：%

不同类型研发	2011 年	2012 年	2013 年	2014 年	2015 年	2016 年	2017 年	2018 年	2019 年	2020 年
基础研究	13	13	13	13	12	13	14	13	13	13
应用研究	22	22	22	21	21	20	19	20	19	19
实验开发	65	65	65	66	67	67	67	67	68	68

数据来源：经济合作与发展组织（OECD）数据库（https：//stats. oecd. org）。

从企业不同类型研发投入的发展趋势可以看出（见图3-5），2011~2020年日本企业实验开发保持稳定增长的趋势，日本企业基础研究和应用研究支出有小幅下降的趋势。

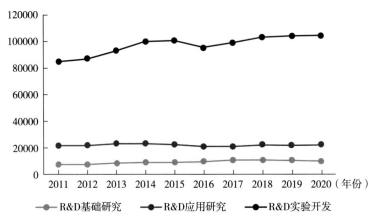

图3-5　2011~2020年日本企业不同类型研发投入趋势　单位：百万美元

数据来源：经济合作与发展组织（OECD）数据库（https：//stats. oecd. org）。

二、日本银行体系

日本银行体系主要由中央银行、商业银行、政策性银行、信托银行、信用合作社等构成，其中，日本银行是日本的中央银行，由总裁、财务省、金融厅、企划厅代表、城市银行及工商代表等7人组成日本银行的决策委员会。日本银行主要负责调节通货和货币金融政策的制定。日本的民间金融机构主要由城市银行、地方银行、外汇专业银行、外资银行、长期信用银行、信托银行、信用金库、信用协同组合、商工组合中央金库、农林中央金库组成，其中，城市银行和地方银行是日本的商业银行，是日本民间银行的主体，提供存放款、票据贴现、汇兑等金融服务；长期信用银行和信托银行主要负责发行金融债券，筹集长期资金，提供长期产业资产贷款；互助银行、信用金库、信用组合、商工组合中央金库等主要面向中小企业开展一般金融业务；农林中央金库、农业协同组合、渔业协同组合主要面向农、林、渔业三个产业进行金融服务。日本的政策性金融机构主要包括日本开发银行、日本进出口银行和国民生活金融公库、中小企业金融公库、中小企业信用保险公库、农林渔业金融公库、公营企业金融公库、环境卫生金融公库、住宅金融公库、北海道东北开发金融公库等，主要面向日本进出口金融服务、促进产业开发和经济社会发展、住宅建设与购买、农林渔业政策性贷款、中小企业振兴等提供金融服务。此外，日本的企业财团以金融资本、产业资本和商业资本高度融合为基础，是日本银行体系的重要组成部分，也是银行和企业互相持股制度得以形成的基础。

银行是日本科技企业融资的主要渠道。主银行制度是日本银行体系的重要特点，是第二次世界大战后，日本企业与银行互相支持和发展的过程中逐渐形成的一种银行制度。在战后经济复苏中，日本银行和企业建立了长期的合作关系，形成了银行和企业之间良性互动的发展关系，银行为企业提供大量的资金支持企业发展，"除了80年代的泡沫经济时期，日本企业向金融机构借入的资金均占外部融资的70%以上"①。除了提供融资支持外，银行也逐渐发展成了企业的主要股东之一，为企业提供其他综合性金融服务，甚至向企业派遣人员担任重要职务，银行与企业之间建立了非常密切的长期合作关系。银行通过持有企业股权参与企业日常管理，银行深度参与科技型企业，不仅可以为企业提供稳定的信贷资金，也可以缓解信息不对称和道德风险，推动企业技术创新。20世纪后期，日本取消了对金融机构业务经营的限制，开始发挥市场在金融体系中的决定性作用，各类金融机构开始混业经营，提升了金融机构参与企业投资的能力和产品创新空间，为中小科技企业进行科技创新提供了良好的金融环境。随着金融自由化的发展，主银行制度也受到了一定的冲击，处于逐渐衰落的趋势，银行与企业之间密切合作的关系受到了一定的影响。

20世纪90年代后，日本经济陷入了衰退和停滞，尤其是金融领域的泡沫和严重不良资产，引发了对金融体制的改革。日本开始学习西方国家金融市场化的运行方式，建立了以市场为中心的金融市场体系，从法律上解除了金融机构对公司持股的限制，放开了银行、保险、证券公司的业务限制，三者业务可以相互渗透。在金融改革的作用下，日本出现了大规模的金融重组，大型银团在组织结构上包含了银行、保险、证券等机构，实现了金融对公司的混业经营。改革后的金融体系，银团下属各类子机构可以为高科技企业提供多元化的融资服务，大量金融公司的参股也分散了科技企业创新风险，促进了科技创新发展。日本经济快速发展后，以银行为主要融资来源的体系逐渐发生了变化，企业外部融资逐渐从以银行贷款为主转向了以证券市场为主，形成了日本银行融资和

---

① 吴盼文. 日本金融制度［M］. 北京：中国金融出版社，2016.

证券市场融资并存的金融制度。

日本金融改革后，科技金融产品不断创新，其中，知识产权担保制度逐渐成为科技型企业进行融资的主要方式之一。科技企业在初创期缺乏融资抵押物，企业信用体系不健全，难以从银行获得贷款，日本政策性金融机构帮助科技企业以知识产权作为抵押获得银行贷款，以缓解科技型中小企业融资难问题。随着知识产权担保融资产品的发展，日本民营银行、私人担保公司开始向初创期科技企业提供知识产权抵押融资，并逐渐建立起了企业信用评级机制，为企业进行信用评级，从而帮助企业获得融资支持。此外，银行贷款证券化也是日本金融产品的重要创新，银行贷款证券化是欧美国家金融创新的主要方式，日本学习借鉴了美国资产证券化的做法，将企业贷款的应收账款、消费贷款的分期付款、房屋租赁应收款等打包出售，盘活了部分货币资金，提高了资本的流动性。

三、日本政策性金融机构和担保体系

政策性金融体系是日本金融服务系统的特色。日本政策性金融体系起步于第二次世界大战后，主要通过国家财政注资干预经济发展，成为推动日本产业发展的重要金融举措，使得日本经济在第二次世界大战后快速复苏和发展。庞大和完整的政策性金融体系为日本经济发展和科技创新做出了重要的贡献，是日本政府应对各类经济金融危机和执行政策的重要途径，能够有效地实现政府政策意图。在促进经济发展中，日本政策性金融机构也是服务中小企业科技企业融资的重要力量，促进了地区科技创新。

政策性金融机构是日本科技金融的重要组成部分，包括日本风险开发银行、中小企业信用保险公库、风险投资银行、中小企业金融公库等，政府通过划拨部分资金、借款给政策性金融机构，由政策性金融机构对中小企业提供无担保贷款、票据贴现、低息贷款，使得难以从银行取得贷款的中小企业可以获得融资，促进了中小企的发展。日本政策性金融机构分布在各个领域，执行政府的经济政策，服务于商业金融机构服务不足的领域和企业，弥补了商业金融机构的缺陷，在一定程度上促进了日本产业的振兴和发展。

日本政策性金融机构在经历了20世纪50年代的大发展后，在90年代受到金融"自由化"浪潮的影响，进行了市场化、私有化改革，政策性金融机构规模有所减少。在2008年世界金融海啸之后，政策性金融机构在应对危机中的作用日渐突出，又开始受到日本政府的重视。近年来，日本政策性金融机构的规模有所恢复，融资模式也由主要依靠政府财政融资转向公司债券和政府担保债券融资的方式，在促进中小企业融资方面发挥着重要作用。

信用担保体系。日本完善的信用担保体系是科技型中小企业进行贷款的重要保障，构建了政府出资、金融机构分摊的风险分散系统。在信用担保中，日本中小企业信用保险公库是日本中小企业融资担保的重要系统，由两个分支构成，一个是信用保险公库，另一个是各行政区信用保证协会，其中信用保证协会负责科技企业银行贷款的担保，最高可负担担保总额的 75%，信用保险公库负责对地区信用保证协会进行再担保，确保了地区信用保证协会的资金安全。在资金来源方面，地区信用保证协会通过中小企业信用保险公库可以向中央和地方政府低息借款，再按照市场利息将借款存入银行，以此来赚取利差，提高资金使用的可持续性。

四、日本资本市场和风险投资

日本证券市场起步于第二次世界大战后，1949 年先后设立东京证券交易所和大阪证券交易所，1975 年随着日本直接融资的发展，日本政府大规模发行国债，证券市场得到了迅速发展。20 世纪 90 年代后，日本经历了长期的经济衰退，对传统的金融体系进行了市场化改革，资本市场在这一时期得到了发展和完善。形成了多层次资本市场体系，越来越多的企业选择在资本市场直接融资。总体来说，日本资本市场结构有三个层次：一是主板市场，包括东京、大板、名古屋证券交易所的市场一部；二是二板市场，日本证券交易所的市场二部实际就是中小企业板；三是三板市场，三板是新兴市场，东京交易所建立的MOTHERS 市场，相当于创业板市场，为没有达到一板和二板市场上市条件的企业服务。日本三个层次市场分别针对不同规模、发展阶段企业融资需求设计，可以满足企业在不同发展阶段的融资需求。其中，东京交易所建立的 MOTHERS市场、大板证券所的 JASDAQ 市场、福冈交易所的 Q-BOARD 市场等都是面向科技型企业上市的创业板市场，JASDAQ 市场是日本最大的创业板市场，主要服务科技企业和风险投资企业。名古屋交易所的 Centrex、福冈交易所的 Q-BOARD 和札幌证券交易所的 AMBITIOUS 也是新兴市场，上市条件更为宽松，主要面向当地的创业型中小企业。

（一）股票市场

日本真正意义上的股票市场始于 1949 年，根据《证券交易法》设立了东京、大阪和名古屋三大证券交易所，并于同年 5 月 6 日开始交易，此后，京都、札幌、神户、广岛等地先后设立了证券交易所。2013 年东京证券交易所与大阪证券交易所合并为日本证券交易所集团，截至 2022 年 12 月 31 日，日本交易所集团上市企业 3869 家，① 已经发展成为仅次于纽约证券交易所的证券交易所。

1. 日本交易所集团

2001 年 3 月，大阪证券交易所合并京都证券交易所，2010 年 4 月将 JASDAQ 证券交易所合并，2013 年日本东京证券交易所与大阪证券交易所股票市场合并，将金融衍生产品并入大阪证券交易所，新的证券交易所名为"日本交易所集团"，原两家证券交易所的股票全部由旗下东京证券交易所运营，金融衍生品市场则由大阪证券交易所运营，主要提供包括股票等有价证券及衍生品交易的市场设施、公示市场行情等服务。2019 年 10 月起，东京商品交易所也成为日本交易所集团的子公司。目前，日本交易所集团旗下主要有东京证券交易所、大阪证券交易所、东京商品交易所、JPX 综研，其中，东京证券交易所主要交易产品有股票、债券、ETF/ETN、REIT 等产品，东京证券交易所的核心市场包括 Prime、Standard 和 Growth，这些市场上市公司的总市值以及股票交易的成交额均在全球交易所中排第三位，位居亚洲之首；大阪证券交易所交易的产品有部分股票、股票指数、债券、贵金属、橡胶、农产品等，具体业务是为金融衍生品交易提供市场设施、公布行情、确保金融衍生品交易的公正性等；东京商品交易所是商品期货交易市场，具体业务是为期货交易及实物交易、商品指数相关的期货交易提供所需的市场；JPX 综研主要提供市场服务，如指数计算、数据服务、IT 网络和 IT 解决方案等。

东京证券交易所是日本交易所集团中的股票交易市场。2022 年 4 月，东京证券交易所为了促进企业上市，增加东京证券交易所的吸引力，将原来东京证券交易所四个板块改组为三个板块，即主要市场、标准市场和增长市场，主要市场由原来东京证券交易所市场一部的企业构成；标准市场由原来东京证券交易所市场二部和贾斯达克上市的企业构成；增长市场主要面向高增长和新兴股票市场板块上市的企业提供直接融资服务。三个市场面向不同规模的企业，为

① 日本证券交易集体官网（https：//www.jpx.co.jp/chinese/index.html）。

不同发展阶段的企业提供了直接融资的场所，在三个市场申请上市的公司除了在公司治理结构、财务审计、信息披露等方面有要求外，在公司财务和股权分布标准方面也有相应的上市标准。以下为三个市场上市的财务和股权分布标准：

主要市场上市的财务和股权分布标准：①股东人数超过 800 人；②流通股 2 万股以上，流通股市值超过 100 亿日元，流通股比例为 35% 以上；③市值要求 250 亿日元以上；④净资产合并净资产金额不低于 50 亿日元；⑤净利润或净销售额：最近两年的利润总额至少为 25 亿日元或者最近一年的销售额超过 100 亿日元，并且市值预计超过 1000 亿日元；⑥在申请上市三年前设立董事会，并连续经营；⑦单股数量为 100 股。

标准市场上市财务和股权分布标准：①股东人数超过 400 人；②流通股数量 2000 股以上，流通股市值超过 10 亿日元，流通股比例 25% 以上；③公司在申请上市三年前设立董事会并连续开展业务；④净资产为正；⑤最近一年的利润不低于 1 亿日元；⑥单股数量为 100 股。

增长市场上市财务和股权分布标准：①股东人数 150 人以上；②流通股数量 1000 股以上，流通股市值超过 5 亿日元，流通股比例为 25% 以上；③在申请上市一年前成立董事会，并连续开展业务；④单股数量为 100 股。

三个市场面向的公司不同，上市的财务和股权分布审查标准各异。可以看出，主要市场主要面向成熟的大公司，标准市场和增长市场主要面向中小型企业，特别是新兴企业，财务标准和股权分布标准较主要市场要求低。此外，从流通股占比可以看出，东京证券交易所对上市股票的流通性有一定的要求。

在东京证券交易所上市的股票，除了要满足上市审查标准之外，在市场交易过程中也要满足持续上市标准，否则会要求公司在特定的时间内退市。三个市场持续上市的标准如下：

主要市场持续上市标准：①股东人数 800 以上；②流通股 2 万股以上，流通股市值超过 100 亿日元，流通股比例为 35% 以上；③日均交易金额超过 0.2 亿日元；④净资产为正。

标准市场持续上市标准：①股东人数超过 400 人；②流通股数量 2000 股以上，流通股市值超过 10 亿日元，流通股比例为 25% 以上；③每月平均交易量超过 10 个单位；④净资产为正。

增长市场持续上市标准：①股东人数 150 人以上；②流通股数量 1000 股以上，流通股市值超过 5 亿日元，流通股比例为 25% 以上；③每月平均交易量超过 10 个单位；④上市 10 年后市值达 10 亿日元以上；⑤净资产金额为正。

从以上标准可以看出，东京证券交易所对不同市场上的企业持续上市标准不一，强调股票市场的流通性和交易量。

2. 名古屋证券交易所

名古屋证券交易所成立于 1949 年 4 月，是日本第二大证券交易所，2022 年 4 月名古屋证券交易所对原来的市场进行了重新划分，由原来的市场一部、市场二部和 Centrex 市场划分为高级市场、主要市场和下一个市场，其中高级市场面向具有良好收入基础和财务状况的高市场估值的公司，主要市场面向具有连续稳定的经营能力的中小企业；下一个市场主要面向新兴产业，能够及时披露信息，持续稳定的增长。三个市场对应的上市标准和维持上市标准为：

高级市场初次上市的财务和股权分布标准：①股东人数不少于 800 人；②流通股数量 2 万股，占比 35%以上；③市值超过 250 亿元；④最近两年的利润总额超过 25 亿日元，销售额超过 100 亿日元，市值超过 1000 亿日元；⑤净资产超过 50 亿日元。

高级市场维持上市标准：①股东人数不少于 800 人；②流通股数量 2 万股，占比 35%以上（其中个人股东持股 5%以上或股东人数超过 2000 人）；③交易量每个月平均 40 个单位，市值超过 100 亿日元；④净资产为正。

主要市场初次上市的财务和股权分布标准：①股东人数超过 300 人；②流通股（个人股东）数量超过 2000 人，占比 25%以上；③市值超过 10 亿日元；④最近一年的利润超过 1 亿日元；⑤净资产为正。

主要市场维持上市标准：①股东人数超过 150 人；②流通股（个人股东）数量超过 1000 人，占比 10%以上或者个人股东持股比例不超过 5%或股东人数超过 300；③交易量每月平均 3 个单位以上；④市值超过 5 亿日元；⑤净资产为正。

下一个市场初次上市的财务和股权分布标准：①股东人数超过 150 人；②市值超过 3 亿日元。

下一个市场维持上市标准：①股东人数超过 150 人；②每个月交易量平均 10 个单位以上或者交易价值占比 20%以上；③市值超过 2 亿日元；④上市后第 4 年以及后连续 5 年营业利润为正；⑤净资产为正。

2022 年名古屋证券交易所改革后，更加注重市场上个人投资者的数量，在初次上市条件中，对不同层次市场中的个人股东数量都进行了明确的规定，在维持上市标准中注重公司的经营能力和交易量，相比于东京证券交易所，名古屋证券交易所上市财务标准和股权分布标准较低，不同的上市标准为具有良好成长前景的中小企业提供了直接融资的机会。

此外，日本福冈证券交易所、札幌证券交易所也是日本较大的地方性证券交易所，上市公司多为本地企业，数量较少，是区域企业重要的直接融资市场。

（二）风险投资

日本的风险投资较为发达，是最先开展风险投资的亚洲国家。日本第一家风险投资公司成立于1963年，分别在东京、大阪、名古屋成立了投资育成公司，其成立的目的是改善中小企业的财务状况，提高企业抵御经济风险的能力。1972年成立了京都企业发展公司（KED），京东企业发展公司旨在为新兴创新型企业提供融资支持和经营指导，但仅仅七年之后，1979年8月被解散。此后，由大银行和证券公司设立的风险投资公司相继成立，形成了日本风险投资公司发展的第一个高潮，为新兴企业融资提供了便利。由于日本特殊的金融体系，银行和企业关系密切，已经形成了主银行特点的金融系统，因此，风险投资机构的成立和发展主要由银行和大资本财团主导，经过50余年的发展，形成了以银行和证券公司为主要股东的风险投资公司体系，有限合伙人制在日本的发展较为缓慢。

日本风险投资是科技企业进行创新的重要资金来源。受历史发展惯性影响，日本较大的风险投资公司都由银行、证券公司和大财团出资建立，资金来源较为充足，发展规模较大，是银行之外科技企业发展的重要资金来源，同时，日本多层次资本市场体系的建立，特别是证券交易所分层上市交易制度的建立，为创业风险投资基金退出提供了良好的退出渠道，促进了风险投资的发展。20世纪90年代，随着日本金融市场改革的发展，日本风险投资机构纷纷投资于信息产业、生物工程、医疗保健、IT等行业，为日本创新发展提供了重要的资金支持，形成了科技创新与风险投资的良性反馈机制。目前，日本风险投资公司除了在本国进行投资外，逐渐开始拓展海外市场，譬如，日本亚洲投资有限公司业务涉及美国、中国、韩国以及东南亚各国，日本软银集团投过全球600多家企业，拥有全球300多家IT企业股份，是全球活跃的投资公司。

近年来，随着全球不确定性因素的增加，日本风险投资发展波动较大。从图3-6中可以看出，1999~2015年日本风险投资总额波动发展，特别是2009年受世界金融危机影响，出现了较大幅度下跌，2010年后逐年上升（见图3-6）。

日本风险投资成交笔数也呈波动发展，1999年交易数量为3578笔，2015年为1162笔，交易数量呈下行趋势，特别是2009~2010年交易数量出现了较大幅度的下滑（见图3-7）。

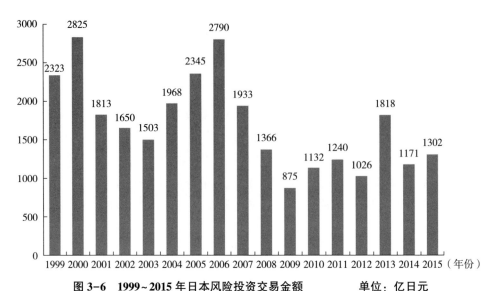

图 3-6　1999~2015 年日本风险投资交易金额　　　单位：亿日元

数据来源：VEC YEARBOOK 2016 Annual Report on Japanese Startup Businesses。

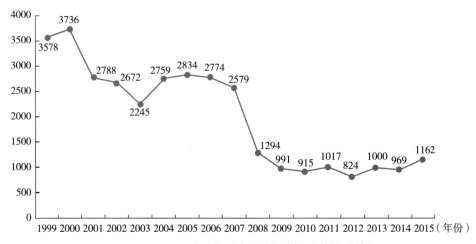

图 3-7　1999~2015 年日本风险投资交易数量（笔）

数据来源：VEC YEARBOOK 2016 Annual Report on Japanese Startup Businesses。

　　日本科技金融系统既有日本历史文化的特色，也有模仿欧美国家市场经济的特点，以主银行为特点的金融体系使得日本金融资本、产业资本、创新资本紧密结合，形成了以银行、证券、大财团为主要投资主体的风险投资体系，这与欧美国家的风险投资体系不同，银行深度参与企业日常经营，与企业互相持股，互派工作人员，这有利于增加银行对企业信息的了解，能够为企业提供长期融资。与此同时，日本在 20 世纪 90 年代进行的金融改革，引入了欧美国家的资本市场体系，建立了多层次资本市场，为不同规模企业直接融资提供了便利，也为风投通过 IPO 退出投资提供了渠道，因此，日本科技金融体系是集银行与资本市场于一体的融资支撑系统。

第三节　德国科技金融模式

德国作为世界第四大经济体，科技创新对经济发展的支撑作用非常突出。在世界知识产权组织发布的《2022 全球创新指数报告》中，德国排名第八，是全球重要的创新型国家。德国科技创新体系的发展离不开科技金融的支撑，其科技金融体系是银行主导型的创新融资系统，其中，银行的混业经营是德国科技金融的重要特点，银行在进行创业风险投资中不寻求通过并购或者 IPO 退出投资领域，而是长期持有科技企业的股份，获得科技创新带来的红利，这是德国风险投资领域的特点。

一、德国科技创新投入现状分析

德国研发投入逐年增长，形成了多元创新投入体系。从图 3-8 中可以看出，德国研发投入逐年增加，已经形成了政府、大学和企业多元主体的研发投入体系。

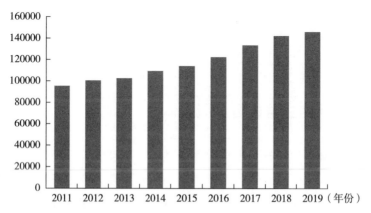

图 3-8　2011~2019 年德国研发支出总额　单位：百万美元

数据来源：经济合作与发展组织（OECD）数据库（https://stats.oecd.org）。

企业是德国研发投入的主体。从表 3-23 中可以看出，2019 年德国企业研发投入占总研发投入的 69%，是德国研发投入的主体。

表 3-23　2011~2019 年德国不同部门研发投入占比　　　　单位：%

部门研发支出	2011 年	2012 年	2013 年	2014 年	2015 年	2016 年	2017 年	2018 年	2019 年
研发政府支出	14	14	15	14	14	14	14	13	14
研发大学支出	18	18	18	18	17	18	17	18	17
研发企业支出	68	68	67	68	69	68	69	69	69

数据来源：经济合作与发展组织（OECD）数据库（https：//stats. oecd. org）。

从企业不同类型研发投入的比重可以看出（见图 3-9），应用研究和实验开发投入较多，基础研究研发投入呈现逐年上升的趋势，与美国和日本的趋势不同。

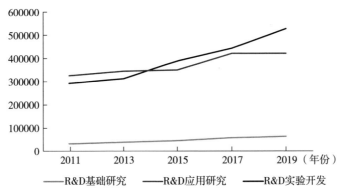

图 3-9　2011~2019 年德国企业不同类型研发投入趋势　单位：百万美元
数据来源：经济合作与发展组织（OECD）数据库（https：//stats. oecd. org）。

二、以银行为主导的金融服务体系

德国的金融体系以银行为主导，直接融资市场发展较为缓慢。德国银行实行混业经营，除了经营商业银行业务外，还经营证券、金融衍生产品、保险业务、投资业务以及其他新兴金融业务。德国的全能银行通过持有企业股份、长期贷款、发行债券等方式，参与企业治理，德国银行在促进德国经济发展中具有重要作用。其中，德国复兴信贷银行（Kreditanstalt für Wiederaufbau，KFW）

是支持中小企业创新的重要银行机构。

1948 年成立的德国复兴信贷银行，原始股本的 80% 归德国政府，20% 归各州政府，自成立以来，除了为第二次世界大战后联邦德国提供重建资金外，也为德国企业提供了大量的长期投资贷款。《德国复兴信贷银行法》对 KFW 的政策性功能与任务进行了界定，明确指出：支持中小企业和初创企业的融资，支持技术进步和创新的融资。复兴银行的投资信贷业务主要面向中小企业国内外的投资项目，其旗下的中小企业公司可为创业初期的高新技术企业提供资金支持，融资产品主要是低息贷款、次级贷款以及股权融资。目前，这些针对科技企业的金融业务已经成为复兴信贷银行的最大业务，业务量约占该行全部业务量的 1/3、国内该类业务总量的 1/2。譬如，2018 年成立的复兴信贷银行集团的新资公司复兴信贷银行资本公司，目的是优化德国的风险投资和风险债务基金环境，使那些在德国年轻的、创新的、快速增长的技术性企业在初创和快速增长阶段能顺利地得到持股资本。2019 年，KFW 投入中小企业（含个体户）领域的资金约为 360 亿欧元，接近其全年总投入（773 亿欧元）的一半。2020 年，为支持受疫情影响的中小企业，KFW 总贷款额度进一步增加至 1353 亿欧元。[①]到 2020 年为止，复兴信贷银行对风险基金和风险债务基金的投资，平均每年增加 2 亿欧元。在欧洲复兴计划——风险投资基金融资项目（ERP-VC-Fondsfi-nanzierung）中 KFW Captial 能参与德国和欧洲的风险投资基金和风险债务基金比例最高达 19.99%，金额最多可达 2500 万欧元。同时，作为 KFW Capital 投资决策的条件，这些基金必须至少将所获得的资金投资于德国科技公司。[②]

德国风险投资公司。德国风险投资公司成立于 1975 年，由 29 家银行和德国政府共同设立，主要为中小企业技术创新提供资金，政府承担技术创新损失的 75%，并且允许企业家以成本价和合适的利润回购企业，这样的运行方式虽然取得了一些成功的案例，但是不具有可持续性，最终于 2003 年彻底失败。之后德国的创业投资公司都受德国风险投资公司的影响，大都由银行、保险公司出资成立，形成了德国以银行为中心的创业投资模式。

德国风险投资主要由银行、保险公司和其他信贷机构创办，银行和保险机构合作创办产业投资机构，为成熟的产业和制造业提供技术研发融资服务；地

---

① 国务院发展研究中心金融研究所"金融支持科技创新"课题组，张丽平，孙飞. 金融支持创新型中小企业的德国实践及借鉴［J］. 新经济导刊，2021（04）：81-86.

② 搜狐网（https://www.sohu.com/a/260043742_630337）。

区性银行合作成立小型风投公司，为区域中小型科技企业提供金融服务；联邦政府和国有保险公司创办创业投资公司，为大企业提供资金支持，对初创期科技型企业进行投资；金融资本和工业资本联合成立风险投资公司，为新兴科技型企业提供风险投资。银行、保险公司为风险投资提供了大量的资金，风险投资主要热衷于长期的可持续的回报，对于 IPO 和收购等退出方式并不热衷。

三、德国中小企业创新政策支撑体系

2008 年成立的中小企业创新核心项目（ZIM）是德政府促进中小企业创新最主要的措施，覆盖范围最广。ZIM 项目主要资助中小企业和与中小企业合作的科研机构，该项目旨在鼓励中小企业进行科研活动，对企业行业和技术领域没有设定条件，采取开放的方式，充分尊重市场创新需求。通过鼓励中小企业与科研机构的合作，增强产学研联合创新，可以增强中小企业科研实力，有利于科技知识和研究成果更快向生产领域传递，转化为产品推向市场。首次进行科研活动的企业以及科研活动停止 5 年后再次启动的企业也可获得资助。资助金额方面，企业可获得自身对该科研项目投入的 35%～50% 的资助金额，而科研机构最高可获得出资额的 100%。一般来说，雇员少于 50 人的小企业、新联邦州企业和科研机构以及有国外合作伙伴参与的项目可获得相对较高的补贴比例。单个项目最高补贴额为 35 万欧元，大型项目（至少 4 家企业和 2 家科研机构参与）补贴额上限为 200 万欧元。另外，科研活动的前期准备，如市场调研，合作伙伴调查等还可获得额外促进资金。[①] ZIM 项目主要包括两类，一类是独立项目，对单家企业创新进行资助；另一类是合作项目，主要鼓励企业之间、企业和科研机构之间的联合创新活动，推动创新项目的产业化发展和商业化应用。在项目管理方面，ZIM 以市场化方式选拔中介机构承担项目的管理，在项目咨询、评估等方面充分发挥中介机构专家的特长，对申请的项目进行动态跟踪、监督管理和专家评估。

INNO-WATT 项目。中小企业是德国经济发展的重要力量，针对德国科技企业发展规模小、数量少的问题，德国制定了 INN-WATT 项目，给予中小企业科研投入补贴，促进科技型中小企业创新。该项目由 EuroNorm 公司负责实施，主要任务是为新联邦州工商业领域的中小企业提供科研补贴。补贴额最高为企

---

① 商务部官网（http://de.mofcom.gov.cn/article/ztdy/200812/20081205950104.shtml）。

业科研投入的 45%，上限为 37.5 万欧元。德国每年约有 350 项研发项目获得 INNO-WATT 补贴，很多刚刚起步的企业由此发展成了当地经济发展的主要力量。①

ERP 项目。针对中小企业缺乏抵押物而融资难的问题，德国依托德国复兴银行为企业创新提供长期低息贷款，ERP 贷款由两部分组成，一部分是普通商业贷款，需要担保，但前两年可暂缓支付利息；另一部分是免担保贷款，前 7 年可暂缓支付利息。企业可由此获得更加充裕的资金，提高资金流动性和增加自有资本率。此外，德国鼓励中小企业进行创新咨询，通过专业咨询机构的服务，机构可以评估企业发展潜力、为企业解决具体问题、提供技术解决方案等，使得中小企业能够快速地适应复杂的经济环境，加快技术创新，同时，对于提供中小企业咨询的机构，德国政府可以给予一定的咨询补贴。

中小企业信用担保体系。德国已经形成了较为完善的担保体系，主要由联邦州担保银行、联邦州政府担保、德国政府担保三个层次构成。其中联邦州政府和德国政府主要负责大中型企业的担保，担保额度较大，担保银行通过市场化运行方式向企业提供担保，主要为中小企业提供信用担保，重点服务对象是科技型中小企业，担保银行承担 80% 的贷款风险，如果担保银行发生代偿损失时，政府会承担 65% 的损失。

---

① 商务部官网（http：//de. mofcom. gov. cn/article/ztdy/200812/20081205950104. shtml）。

第四章

科技金融服务黄河上游地区创新发展的现实基础

以创新驱动经济高质量发展是我国现代化建设的重要发展战略，也是提升国际竞争力的重要手段，创新引领黄河上游地区生态保护与高质量发展已经成为必然选择，科技金融支持黄河上游地区科技创新也成为黄河流域生态保护与高质量发展的重要内容。黄河上游地区科技金融对科技创新的支持必须基于黄河上游地区特殊的生态环境保护修复需求、经济发展阶段、金融发展程度、科技创新能力等基础之上。当前，黄河上游地区经济社会发展水平相对落后、科技创新能力较弱、生态环境保护压力大，在进行黄河流域生态保护与高质量发展中，存在一定的困难和特殊性。本章重点分析黄河上游地区生态环境、经济发展、创新能力等现状和特点，为科技金融服务黄河上游地区创新发展提供现实基础参考。

第一节　黄河上游地区生态环境现状和特点

黄河发源于青藏高原巴颜喀拉山北麓的约古宗列盆地，流经青海、四川、甘肃、宁夏、内蒙古、山西、陕西、河南、山东九省（区），在山东省垦利县注入渤海，干流全长 5464 千米，落差 4480 米。黄河流域位于东经 96°~119°、北纬 32°~42°，东西长约 1900 千米，南北宽约 1100 千米。流域面积 79.5 万平方千米（包括内流区面积 4.2 万平方千米）。河口镇以上为黄河上游，河道长3472 千米，流域面积 42.8 万平方千米；河口镇至桃花峪为中游，河道长 1206千米，流域面积 34.4 万平方千米；桃花峪以下为下游，河道长 786 千米，流域面积只有 2.3 万平方千米。① 黄河上游地区生态保护与高质量发展的特殊性在于极高的生态价值与脆弱的生态环境、薄弱的经济发展基础并存。

一、生态地位重要

从地理区域划分来看，黄河上游地区是指从青海玉树藏族自治州至内蒙古自治区托克托县河口镇段，流域面积 42.8 万平方千米，河道长 3472 千米，占黄河干流全长的 63.5%，流经青海、四川、甘肃、宁夏、内蒙古五省（区）。黄河上游地区不仅是黄河流域的水源涵养区，而且也是重要的能源、农业生产基地。根据已有研究文献，为了便于获得数据，本书研究的黄河上游地区省份固定为青海、甘肃、宁夏、内蒙古四省（区）。②

青海省玛多县多石峡以上地区为河源区。河源区面积为 2.28 万平方千米，是青海高原的一部分，属湖盆宽谷带，海拔在 4200 米以上。盆地四周，山势雄浑，西有雅拉达泽山，东有阿尼玛卿山（又称积石山），北有布尔汗布达山，南以巴颜喀拉山与长江流域为界。湖盆西端的约古宗列，是黄河发源地。1985年黄河水利委员会根据历史传统和各家意见确认玛曲为黄河正源，并在约古宗列盆地西南隅的玛曲曲果（东经 95°59′24″，北纬 35°01′18″）处，竖立了河源标志。③河源区拥有雪峰冰川、河流沼泽、高原湖泊、湿地河曲、森林草甸、干旱草原等多种独特的生态系统，既是全流域重要的水源涵养地和补给地，也是世界物种保护关键保护地与全国生物多样性保护优先区，还是全流域水土保持重点预防保护区，在水源涵养、补给和生物多样化保护方面具有重要的生态价值。

黄河上游地区生态地位至关重要。黄河上游地区分布着我国具有重要生态功能的高山草甸、草原、湿地、森林生态系统，有白河和黑河、洮河、湟水、大黑河四个主要支流，较大的湖泊有扎陵湖、鄂陵湖等，在我国水源涵养、生态保护、生物多样性等方面具有重要地位。其中，三江源地区是"中华水塔"，是我国乃至亚洲重要的水源涵养地，是我国重要的生态安全屏障和高原生物种质资源库，是亚洲乃至全球气候变化的启动区和敏感区，是世界上高海拔地区生物、物种、基因和遗传多样性最集中的地区，其生态保护价值对全国乃至全

①③ 水利部黄河水利委员会_黄河网（yrcc.gov.cn）。

② 由于四川省黄河流域较小，故将四川省省略。

球都意义重大。青海玉树和果洛、四川阿坝和甘孜、甘肃甘南等地区河湖湿地资源丰富，是黄河水源的主要补给地，祁连山、六盘山、贺兰山、阴山等山系是我国重要的生态廊道。

黄河青海流域作为三江源、祁连山、青海湖、东部干旱山区等生态功能板块的核心组成部分，是森林、草原、湿地、荒漠生态系统集中分布和交错的典型区域，是重点生态功能区和水源涵养区。黄河流域青海境内面积50平方千米及以上河流共有917条，常年水面面积1平方千米及以上湖泊40个，水资源总量208.5亿立方米，占全流域的38.9%；多年平均出境水量264.3亿立方米（含甘肃、四川入境水量61.2亿立方米），占黄河天然径流量的49.4%。[①] 甘肃沿黄河流域总面积14.59万平方千米，占全省面积的34.3%，多年平均自产地表水资源量125.2亿立方米，超过黄河流域总水量的1/5，其中甘南水源涵养区年均向黄河补水64.4亿立方米。黄河干流流经甘南、临夏、兰州和白银4市州，长达913千米，占黄河全长的16.7%；黄河支流流经定西、天水、平凉、庆阳、武威5市，渭河、泾河、洮河、大夏河等河流是黄河重要的补给水源，有效保障了黄河上中游径流稳定。[②] 甘肃黄河流域横跨青藏高原、内蒙古高原、黄土高原、祁连山河西走廊四大地貌单元，拥有黄河天然生态廊道和甘南黄河上游、祁连山、陇中陇东黄土高原、渭河源等多个重要生态功能区域。黄河宁夏段起点为黄河干流河道中卫市沙坡头区与甘肃省白银市交界处，终点为黄河干流河道石嘴山市惠农区与内蒙古自治区阿拉善左旗（左岸）、乌海市海南区（右岸）交界处，全长约397千米，[③] 宁夏地处黄河"几"字弯西半部，是我国"三屏四带"生态安全战略格局中黄河重点生态区（含黄土高原生态屏障）和北方防沙带的交汇地带，生态地位十分重要。黄河流域宁夏段属黄河上游下段，形成了峡谷段、库区段和平原段三部分，年平均入境水量306.8亿立方米。峡谷段有黑山峡和石嘴山峡谷两部分，全长86千米；库区段为青铜峡库区，自中宁枣园至青铜峡水利枢纽坝址，全长44千米；平原段为沙坡头至枣园段和青铜峡坝址至石嘴山大桥段，全长267千米，为冲积性平原河道。黄河干流宁夏段总面积2.6万平方千米，占宁夏全区国土面积的39%。黄河流域宁夏段较大的支流有清水河、红柳沟、苦水河、都思兔河4条河流，年均入黄径流量2.2亿

---

① 《黄河青海流域生态保护和高质量发展规划》，2022年6月。
② 《甘肃省黄河流域生态保护和高质量发展规划》，2021年10月。
③ 自治区水利厅关于黄河宁夏段河道管理范围的通告 [EB/OL].宁夏政府官网，http//www.nx.gov.cn.

立方米。黄河自宁蒙交界处都思兔河口入境，从准格尔旗马栅乡出境，流经内蒙古 843.5 千米。黄河内蒙古段介于阴山南麓与鄂尔多斯高原之间，流域内有草原、森林、湿地、河流、湖泊、沙漠、戈壁等多种地形地貌。

二、生态环境脆弱

黄河上游地区在提供强劲生态系统服务功能的同时，作为全球气候变化敏感区和脆弱区，生态环境保护修复形势严峻。高寒高海拔的气候条件决定了生态环境先天脆弱而敏感，生态系统自我维护和修复能力差。自然条件严酷，草原鼠虫害、旱灾、雪灾频发，同时，受全球气候变暖的影响，青藏高原气候暖湿化趋势正在加剧，冰川持续退缩、雪线不断升高、冻土逐渐消融，气候调节功能在减弱，生态退化潜在威胁日益加重，生态环境恢复和治理的目标任务十分繁重。

黄河上游地区生态脆弱区分布广、类型多，高原冰川、草原草甸、三江源、祁连山等都极易发生退化，恢复难度极大且过程缓慢；在内蒙古段，流域内荒漠化和沙化土地集中，危害严重，部分耕地盐碱化，局部地区位于生态敏感区，水源涵养功能弱，水土流失现象较为严重，生态系统极易发生退化，恢复难度大，黄河上游区域性生态安全格局尚未稳固形成。甘肃黄河流域绝大部分地区处于 400 毫米等降水量线以西，自然条件差，生态历史欠账多、问题积累多、现实矛盾多。甘南高原草原退化尚未得到有效遏制，水源涵养功能仍需提高，河西地区也是沙尘源区，生态保护修复任务十分艰巨。黄河上游地区自然灾害频发，泥石流、地震、山体滑坡等给人民群众生命财产安全带来极大危害。

水资源制约较为明显。水资源总量短缺、时空分布不均衡、供给结构性矛盾突出。黄河上游地区沿岸水低地高，水资源利用难度大、成本高，易盐碱，部分地区水资源过度开发，经济社会用水挤占河湖生态水量，经济发展带来的生态保护压力依然较大。部分沿黄生态环境综合治理区，包括兰州市、白银市、兰州新区、中卫市、银川市、石嘴山市、乌海市等，工业污染、农业面源污染和生活污染较重，且是区域人口、城市和产业发展的聚集地，承载着区域产业发展的重要功能，人口、资源、环境发展制约因素较大。流域内自产水量少，随着工业化、城镇化发展，水资源供需矛盾日益突出，用水量已接近可用水量，生态用水严重不足，农业用水效率不高，地下水超采问题依然存在。

污染防治任务艰巨，防洪减淤形势严峻。沿黄地区存在工业、城镇生活和农业面源三方面污染，加之尾矿库污染，部分支流监测水质仍为劣 V 类。结构性、季节性、区域性大气污染问题依然突出，乌海及周边地区大气污染防控形势仍然严峻。干流险工险段频繁出现，部分河段已经形成"悬河"，凌汛突发性强、防御难度大，支流防洪标准低，分洪分凌、蓄滞洪区体系尚不完善，气候变化和极端天气引发超标准洪水的风险依然存在。部分河段存在沙漠入侵，水利工程泥沙淤积问题显现。

第二节　黄河上游地区经济发展现状和特点

黄河上游地区生态保护与高质量发展的难点在于生态环境保护与经济社会高质量发展的矛盾较为突出，一方面，黄河上游地区承担着国家重要的生态保护功能，是重要的水源涵养地，且存在生态环境脆弱、极易发生退化、恢复难度大、恢复过程缓慢、区域性生态安全格局尚未稳固形成的问题。另一方面，黄河上游地区经济社会发展基础薄弱，沿黄城市群产业发展倚重倚能的特点突出，产业转型升级困难，脆弱的生态环境难以承载较高的开发力度，在保护与发展方面协调难度极大。

一、黄河上游地区经济增长和产业结构发展现状

黄河上游地区经济发展处于新旧动能转换期，加之受新冠肺炎疫情影响，经济增长总体保持在合理区间。如表 4-1 所示，2021 年，青海省经济增速为 5.7%，甘肃省经济增长率为 6.9%，宁夏回族自治区经济增长率为 6.7%，内蒙古自治区经济增长率为 6.3%，全国经济增长率为 8.1%，黄河上游地区经济增速总体落后于全国平均水平。从人均地区生产总值来看，内蒙古自治区人均地区生产总值高于全国平均水平，青海省人均地区生产总值为全国平均水平的 69.64%，甘肃省为全国平均水平的 50.68%，宁夏回族自治区为全国平均水平的 77.24%，与全国平均水平差距较大。从全国范围来看，与发达省份的差距非常大，譬如，2021 年北京市人均地区生产总值为 183980 元，天津市 113732 元，上海市 173630 元，[①] 黄河上游地区人均生产总值处于以上地区的 50%~60%，经济发展水平与发达省份存在较大差距。

---

① 国家数据（stats. gov. cn）。

从三次产业产值构成来看，青海省、甘肃省、宁夏回族自治区第三产业产值占比为50%以上，与全国平均水平较为一致，第三产业对经济的贡献度持续增加，第一产业产值占比高于全国平均水平，农业发展对经济的贡献度较高。内蒙古自治区第二产业占比45.7%，高于第三产业占比，工业在内蒙古经济发展中占有重要的地位。从农业发展来看，甘肃省农业产值占13.32%，占比较高，2021年第一产业增加值1364.7亿元，增长10.1%，高于地区生产总值增长速度，甘肃省第一产业对地区经济增长贡献较大，是农业发展大省。总体来看，黄河上游地区三次产业产值构成较为合理，与全国平均水平差距不大。

表4-1　2021年黄河上游地区和全国经济发展基本情况

项目		青海	甘肃	宁夏	内蒙古	全国
地区生产总值	总额（亿元）	3346.63	10243.3	4522.31	20514.2	1143670
	人均地区生产总值（元）	56398	41046	62549	85422	80976
	增长率（%）	5.7	6.9	6.7	6.3	8.1
三次产业结构	第一产业	11.1	13.32	8.6	10.8	7.3
	第二产业	38.1	33.84	41	45.7	39.4
	第三产业	50.8	52.83	50.4	43.5	53.3
三次产业增加值及增长	第一产业　增加值（亿元）	352.65	1364.7	364.48	2225.2	83086
	增长率（%）	4.5	10.1	4.7	4.8	7.1
	第二产业　增加值（亿元）	1332.61	3466.6	2021.55	9374.2	450904
	增长率（%）	6.5	6.4	6.6	6.1	8.2
	第三产业　增加值（亿元）	1661.37	5412	2136.28	8914.8	609680
	增长率（%）	5.4	6.5	7.1	6.7	8.2
年末常住人口（万人）		594	2490.02	725	2400	141260
国土面积（万平方千米）		72.23	42.59	6.64	118.3	960

数据来源：根据《青海省2021年国民经济和社会发展统计公报》（qinghai.gov.cn）；《2021年甘肃省国民经济和社会发展统计公报》（gansu.gov.cn）；《宁夏回族自治区2021年国民经济和社会发展统计公报》（nx.gov.cn）；《内蒙古自治区2021年国民经济和社会发展统计公报》（nmg.gov.cn）；《中华人民共和国2021年国民经济和社会发展统计公报》（stats.gov.cn）整理而得，其中，青海省和宁夏回族自治区三次产业构成比例为2020年数据。

从国土面积、年末常住人口以及经济总规模来看，内蒙古自治区在黄河上游地区国土面积最大，总人口排名第二，地区生产总值最高，是黄河上游地区经济发展较好的省份；青海省国土面积排名第二，总人口排名第四，地广人稀，经济总量排名最低，是黄河上游地区经济发展较落后地区；宁夏回族自治区国土面积最小，总人口排名第三，经济总量排名第三，甘肃省国土面积是宁夏的6.4倍，人口是宁夏的3.43倍，经济总量是宁夏的2.27倍，人均地区生产总值低于宁夏。综合来看，黄河上游地区经济发展基础较弱，人口密度低。

二、高质量发展稳步推进

高质量发展是我国经济未来发展的方向，在新一轮的发展中，黄河上游地区在高质量发展方面已经取得了一定的成绩，新产业、新业态对经济发展的贡献初具规模。2021年，青海省高技术制造业投资增长1.3倍，新能源产业投资增长15.2%，新材料产业投资增长6.2%。① 甘肃省十大生态产业增加值2852.9亿元，比2020年增长22.7%，占全省地区生产总值的27.9%。② 内蒙古自治区高质量发展稳步推进，规模以上工业增加值中，战略性新兴产业增加值比2020年增长10.4%。非煤产业增加值比2020年增长8.0%，占比达到57.7%。新产业增长较快，高技术制造业增加值增长20.2%，高新技术业增长22.4%。医药制造业增加值增长20.0%，计算机、通信和其他电子设备制造业增长21.3%。规模以上工业综合能源消费量比2020年下降2.8%，其中，七大高耗能行业综合能源消费量下降3.4%。能源利用效率持续提升，新能源发电规模达到1050.2亿千瓦时，比2020年增长25.7%，占规模以上工业发电量的比重为17.6%，较2020年提高3.1个百分点。③ 宁夏回族自治区规模以上工业高技术制造业增加值比2020年增长22.5%，装备制造业增加值比2020年增长12.7%，分别比全部规模以上工业增加值增速高14.5个和4.7个百分点。水电、风电、太阳能等可再生能源发电量485.2亿千瓦时，增长37.7%。全区网上零售额302.8亿元，比2020年增长46.0%。④ 工业高技术制造业和装备制造业发展较好，在新能动培育方面取得了一定的成果，在新能源发展和数字经济发展方面增长较快，产业结构正在优化。

---

① 《青海省2021年国民经济和社会发展统计公报》，青海省统计局（qinghai. gov. cn）。
② 《2021年甘肃省国民经济和社会发展统计公报》，甘肃省统计局（gansu. gov. cn）。
③ 《内蒙古自治区2021年国民经济和社会发展统计公报》，内蒙古自治区统计局（nmg. gov. cn）。
④ 《宁夏回族自治区2021年国民经济和社会发展统计公报》，宁夏回族自治区统计局（nx. gov. cn）。

对"一带一路"沿线国家进出口贸易持续增长。2021 年，甘肃省对"一带一路"沿线国家进出口总额为 224.4 亿元，占全省外贸总值的 45.7%。其中，出口 26.6 亿元，增长 9.8%；进口 197.8 亿元，增长 33.9%。[①] 宁夏回族自治区对"一带一路"沿线国家进出口总额为 67.0 亿元，增长 71.5%。[②] 内蒙古自治区与"一带一路"沿线国家进出口总额为 717.3 亿元，比 2020 年增长 13.2%。[③] 黄河上游地区对"一带一路"沿线国家进出口占全省外贸总值较高，说明黄河上游地区在国家"一带一路"倡议中，积极进行外向型经济发展，在内陆开放方面已经取得了一定的发展成果。

2021 年黄河上游地区在经济结构优化、新动能培育方面均取得了良好的发展成果，高技术产业等新产业占比不断提高，对经济增长的贡献度不断增加，在新能源发展方面也取得了实质性的进展，已经形成了新产业、新动能迅速发展的态势，产业结构不断优化，产值构成以第三、第二产业为主，对"一带一路"沿线国家出口占比较高，已经形成了新发展局面。

三、宏观经济运行趋势分析

(一) 经济增长趋势

黄河上游地区经济发展基数小，增速快，与全国平均水平相比，还存在一定的差距。从图 4-1 和图 4-2 中可以看出，2012~2021 年黄河上游地区生产总值持续增长，其中，内蒙古自治区地区生产总值体量大，增长较快，青海省地区生产总值最低。2012~2021 年，黄河上游地区（四省区）生产总值总额占全国生产总值总额的比重在下降，2012 年占比在 3.6% 以上，到 2021 年占比在 3.4% 以下，说明黄河上游地区虽然经济增长速度较快，但是对全国经济增长的贡献度却越来越低，与发达地区的发展差距在进一步扩大，地区发展不平衡问题较为突出。

---

① 《2021 年甘肃省国民经济和社会发展统计公报》，甘肃省统计局（gansu. gov. cn）。
② 《宁夏回族自治区 2021 年国民经济和社会发展统计公报》，宁夏回族自治区统计局（nx. gov. cn）。
③ 《内蒙古自治区 2021 年国民经济和社会发展统计公报》，内蒙古自治区统计局（nmg. gov. cn）。

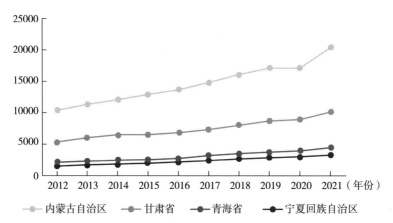

图 4-1　2012~2021 年黄河上游地区四省（区）生产总值　单位：亿元

数据来源：国家数据官方网站（stats. gov. cn）。

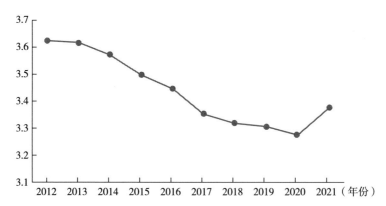

图 4-2　2012~2021 年黄河上游地区生产总值占全国生产总值比重　单位：%

数据来源：国家数据官方网站（stats. gov. cn）。

（二）固定资产投资增速趋势

黄河上游地区固定资产投资增速较快，且呈现出不稳定的特点。从图 4-3 中可以看出，2012~2015 年内蒙古自治区固定资产投资增速低于全国平均水平，青海省、甘肃省、宁夏回族自治区固定资产投资增速均高于全国平均水平；2015~2021 年全国固定资产投资增速保持在正增长水平，黄河上游地区固定资产投资增速震荡较大，这与黄河上游地区经济结构调整，淘汰落后产能、培育新发展动能有关。2016 年，甘肃省固定资产投资增速高于全国平均水平，其余三省（区）增速均低于全国平均水平；2017 年，甘肃省和内蒙古自治区固定资产投资增速为负值，宁夏回族自治区和青海省固定资产投资增速低于全国水平；2018 年，宁夏回族自治区、甘肃省、内蒙古自治区固定资产投资增速均为负值，青海省固定资产投资增速高于全国平均水平；2019 年，宁夏回族自治区固定资产投资增速为负值，青海省固定资产投资增速低于全国平均水平，内蒙古自治区和甘肃省固定资产投资增速高于全国平均水平；2020 年，内蒙古自治区和青海省固定资产投资增速为负值，甘肃省固定资产投资增速高于全国平均水平；2021 年，青海省固定资产投资增速为负，宁夏回族自治区固定资产投资低于全国平均水平，内蒙古自治区和甘肃省固定资产投资增速高于全国平均水平。2016 年以后，黄河上游地区经济发展处于提质换挡期，旧有的发展模式难以为继，新经济、新动能尚未形成发展规模，对经济增长贡献度较小，尤其是内蒙古自治区和宁夏回族自治区产业结构倚重倚能特点突出，2016 年以后固定资产投资震荡较为剧烈，经济结构调整，产业转型升级压力较大，2021 年，黄河上游地区经济发展逐渐恢复平稳，新经济发展势头良好，对经济发展贡献开始凸显。

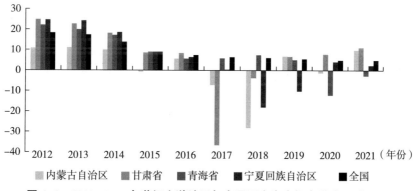

图 4-3　2012~2021 年黄河上游地区与全国固定资产投资增速　单位：%

数据来源：国家数据官方网站（stats. gov. cn）。

（三）对外贸易发展趋势

从进出口总额发展来看，2012~2021 年，受国内外不利因素影响，黄河上游地区进出口总额波折前行，从图 4-4、图 4-5 中可以看出，内蒙古自治区进出口总额呈逐年上升趋势；2012~2017 年甘肃省进出口总额逐年下降，2018~2021 年开始逐年回升，但尚未达到 2012 年水平；宁夏回族自治区进出口总额波动较大，这与宁夏外向型经济发展水平较低有关；青海省进出口总额较低，且呈现出逐年下降的趋势。从进出口总额占全国进出口总额比重来看，2014 年黄河上游地区进出口总额占全国比重最高，达到 0.7%，2014～2020 年，黄河上游地区进出口总额占全国进出口总额比重逐年下降，2021 年占比有所回升。从黄河上游地区进出口总额占全国进出口总额比重来看，与黄河上游地区生产总值占全国生产总值比重差距较大，基本保持在 1% 以下，这与黄河上游地区处于内陆地区，外向型经济不发达有关，对全国进出口总额贡献度较低，总体处于低发展水平。

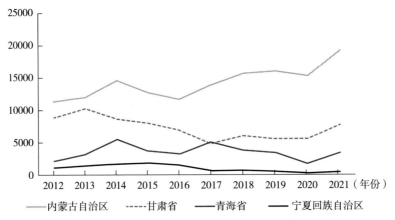

图 4-4　2012～2021 年黄河上游地区进出口总额　单位：百万美元

数据来源：国家数据官方网站（stats. gov. cn）。

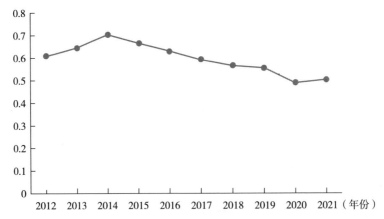

图 4-5　2012～2021 年黄河上游地区进出口总额占全国进出口总额比重　单位：%

数据来源：国家数据官方网站（stats. gov. cn）。

（四）人均可支配收入和支出趋势

黄河上游地区人均可支配收入较全国平均水平存在较大差距。从图4-6、图4-7中可以看出，黄河上游地区人均可支配收入呈逐年上升的态势，与全国增速基本保持一致，但是由于基数较小，人均可支配收入占全国平均人均可支配收入比在40%~72%。从黄河上游四省区来看，人均可支配收入从高到低排序依次为内蒙古自治区、宁夏回族自治区、青海省、甘肃省，甘肃省虽然经济基数大，但是人口基数大，历史贫困地区和人口较多，在人均可支配收入中是黄河上游地区最低的省份，2021年人均可支配收入为22066元，而最高的内蒙古自治区2015年人均可支配收入就已经达到了22310元，增长基数高于甘肃省数据。黄河上游地区人均可支配收入不仅与全国平均水平存在较大差距，而且也呈现出区域内部发展不平衡的特点。从图4-7中可以看出，2012~2021年甘肃省人均可支配收入占全国平均水平的40%~46%，不足全国平均水平的一半，与全国发展差距较大。

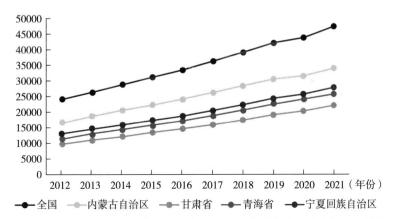

图4-6 2012~2021年黄河上游地区四省（区）与全国人均可支配收入 单位：元
数据来源：国家数据官方网站（stats. gov. cn）。

2012~2021年，黄河上游地区人均消费支出水平总体与全国平均水平保持一致。从图4-8中可以看出，2012~2017年内蒙古自治区人均消费水平高于全国平均水平，这与内蒙古自治区经济发展水平有关，内蒙古人均国内生产总值高于全国平均水平，在消费方面也高于全国平均水平。结合人均收入水平来看，黄河上游地区人均收入水平较低，人均消费水平较高，结合图4-7与

图 4-7　2012~2021 年黄河上游地区四省（区）人均可支配收入与全国平均水平比值　单位：%

数据来源：国家数据官方网站（stats. gov. cn）。

图 4-9 可以看出，黄河上游地区人均收入水平是全国平均水平的 40%~72%，而人均消费水平处于全国平均水平的 65%~112%，收入与消费之间长期保持不合理的结构，说明在黄河上游地区收入基本维持必要消费，生活必需品消费占比较高。

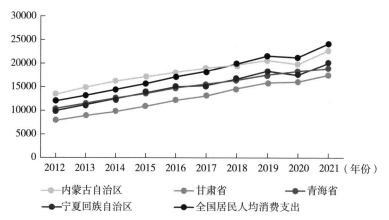

图 4-8　2012~2021 年黄河上游地区四省（区）与全国人均消费支出　单位：元

数据来源：国家数据官方网站（stats. gov. cn）。

（五）财政一般预算收入与支出趋势

黄河上游地区财政一般预算收入平稳增长。从图 4-10 可以看出，2012~

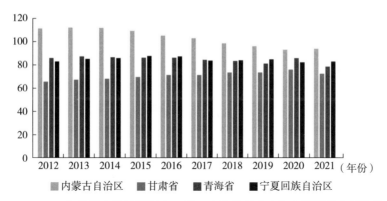

图 4-9　2012~2021 年黄河上游地区四省（区）人均消费支出与全国平均水平比值 单位：%
数据来源：国家数据官方网站（stats. gov. cn）。

2021 年，黄河上游地区财政一般预算收入增长较快，其中，内蒙古自治区基数大，增长幅度较高，青海省和宁夏回族自治区财政一般预算收入基数小，增长速度较慢。从黄河上游地区财政一般预算收入总和占全国财政一般预算收入比来看（见图 4-11），黄河上游地区财政一般预算收入总和占全国总和的比例保持在 1.8%~2.2%，对全国财政收入贡献度较低。从收入支出比趋势来看，2012~2021 年，黄河上游地区财政一般预算支出高于财政一般预算收入，高出的比例保持在 16%~47%，黄河上游地区财政收入无法满足财政支出需求，地方财政支出主要依靠国家转移支付。从图 4-12 可以看出，青海省财政收入支出比最低，保持在 16%~17.7%，大部分财政支出都依靠国家财政转移支付；宁夏回族自治区财政收入支出比保持在 28%~32%，地方财政预算收入只能支付财政支出的 30%左右；甘肃省财政收入支出比保持在 21%~26%，内蒙古自治区财政收支比保持在 37%~47%，是黄河上游地区财政自给率最高的省份。黄河上游地区区域内财政自给率也呈现不平衡的态势，内蒙古自治区与青海省的差距在 21%~30%，区域内发展不充分不平衡问题突出。

黄河上游地区经济发展与全国平均水平存在较大差距，发展不平衡不充分的问题较为突出，且区域内经济发展呈现较大的差距。从经济增长速度来看，黄河上游地区经济增速保持在合理区间，受国内外经济发展不利因素影响，仍然保持较好的增长速度，但与全国平均水平仍然存在一定的发展差距；从三次产业结构构成来看，已经形成了第二、第三产业主导的经济发展模式，农业产值构成高于全国平均水平，农业对经济增长的贡献度较高，三次产业结构有待

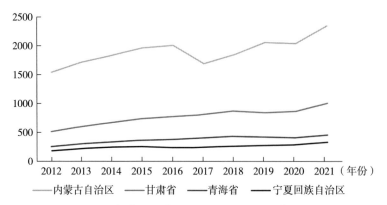

图 4-10　2012~2021 年黄河上游地区地方财政一般预算收入　单位：亿元

数据来源：国家数据官方网站（stats. gov. cn）。

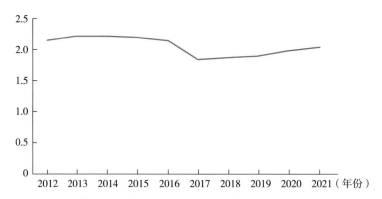

图 4-11　2012~2021 年黄河上游地区地方财政一般预算收入总和占全国财政收入比　单位：%

数据来源：国家数据官方网站（stats. gov. cn）。

优化；从固定资产投资来看，黄河上游地区处于新旧动能转换期，2012~2021
年固定资产投资波动较大，甚至出现了负增长，投资增长震荡较大；从外向型
经济发展来看，黄河上游地区对外贸易发展滞后于全国水平，对全国进出口贸
易的贡献度较低，这与地理位置、历史发展惯性有关，在对"一带一路"沿线
国家贸易中，黄河上游地区出现了快速增长的态势，且对"一带一路"沿线国
家进出口值占比较高，内陆开放模式正在兴起；从新经济发展来看，2021 年以
后，黄河上游地区新经济发展增速较快，新产业、新业态、新动能发展良好，
对经济增长贡献度开始增加，发展态势良好；从人均可支配收入来看，黄河上
游地区人均可支配收入与全国平均水平存在较大差距，且区域内也呈现出发展

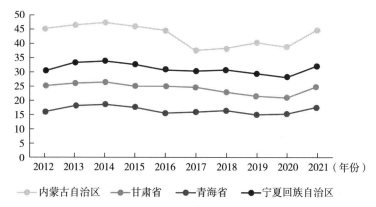

图4-12　2012~2021年黄河上游地区地方财政一般预算收入支出比　单位:%

数据来源:国家数据官方网站(stats. gov. cn)。

不平衡的特点,人均消费支出与人均收入水平比例不合理;从地方财政一般预算收入与支出水平来看,黄河上游地区财政收入稳定增长,但是对全国财政收入贡献度较低,财政收入支出比例较低,主要依靠国家财政转移支付。综合来看,黄河上游地区经济发展基础薄弱,在经济增长速度、规模、对外贸易发展水平、新经济发展、财政自给率等方面与全国平均发展水平存在较大差距,而且存在发展差距逐渐扩大的趋势。

第三节　黄河上游地区创新能力现状和特点

黄河上游地区区域创新综合能力处于全国中下水平,与经济发达地区相比,在综合创新能力、政府研发投入、企业创新能力方面还存在一定的差距。2016年,随着供给侧结构性改革的推进,黄河上游地区沿黄城市群中的高耗能、高污染、高排放企业逐步退出市场,给黄河上游地区企业创新带来了一定的冲击,企业创新能力有所下降。2018年以后,随着新动能的培育,黄河上游地区企业创新能力有所回升。虽然,黄河上游地区区域创新能力总体呈现稳步前进的趋势,但是对全国创新能力的贡献度逐年在下降,黄河上游地区区域创新能力与全国平均发展水平在逐渐增大,区域创新发展不平衡、不充分问题突出。

一、区域创新综合能力现状

区域创新综合能力是地区创新发展能力的反映，考虑到创新能力评价指数的权威性，本书使用中国科学技术发展战略研究院中国科技发展战略研究小组、中国科学院大学中国创新创业管理研究中心编著的《中国区域创新能力评价报告2014——创新驱动与产业转型升级》来反映黄河上游地区综合创新能力发展水平。《中国区域创新能力评价报告》是中国科学技术发展战略研究院与中国科学院大学中国创新创业管理研究中心共同编制的全方位反映我国区域创新能力的评价指标，在评价指标方面参考了包括《世界竞争力年鉴》《全球竞争力报告》《全球创新指数》《创新型联盟指数》等知名报告，结合我国区域创新体系的实际情况进行了指标调整和编制，在编制指标和赋权的时候广泛征求和参考了国内外专家学者的意见，是国内比较权威的区域创新评级指数。表4-2是《中国区域创新能力评价报告》中构建的中国区域创新能力评价指标，包含了二级指标。从表4-2中可以看出，中国区域创新能力指标覆盖了研究开发投入、技术产出、技术扩散、创新环境和绩效等方面，能够客观反映区域综合创新能力。

表4-2　中国区域创新能力指标体系

一级指标	二级指标	一级指标	二级指标
1. 知识创造	1.1 研究开发投入综合指标	4. 创新环境	4.1 创新基础设施综合指标
	1.2 专利综合指标		4.2 市场环境综合指标
	1.3 科研论文综合指标		4.3 劳动者素质综合指标
2. 知识获取	2.1 科技合作综合指标		4.4 金融环境综合指标
	2.2 技术转移综合指标		4.5 创业水平综合指标
	2.3 外资企业投资综合指标	5. 创新绩效	5.1 宏观经济综合指标
3. 企业创新	3.1 企业研究开发投入综合指标		5.2 产业结构综合指标
	3.2 设计能力综合指标		5.3 产业国际竞争力综合指标
	3.3 技术提升能力综合指标		5.4 就业综合指标
	3.4 新产品销售收入综合指标		5.5 可持续发展与环保综合指标

数据来源：中国科学发展战略研究小组. 中国区域创新能力报告2014——创新驱动与产业转型升级 [M]. 北京：知识产权出版社，2015.

根据中国科学技术发展战略研究院和中国科学院大学编制的中国区域创新

能力综合指数可以看出，黄河上游地区区域综合创新能力较弱（见表4-3）。从2012~2019年的数据可以看出，黄河上游四省（区）区域综合创新能力整体处于全国中下游，在全国排名最高的也仅仅是第18名。从全国范围来看，2019年，在排名的31个省份（不包括港澳台地区）中，广东、北京、上海创新能力综合效用值分别为65.49、57.99、51.63，分别位居区域创新综合效用前三甲；黄河上游地区，甘肃省区域创新综合效用值为23.25，排名第25，青海省区域创新综合效用值22.26，排名第27，宁夏回族自治区区域创新综合效用值21.76，排名第28，内蒙古自治区创新综合效用值19.80，排名第30，黄河上游地区区域创新综合效用值排名在第25名以后，处于全国区域创新综合能力排名底部，与全国创新能力还存在一定差距。青海省和宁夏回族自治区综合创新能力在全国排名呈现出先上升后下降的特点，甘肃省和内蒙古自治区创新能力综合值一直在下降，尤其是内蒙古自治区下降幅度较大，从2013年的第21名下降至2019年的第30名。从区域协同发展来看，黄河上游地区区域创新综合能力与全国水平的差距在逐步扩大，区域协调发展面临挑战。

表4-3　2012~2021年黄河上游地区区域创新能力综合效用值

年份	青海省	排名	甘肃省	排名	宁夏回族自治区	排名	内蒙古自治区	排名
2012	16.19	31	23.58	18	17.64	30	19.23	27
2013	17.71	30	21.68	20	18.52	28	21.44	21
2014	15.78	31	22.06	20	20.04	24	18.22	28
2015	18.13	29	20.82	21	20.68	22	18.32	28
2016	20.97	23	20.05	25	19.45	27	19.11	30
2017	20.11	24	20.10	25	20.94	23	18.14	30
2018	21.95	21	19.83	27	21.83	22	17.82	30
2019	22.26	27	23.25	25	21.76	28	19.80	30

数据来源：根据中国科技发展战略研究小组、中国科学院大学中国创新创业管理研究中心编著的2014~2021年《中国区域创新能力评价报告》整理而得。

黄河上游地区创新能力分析。表4-4是2019年31个省、自治区、直辖市综合创新能力排名排序的区域创新能力一级指标效用值和排名。可以看出，综合创新能力排名第一位的广东省在企业创新、创新环境、创新绩效方面均位列第一，即广东省在企业研发投入、新产品销售、劳动者素质技能、金融环境、市场环境、宏观经济、产业结构等综合排名位居全国前列；北京市在知识创造位列第一，即在研究开发投入、专利申请、科研论文发表方面领先全国；上海市在知识获取方面排名第一位，即在技术转移、外资企业投资方面位居全国第一。黄河上游地区的青海省、甘肃省、宁夏回族自治区、内蒙古自治区知识创造的效用值分别为 18.92、21.15、20.31、12.32，在全国排名分别为第 27、第 21、第 24、第 31，说明黄河上游地区在研发投入、专利申请、科研论文等知识创造方面整体落后，甘肃省在知识创造方面居于四省（区）之首，在研发创新方面全国排名 21 位，处于中等水平。在知识获取方面，青海省、甘肃省、宁夏回族自治区、内蒙古自治区的效用值分别为 10.74、23.28、10.12、15.01，全国排名分别为第 30、第 12、第 31、第 28，除甘肃省之外，其余三省处于全国排名倒数第 4 位以下，黄河上游地区在科技合作、技术转移、外资企业投资方面远远落后全国，在东西部技术合作、引进、转移方面差距较大；在企业创新方面青海省、甘肃省、宁夏回族自治区、内蒙古自治区的效用值分别为 21.12、21.72、28.08、20.13，全国排名分别为第 26、第 24、第 13、第 27，除宁夏回族自治区外，其他三省份排名靠后，在企业研究开发投入、设计能力、技术提升能力、新产品销售收入方面与全国差距较大；在创新环境方面，青海省、甘肃省、宁夏回族自治区、内蒙古自治区的效用值分别为 25.11、17.05、17.73、23.75，全国排名分别为第 20、第 31、第 29、第 23，黄河上游地区整体创新基础设施、市场环境、劳动者素质、金融环境、创业水平较低，排名均在全国 20 名以后，创新环境有待提升。在创新绩效方面，青海省、甘肃省、宁夏回族自治区、内蒙古自治区的效用值分别为 31.29、34.05、28.70、23.64，全国排名分别为第 21、第 16、第 26、第 31，除甘肃省外，其余三省排名均在 20 名之后，在宏观经济、产业结构、产业国际竞争力、就业、可持续发展与环保方面差距较大。

从区域综合创新能力一级指标排名来看，黄河上游地区总体落后，且存在创新能力发展差距逐年增大的趋势。2019 年，甘肃省在知识获取和创新绩效排名在前 20 名，处于全国中等偏下水平；宁夏回族自治区在企业创新排名第 13，企业创新能力排名靠前；内蒙古自治区和青海省在五个一级指标中的全国排名差距较大。总体来看，黄河上游地区四省（区）在区域创新能力一级指标排名中，没有特别突出的项目，在知识创造、知识获取、企业创新、创新环境、创新绩效方面均差距较大，综合创新能力较低。

表 4-4 2019 年全国各地区创新能力一级指标排名情况

地区	知识创造		知识获取		企业创新		创新环境		创新绩效	
	效用值	排名	效用值	排名	效用值	排名	效用值	排名	效用值	排名
权重	0.15		0.15		0.25		0.25		0.20	
广东	53.08	2	55.36	2	82.23	1	61.71	1	66.19	1
北京	85.26	1	50.89	3	45.41	4	58.93	2	57.40	2
江苏	48.47	4	40.45	4	58.97	2	48.98	3	56.51	3
上海	50.17	3	59.97	1	42.67	5	39.69	5	46.40	5
浙江	44.12	5	28.57	9	52.54	3	43.41	4	47.37	4
山东	29.13	12	34.27	5	32.32	9	34.47	6	33.28	17
湖北	31.92	7	22.18	15	37.69	7	28.36	9	41.03	11
安徽	29.90	10	17.12	26	41.99	6	25.95	15	43.19	8
四川	30.88	9	24.34	10	29.00	11	32.86	7	37.42	13
陕西	42.18	6	23.89	11	26.71	16	31.34	8	33.13	18
湖南	23.29	18	22.49	14	34.69	8	26.52	13	42.68	9
重庆	26.95	14	20.81	18	30.12	10	25.86	16	39.61	12
福建	25.41	15	19.61	20	28.81	12	24.01	22	45.32	6
河南	20.56	22	19.12	21	27.12	15	27.64	10	44.35	7
天津	21.45	19	28.81	8	23.76	22	24.99	21	36.07	14
江西	19.43	25	16.67	27	25.95	19	25.35	19	42.54	10
河北	21.27	20	18.95	22	27.75	14	26.60	12	34.30	15
贵州	24.14	16	23.31	13	23.51	23	25.84	17	32.68	19
吉林	29.22	11	30.55	7	26.56	17	18.16	28	25.89	29
辽宁	27.45	13	33.01	6	23.82	21	21.23	25	24.62	30
云南	18.27	28	17.89	24	26.50	18	25.78	18	29.73	25
山西	19.00	26	18.91	23	24.05	20	23.27	24	30.98	22
海南	23.90	17	21.44	16	14.23	30	27.56	11	32.01	20
广西	20.36	23	17.66	25	21.19	25	26.33	14	30.23	24
甘肃	21.15	21	23.82	12	21.72	24	17.05	31	34.05	16
黑龙江	31.53	8	21.28	17	20.13	27	17.19	30	27.12	28
青海	18.92	27	10.74	30	21.06	26	25.11	20	31.29	21
宁夏	20.31	24	10.10	31	28.08	13	17.73	29	28.70	26
新疆	15.34	30	20.24	19	20.05	29	20.71	26	27.93	27
内蒙古	12.32	31	15.01	28	20.13	27	23.75	23	23.64	31
西藏	15.82	29	13.02	29	11.59	31	18.82	27	30.71	23

数据来源：中国科技发展战略研究小组，中国科学院大学中国创新创业管理研究中心．中国区域创新能力评价报告 2021 [M]．北京：科学文献出版社，2021：8-9．

二、政府研发投入趋势

政府研发投入是反映区域科技创新投入的重要指标，从表4-5中的数据可以看出，2012~2019年全国政府研发投入呈稳步增长的态势，其中，北京、上海、江苏、广东、陕西、四川六省（市）政府研发投入基数较高，增长速度较快，2012年政府研发投入已经超过百亿元，处于全国领先水平，已经形成了区域性研发投入高地。2012~2019年，黄河上游四省（区）政府研发投入一直在增长，由于投入基数较小，研发投入总量较低。2019年，青海省政府研发投入不足10亿元，内蒙古自治区政府研发投入19.83亿元，甘肃省政府研发投入较高，为53.35亿元，宁夏回族自治区13.27亿元。从全国范围来看，黄河上游地区政府研发投入整体稳步提升，但是增速低于全国水平，与发达地区差距进一步拉大。

表4-5 2012~2021年各地区政府研发投入　　　　　　单位：亿元

年份 地区	2012	2013	2014	2015	2016	2017	2018	2019
广东	107.90	116.22	116.66	145.85	186.60	240.40	287.68	397.26
北京	565.99	679.54	700.07	791.64	802.61	822.41	920.57	1069.22
江苏	138.82	141.58	133.31	153.34	153.11	192.16	253.93	275.01
上海	225.76	245.55	292.36	340.80	374.36	429.45	471.25	549.02
浙江	60.41	66.16	70.65	75.29	78.72	91.58	113.86	136.33
山东	92.19	98.55	101.38	111.02	107.59	121.95	136.56	146.53
重庆	23.06	24.11	23.25	36.45	44.02	50.75	69.73	77.81
湖北	82.99	92.44	97.84	102.39	114.05	137.61	170.18	179.32
天津	58.07	72.63	74.58	104.76	94.02	104.36	102.23	76.55
安徽	60.21	82.89	85.42	86.42	85.12	93.34	104.91	102.99
四川	171.20	152.78	193.23	230.22	240.42	245.56	290.95	318.11
陕西	161.83	192.02	199.98	220.22	232.15	232.60	266.86	264.16
湖南	37.01	46.10	50.09	50.89	56.32	70.49	83.60	88.59
福建	21.60	25.92	29.80	33.99	49.82	61.22	68.52	83.78
河南	42.71	43.30	45.50	48.33	49.39	52.77	60.40	78.01
贵州	8.90	12.35	13.27	16.03	15.29	26.07	26.46	35.72

续表

年份 地区	2012	2013	2014	2015	2016	2017	2018	2019
江西	19.56	24.23	26.01	25.99	23.31	29.74	38.64	59.20
海南	4.61	5.20	5.69	5.39	10.47	13.15	13.32	12.99
辽宁	90.04	96.54	92.70	108.63	108.63	112.68	110.98	134.57
河北	38.49	38.79	42.71	53.61	55.77	67.99	68.16	67.97
广西	21.25	21.01	23.48	24.97	27.26	38.45	42.60	40.05
云南	21.77	24.88	24.91	37.83	37.68	42.26	44.03	55.53
宁夏	4.15	4.41	5.39	5.47	6.30	11.05	9.86	13.27
青海	3.51	3.91	4.20	3.93	5.21	6.19	6.68	7.39
甘肃	21.88	23.95	26.77	29.76	30.02	33.51	41.20	53.35
山西	18.16	24.80	45.53	24.29	25.14	21.84	28.49	31.41
吉林	40.16	42.66	45.53	51.20	44.02	48.06	51.86	85.71
黑龙江	55.45	69.28	62.52	66.55	55.35	54.24	53.46	52.38
新疆	10.67	11.90	12.30	13.82	15.44	15.36	18.73	16.93
内蒙古	11.81	15.06	14.16	16.10	19.43	17.96	20.25	19.83
西藏	1.24	1.80	1.98	2.67	1.78	2.24	2.65	3.32

数据来源：根据中国科技发展战略研究小组、中国科学院大学中国创新创业管理研究中心编著的2014~2021年《中国区域创新能力评价报告》整理而得。

三、国内专利申请与技术市场成交额趋势

国内专利申请与授权是区域技术创新能力的重要标志，技术市场成交额是区域技术扩散能力和科技成果转化能力的重要反应。近年来，随着我国科技创新能力的增强，国内专利申请与授权量逐年增加，技术市场成交额呈逐年上升趋势。黄河上游地区专利申请与授权量逐年增加，但是在全国专利申请与授权量占比较低，对国家创新能力提升的贡献度较低。

（一）国内专利申请与授权趋势

2012~2020年，黄河上游地区国内专利申请与授权量逐年增加。从图4-13中可以看出，2016年以后，黄河上游地区国内专利申请数量增加幅度有了较大提高，这与黄河上游地区大力实施创新驱动发展战略有关，譬如，2016年开

始，宁夏回族自治区出台了人才引进、科技补助等科技创新能力提升效果显著。此外，黄河上游地区在新旧动能转换中，逐渐发展新产业、高端装备制造业、高新技术产业等，这些高新技术企业的发展也促进了专利申请授权量的增加。

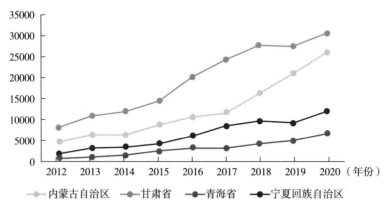

图 4-13　2012~2020 年黄河上游地区分省份专利申请受理量　单位：项

数据来源：国家数据官方网站（stats. gov. cn）。

从图 4-13 和图 4-14 中可以看出，在黄河上游四省（区）中，甘肃省国内专利申请受理量与授权数量最高，内蒙古自治区次之，青海省国内专利受理量与授权量居于黄河上游地区底部。从经济总量来看，在黄河上游地区，内蒙古自治区的经济增长总量和人均国内生产总值最高，但是国内专利申请受理量与授权量居于第二位，甘肃省经济总量和人均国内生产总值均不高，但是专利申请受理量与授权数量却位居第一，这与甘肃省经济结构有关，甘肃省是农业大省，也是重工业省份，企业在专利申请和授权数量上具有一定的优势，同时，甘肃省历史贫困地区较多，人口数量较多，因此，人均地区生产总值较低。青海省地广人稀，由于历史发展原因，经济基础薄弱，产业结构中工业占比较低，创新能力也是黄河上游地区最弱的地区。

2012~2020 年黄河上游地区国内专利申请总和占全国专利申请总和逐年上升，保持在 2.9%~5.6%（见图 4-15），增长幅度较高，对国内创新能力提升的贡献逐年在增大。2012~2020 年黄河上游地区专利授权量占全国专利授权量比重逐年上升，保持在 5.6%~11.6%（见图 4-16），相比专利受理量，专利授权量占比相对较高，说明黄河上游地区专利申请授权率较高，创新能力在逐年提升。

图 4-14 2012~2020 年黄河上游地区分省份专利申请授权量 单位：项

数据来源：国家数据官方网站（stats. gov. cn）。

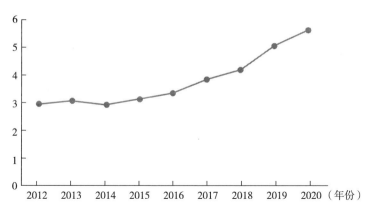

图 4-15 2012~2020 年黄河上游地区专利申请受理量总和占国家总数比重 单位：%

数据来源：国家数据官方网站（stats. gov. cn）。

　　从全国范围来看，黄河上游地区专利申请和授权量还处于中下游，作为全国创新能力较强的地区，2020 年，北京市专利授权量为 162824 项，天津市 75434 项，上海市 139780 项，广东省 709725 项，① 单个省份（市）专利授权量高于黄河上游四省（区）专利授权量总和。总体来看，黄河上游地区专利申请与授权量在全国范围内比较低，与黄河上游地区综合创新能力指数是相匹配的。

————————

① 国家数据官方网站（stats. gov. cn）。

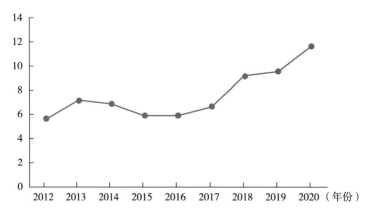

图 4-16　2012～2020 年黄河上游地区专利申请授权量总和占国家总数比重　单位:%

数据来源:国家数据官方网站(stats. gov. cn)。

(二) 技术市场成交额趋势

2012～2020 年黄河上游地区技术成交额总体呈逐年上升趋势。从图 4-17 中可以看出,2012～2020 年,在黄河上游地区,甘肃省技术市场成交额逐年上升,且保持高位运行,居于黄河上游地区榜首,且技术市场成交额高于青海省、宁夏回族自治区和内蒙古自治区市场成交额的总和,这与甘肃省在专利申请和授权量遥遥领先其他三省 (区) 是一致的。2012～2013 年,内蒙古自治区技术市场成交额下降幅度较大,从 2014 年开始逐年上升;2012～2020 年,宁夏回族自治区技术市场成交额居于黄河上游地区的底部,从综合创新能力来看,宁夏回族自治区综合创新指数在逐年提升,但是技术市场成交额增幅不高,说明宁夏回族自治区在技术引进方面还需要进一步加大力度。2013～2018 年,青海省技术市场成交额位于黄河上游地区的第 2 位,高于内蒙古自治区和宁夏回族自治区;2018～2020 年,青海省技术市场成交额大幅度下降,出现了震荡。从综合经济发展实力来看,青海省地区国内生产总值、人均国内生产总值、人均收入等均低于内蒙古自治区和宁夏回族自治区,技术市场成交较为活跃,说明青海省在技术转化和引进方面力度较大。

2012～2020 年黄河上游地区技术市场成交总额占全国技术市场成交总额的比例在逐年下降 (见图 4-18)。从图 4-17 中可以看出,2012～2020 年,黄河上游四省 (区) 技术市场成交额在逐年增加,但是,从图 4-18 中的数据可以看出,黄河上游四省 (区) 技术市场成交额占全国的比例在逐年下降,说明在技术市场

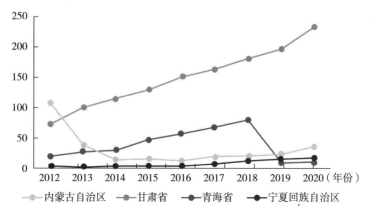

图 4-17 2012~2020 年黄河上游地区分省份技术市场成交额 单位：亿元

数据来源：国家数据官方网站（stats. gov. cn）。

发展方面，黄河上游地区的发展落后于全国的增速，表现出技术市场成交总额上升、在全国市场占比下降的特点。2012~2020 年，黄河上游地区技术市场成交额占全国市场的成交额在 3.12%~1.04%，对全国技术市场成交的贡献度较低，如果从全国范围来看，黄河上游地区与东部沿海省份之间的距离较大。

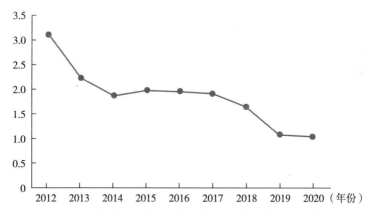

图 4-18 2012~2020 年黄河上游地区技术市场成交总额占全国的比例 单位：%

数据来源：国家数据官方网站（stats. gov. cn）。

四、规上工业企业科技创新趋势

企业是科技创新的主体，也是研发投入的主力。在高质量发展中，黄河上游地区产业结构转型升级离不开企业技术创新，规上工业企业科技创新能力是地区创新能力的重要体现，黄河上游地区规上工业企业创新投入、专利申请、新产品销售逐年上升。从全国范围来看，黄河上游地区规上工业企业创新能力还有待进一步提升。

（一）研发投入趋势

2012～2020年黄河上游地区规上工业企业研发投入总体平稳增长（见图4-19）。2016～2018年，内蒙古自治区规上工业企业研发投入下降速度较快，出现了震荡；2016～2018年，青海省和甘肃省规上工业企业研发投入出现了小幅下降。2012～2020年，在黄河上游地区中，内蒙古规上工业企业研发投入总额最高，高于其他三省（区）总和，这与内蒙古自治区产业结构比较吻合，内蒙古自治区工业占比较高。2012～2020年，甘肃省工业企业研发投入位于黄河上游地区第2，宁夏回族自治区位于第3，青海省位于第4，这与四省（区）产业结构和工业发展基础相吻合。2016～2020年，宁夏回族自治区增长速度较快，到2020年与内蒙古自治区的数据比较接近，这与宁夏回族自治区2016年以来大力实施的创新驱动发展战略有关，在研发投入方面取得了一定的成绩。

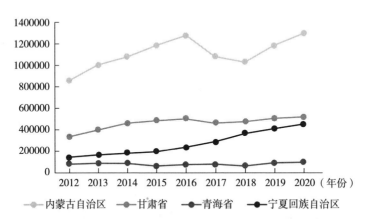

图4-19 2012～2020年黄河上游地区分省份规上工业企业研发投入 单位：万元

数据来源：国家数据官方网站（stats.gov.cn）。

2012～2020年黄河上游地区规上工业企业研发投入总额占全国的比重在逐年下降（见图4-20）。2016年下降幅度较大，占比保持在1.55%～1.99%。黄河上游地区在总量增长的情况下，全国占比下降，说明黄河上游地区规上工业企业研发投入的增速低于全国平均水平。从全国范围来看，黄河上游地区四省

（区）规上工业企业研发投入总和比较低，单个省（区）在全国范围内竞争力不强，与发达地区发展差距较大。

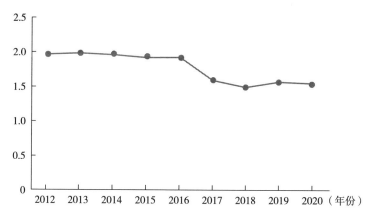

图4-20　2012～2020年黄河上游地区规上工业企业研发投入总额占全国比重　单位：%

数据来源：国家数据官方网站（stats. gov. cn）。

（二）新产品销售收入趋势

2012～2020年黄河上游地区规上工业企业新产品销售收入波动上升。从图4-21中可以看出，内蒙古自治区规上工业企业新产品销售收入基数大，增速快；2016～2018年，甘肃省稍有下降，宁夏回族自治区和青海省增长较为平稳。规上企业新产品销售收入总体趋势与研发投入趋势相吻合，内蒙古自治区工业产业占比较高，规上工业企业研发投入和新产品销售收入均比较高，高于其他三省（区）之和。

黄河上游地区处于内陆地区，由于历史发展原因，外向型经济发展较为落后，从图4-22可以看出，2012～2020年，规上工业企业新产品出口销售收入波动比较大，这与国内外复杂的经济发展形势有关，特别是2020年新冠肺炎疫情，给出口型企业带来了较大的影响。2016～2017年，波动下降比较严重，与国内供给侧结构性改革有关，在经济发展中，传统的发展方式难以为继，高污染、高耗能、高排放企业在淘汰落后产能，退出市场时，对经济的影响较大。

黄河上游地区规上工业企业新产品出口销售收入占新产品销售收入的比重保持在0.3%～25.0%。从图4-23可以看出，甘肃省规上工业企业新产品出口销售收入占新产品销售收入比重较高（保持在6.9%～25.9%），青海省最低（保持在0.3%～2.0%），宁夏回族自治区和内蒙古自治区处于中间水平。黄河

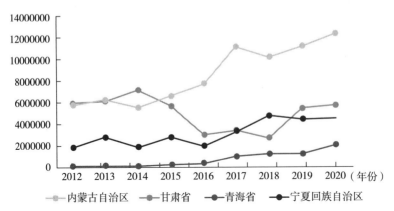

图 4-21　2012~2020 年黄河上游地区规上工业企业新产品销售收入 单位：万元

数据来源：国家数据官方网站（stats. gov. cn）。

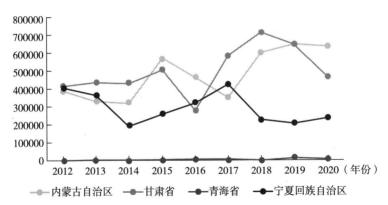

图 4-22　2012~2020 年黄河上游地区规上工业企业新产品出口销售收入 单位：万元

数据来源：国家数据官方网站（stats. gov. cn）。

上游地区规上工业企业新产品主要面向国内销售，对外出口的较少。

从新产品销售收入占全国比重和新产品出口销售收入占全国比重来看（见表 4-6），2012~2020 年，黄河上游地区规上工业企业新产品销售收入占全国比重呈下降趋势（保持在 0.76%~1.20%），新产品出口销售收入占全国比重也呈下降趋势（保持在 0.30%~0.55%），说明黄河上游地区规上工业企业新产品销售收入的增速低于全国平均水平，与发达地区的发展差距在增大。从单个省份来看，黄河上游地区规上工业企业新产品销售收入在全国占比非常低，对新产品出口销售收入的贡献更低。从表 4-6 可以看出，2016~2017 年，黄河上游地

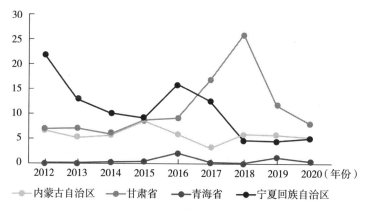

图 4-23 2012~2020 年黄河上游地区规上工业企业新产品出口
销售收入占新产品销售收入比重 单位:%

数据来源:国家数据官方网站（stats. gov. cn）。

区新产品销售收入占比下降幅度较大，2018 年以后又有所回升，这与 2016~
2017 年黄河上游地区淘汰落后产能有关，尤其是黄河流域高耗能、高污染、高
排放企业退出市场后，给经济增长造成了一定的冲击，后来随着新经济的发展，
规上工业企业新产品销售收入占比有所上升。从黄河上游地区规上工业企业新
产品销售收入总额以全国占比来看，黄河上游地区规上工业企业发展落后于全
国平均水平。

表 4-6 2012~2020 年黄河上游地区规上工业企业新产品销售收入、
出口收入占全国比重 单位:%

年份 类别	2012	2013	2014	2015	2016	2017	2018	2019	2020
销售收入占全国比重	1.20	1.20	1.03	1.02	0.76	0.99	0.97	1.06	1.05
出口收入占全国比重	0.55	0.49	0.35	0.46	0.33	0.39	0.43	0.39	0.30

数据来源:国家数据官方网站（stats. gov. cn）。

（三）专利申请趋势

2012~2020 年黄河上游地区规上工业企业专利申请数量逐年上升，增速较
快。从图 4-24 中可以看出，内蒙古规上企业专利申请数量较多，与前面研发投
入和新产品销售收入趋势一致；2018 年以后，宁夏回族自治区增速较快，2020

年，宁夏回族自治区专利申请数量接近甘肃省的水平，发展较快。2012~2020年，青海省规上工业企业专利申请数量较少，处于黄河上游四省（区）底部，与青海省工业发展的水平保持一致。

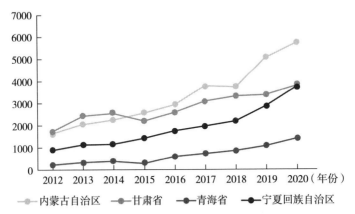

图4-24　2012~2020年黄河上游地区规上工业企业分省份专利申请数量 单位：项
数据来源：国家数据官方网站（stats. gov. cn）。

从2012~2020年黄河上游地区规上企业申请专利占本省申请专利的比重来看，呈逐年下降趋势（见图4-25）。宁夏回族自治区规上企业专利申请占比较其他三省区高，保持在（22%~46%），甘肃省规上工业企业专利申请占比在12%~22%，处于黄河上游四省（区）的底部。总体来看，规上工期企业专利申请占比总体较高，是地区创新的主体。2012年，宁夏回族自治区规上工业企业专利申请占本地区专利申请数量的46%，2020年，占比为31%，下降速度较快，其他省份也有不同程度的下降，这说明规上工业企业在专利申请方面的作用逐渐下降，对区域创新能力的支撑作用在减弱。这与黄河上游地区经济发展处于新旧动能转换期有关，黄河沿岸地区高耗能、高排放、高污染的煤化工企业逐步退出，而新兴产业还处于培育期，高质量发展的总体势能尚未释放，形成了规上工业企业专利申请数量占本省（区）专利申请数量比例下降的趋势。黄河上游地区兰州市、银川市、石嘴山市、乌海市都是传统的煤化工产业聚集地，在黄河流域生态保护与高质量发展中，这些企业面临着转型和退出的问题，在新产业尚未成长起来之前，原有的工业企业由于生态保护退出市场，使得区域内经济发展出现了短期的断档期。

从黄河上游地区综合创新能力、政府研发投入、规上工业企业创新活动发

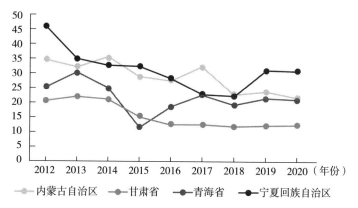

图 4-25 2012~2020 年黄河上游地区规上工业企业专利申请数量占地区专利申请数量比重 单位:%

数据来源:国家数据官方网站(stats. gov. cn)。

展趋势来看,黄河上游地区区域创新能力较低,企业创新主体地位在减弱,研发投入较全国平均水平存在差距,四省(区)专利申请与授权量占全国比例较低,且与发达地区的差距逐年增加,在创新驱动发展中面临较大挑战。

第四节 黄河上游地区金融发展现状和特点

科技金融是在传统金融服务基础上发展起来的一种新型金融产品和服务体系,地区金融发展水平是科技金融服务发展的基础。当前,黄河上游地区已经形成了较为完备的金融市场体系,银行、保险、证券市场等发展良好,但是与全国平均发展水平相比还存在较大差距。黄河上游地区社会融资体系的基本特点是以银行间接融资为主导,资本市场直接融资为辅助,金融市场化程度不高。

一、银行发展的现状和特点

银行是中国传统的金融服务机构,在国内发展历史较长,是企业融资的主要渠道,具有一定的发展基础。黄河上游地区银行业发展历史较长,已经形成了包括政策银行、国有商业银行、股份制银行、城市商业银行、邮储银行、农村商业银行等在内的银行体系。银行不仅具有信贷中介、支付中介、信用创造、金融服务等功能，也是国家货币金融政策的传导机构和执行者。作为国家货币金融政策的执行者，银行的机构设置和分布是我国金融市场中最成熟、完整的，几乎覆盖了国内所有县区，银行服务网点也是所有金融机构中最多的，能够便捷地提供金融服务。2012~2019 年，黄河上游地区银行业发展总体平稳，银行贷款余额与存款余额逐年上升，贷款结构以中长期贷款为主，短期贷款为辅。从表 4-7~表 4-10 中的数据可以看出，内蒙古自治区存款余额与贷款余额居黄河上游地区之首，其次是甘肃省，青海省贷款余额与存款余额数量位于黄河上游地区底部，内蒙古自治区和甘肃省贷款余额是青海省和宁夏回族自治区的 2~3 倍，区域内金融发展出现了不平衡的特点。总体来看，黄河上游地区银行业发展与区域内经济发展的特点相符，经济总量较大的省份，银行存贷余额也较高。从银行业金融机构法人机构个数来看，内蒙古自治区和甘肃省遥遥领先青海省和宁夏回族自治区。

表 4-7　2012~2019 年青海省银行运行情况　　　　单位：亿元

年份	存款余额	贷款余额			银行业金融机构法人机构总数（个）
		总额	短期贷款	中长期贷款	
2012	3528.41	2791.68	649.95	1990.52	37
2013	4110.74	3514.68	837.57	2419.89	37
2014	4529.87	4171.73	889.67	3035.96	37
2015	5227.96	5124.10	932.28	3658.95	37
2016	5586.18	5717.16	987.73	3939.25	37
2017	5843.21	6353.05	1287.49	4315.00	37
2018	5770.89	6634.93	1204.03	4501.37	38
2019	5858.71	6689.95	1173.52	4514.89	41

数据来源：中国金融学会. 中国金融年鉴 2017 [M]. 北京：中国金融年鉴杂志社有限公司，2018；中国金融学会. 中国金融年鉴 2020 [M]. 北京：中国金融年鉴杂志社有限公司，2021。

表 4-8　2012~2019 年甘肃省银行运行情况　　　　单位：亿元

年份	存款余额	贷款余额			银行业金融机构法人机构总数（个）
		总额	短期贷款	中长期贷款	
2012	10129.69	7196.60	2527.02	4220.71	111
2013	12070.64	8822.23	3272.78	5106.33	114

续表

年份	存款余额	贷款余额			银行业金融机构法人机构总数（个）
		总额	短期贷款	中长期贷款	
2014	13957.98	11075.78	3913.44	6454.35	114
2015	16299.50	13728.89	4662.34	8066.60	112
2016	17515.66	15926.41	4841.31	9993.09	113
2017	17777.22	17707.24	5141.11	11441.62	119
2018	18678.46	19371.74	5435.09	12448.59	120
2019	19768.46	20677.93	5445.46	13537.29	119

数据来源：中国金融学会. 中国金融年鉴 2017［M］. 北京：中国金融年鉴杂志社有限公司，2018；中国金融学会. 中国金融年鉴 2020［M］. 北京：中国金融年鉴杂志社有限公司，2021。

表 4-9　2012~2019 年宁夏回族自治区银行运行情况　　　　单位：亿元

年份	存款余额	贷款余额			银行业金融机构法人机构总数（个）
		总额	短期贷款	中长期贷款	
2012	3507.16	3372.12	1296.48	1960.85	31
2013	3881.40	3947.29	1503.44	2303.17	31
2014	4228.84	4608.28	1672.96	2731.58	31
2015	4822.96	5150.32	1801.13	3025.24	33
2016	5460.63	5695.96	1854.81	3433.18	37
2017	5867.22	6461.48	2051.87	3880.65	41
2018	6046.14	7038.52	1940.60	4241.76	42
2019	6460.42	7427.57	2006.84	4572.01	42

数据来源：中国金融学会. 中国金融年鉴 2017［M］. 北京：中国金融年鉴杂志社有限公司，2018；中国金融学会. 中国金融年鉴 2020［M］. 北京：中国金融年鉴杂志社有限公司，2021。

表 4-10　2012~2019 年内蒙古自治区银行运行情况　　　　单位：亿元

年份	存款余额	贷款余额			银行业金融机构法人机构总数（个）
		总额	短期贷款	中长期贷款	
2012	13672.99	11392.54	4421.24	6807.74	161
2013	15263.75	13056.68	5295.41	7502.45	164
2014	16290.58	15066.01	6005.20	8632.10	169
2015	18172.17	17264.33	6798.63	9628.15	173

续表

年份	存款余额	贷款余额			银行业金融机构法人机构总数（个）
		总额	短期贷款	中长期贷款	
2016	21245.66	19458.45	7145.45	11492.25	180
2017	23092.73	21566.31	7708.99	13005.47	181
2018	23342.05	22195.73	7258.70	13869.64	180
2019	23743.35	23178.09	7145.64	14838.91	179

数据来源：中国金融学会．中国金融年鉴 2017［M］．北京：中国金融年鉴杂志社有限公司，2018；中国金融学会．中国金融年鉴 2020［M］．北京：中国金融年鉴杂志社有限公司，2021。

从全国范围来看，黄河上游地区银行业发展规模在逐年增长，但是与发达地区的银行发展水平还存在一定差距。2019 年，北京市银行存款余额为171062.30 亿元，贷款余额为76875.06 亿元；天津市存款余额为31788.78 亿元，贷款余额为36141.27 亿元；河北省存款余额为72884.50 亿元，贷款余额为53448.10 亿元。[①] 2012~2019 年，黄河上游地区银行存款余额和贷款余额虽逐年上升，但是与经济发达省份的差距较大，存在网点相对较少、资金融通服务规模较小等问题，银行业整体发展基础较弱。

二、保险发展的现状和特点

黄河上游地区保险业发展较快，已经形成了财产保险、寿险、健康险、意外伤害险、科技保险、农业保险等在内的保险体系，保险中介机构和从业人员较多。从表 4-11~表 4-14 中的数据可以看出，2012~2019 年，黄河上游地区保费收入逐年上升，保险赔款支出也呈逐年上升的趋势，保险密度[②]与保险深度[③]逐年上升，法人机构总数数量较少。其中，2015 年以后，黄河上游地区保险保费收入、赔偿支出、保险密度、保险深度都得到了较大提升，保险业发展速度较快。从保险密度和保险深度的增长来看，黄河上游地区保险业务的发展

---

① 中国金融学会．中国金融年鉴 2020［M］．北京：中国金融年鉴杂志社有限公司，2021：90，93，96.

② 保险密度是指按限定的统计区域内常住人口平均保险费的数额，它标志着该地区保险业务的发展程度，也反映了该地区经济发展的状况与人们保险意识的强弱。

③ 保险深度是指某地保费收入占该地国内生产总值（GDP）之比，反映了该地保险业在整个国民经济中的地位。

程度与人们的保险意识呈逐年上升趋势，保险在国民经济中的地位提升较快，对地区经济增长的贡献逐年增强。从黄河四省（区）保险业运行情况可以看出，内蒙古和甘肃省居于前列，在保费收入、保险赔款支出、保险密度、保险深度方面领先于青海省和宁夏回族自治区；青海省保费收入与其他三省（区）的差距较大，保险业发展整体比较落后。

表 4-11　2012~2019 年青海省保险业运行情况　　单位：亿元

年份	保费收入	保险赔款支出	保险密度（元/人）	保险深度（%）	机构总数（家）
2012	32.40	10.85	565.30	1.72	0
2013	39.02	15.28	680.78	1.86	0
2014	46.09	18.08	791.00	2.00	0
2015	56.30	20.32	797.00	2.01	0
2016	68.73	27.38	823.41	2.13	0
2017	80.18	29.25	1339.00	3.00	0
2018	87.66	34.69	1453.00	3.06	0
2019	98.40	34.80	1619.60	3.32	0

数据来源：中国金融学会．中国金融年鉴 2017 ［M］．北京：中国金融年鉴杂志社有限公司，2018；中国金融学会．中国金融年鉴 2020 ［M］．北京：中国金融年鉴杂志社有限公司，2021。保险公司法人机构统计不含中介机构。

表 4-12　2012~2019 年甘肃省保险业运行情况　　单位：亿元

年份	保费收入	保险赔款支出	保险密度（元/人）	保险深度（%）	机构总数（家）
2012	158.77	48.18	615.97	2.81	0
2013	180.15	67.14	697.68	2.87	0
2014	208.44	84.42	804.54	3.05	0
2015	256.89	92.75	988.20	3.78	0
2016	307.66	109.38	1178.78	4.30	0
2017	366.38	119.18	1395.36	4.78	1
2018	398.98	139.03	1512.86	4.74	1
2019	444.32	151.59	1678.31	5.1	1

数据来源：中国金融学会．中国金融年鉴 2017 ［M］．北京：中国金融年鉴杂志社有限公司，2018；中国金融学会．中国金融年鉴 2020 ［M］．北京：中国金融年鉴杂志社有限公司，2021。保险公司法人机构统计不含中介机构。

表 4-13　2012~2019 年宁夏回族自治区保险业运行情况　　单位：亿元

年份	保费收入	保险赔款支出	保险密度（元/人）	保险深度（%）	机构总数（家）
2012	62.69	19.99	986.62	2.69	0
2013	72.70	24.00	1111.30	2.80	0
2014	83.90	29.30	1268.60	3.10	0
2015	103.31	34.21	1543.21	3.55	0
2016	133.90	42.84	1985.00	4.25	1
2017	165.21	49.56	2423.18	4.78	1
2018	182.83	60.49	2656.99	4.93	1
2019	197.67	63.57	2828.00	5.00	1

数据来源：中国金融学会. 中国金融年鉴 2017［M］. 北京：中国金融年鉴杂志社有限公司，2018；中国金融学会. 中国金融年鉴 2020［M］. 北京：中国金融年鉴杂志社有限公司，2021；经作者整理而得。保险公司法人机构统计不含中介机构。

表 4-14　2012~2019 年内蒙古自治区保险业运行情况　　单位：亿元

年份	保费收入	保险赔款支出	保险密度（元/人）	保险深度（%）	机构总数（家）
2012	247.74	85.36	995.00	1.55	36
2013	274.69	100.56	1100.00	1.60	37
2014	314.00	110.50	1253.47	1.77	37
2015	395.48	124.54	1574.96	2.19	39
2016	486.87	137.78	1931.95	2.61	39
2017	569.91	186.48	2253.86	3.54	42
2018	659.48	193.32	2602.59	3.81	42
2019	729.89	200.86	2874.47	4.24	42

数据来源：中国金融学会. 中国金融年鉴 2017［M］. 北京：中国金融年鉴杂志社有限公司，2018；中国金融学会. 中国金融年鉴 2020［M］. 北京：中国金融年鉴杂志社有限公司，2021。保险公司法人机构统计不含中介机构。

从全国范围来看，2019 年，北京市保险密度为 9640.44 人/元，保险深度为5.87%；天津市保险密度为3956.19人/元，保险深度为4.40%；河北省保险密度为2303.02人/元，保险深度为4.97%；山西省保险密度为2369.00人/元，保险深度为5.19%。① 黄河上游地区保险业发展从总量上看与发达省份存在巨大的差距，尤其是保险密度差距较大，考虑到地区人均可支配收入和人均国民生产总值，从相对发展的角度来看，黄河上游地区保险业发展与发达地区的差距不大，特别是从保险深度来看，甘肃省、宁夏回族自治区、内蒙古自治区保险业对国民经济增长的贡献度较大，与发达地区的发展差距较小。

三、证券市场发展现状和特点

黄河上游地区已经初步形成了主板、创业板、全国中小企业股份转让系统、区域股权交易中心等多层次的证券市场发行和交易结构。在主板和创业板市场上市的公司，在公司治理、企业财务制度等方面发展较为完善，呈现出上市公司数量少、市值相对较高的特点；在全国中小企业股份转让系统上市的公司数量多，以中小企业为主；在区域股权交易中心上市的公司数量最多，流通性较差。黄河上游地区在主板、创业板和科创板市场上市公司数量较少的主要原因是黄河上游地区资本市场发展的微观基础不牢固，地区企业数量、质量、规模与主板、创业板、科创板市场上市要求存在较大差距，只有少数企业满足主板、创业板、科创板上市融资条件，上市公司数量较少，总市值较低。从表4-15中的数据可以看出，黄河上游地区证券公司营业部及分公司数量较少，在A股上市公司数量较少、市值较低，与经济发展省份存在较大差距。北京、上海、广东、深圳、浙江、江苏等省（市）上市公司数量较多，市值高，证券公司营业部数量较多。截至2021年6月，北京市上市公司总市值达159504.0897亿元，居所有省份之最，青海省只有11家上市公司，总市值1591.517938亿元，宁夏回族自治区有15家上市公司，总市值1642.04亿元，与东部沿海地区发展存在较大差距。

---

① 中国金融学会. 中国金融年鉴 2020 ［M］. 北京：中国金融年鉴杂志社有限公司, 2021：90, 93, 96, 99.

表 4-15　2021 年 6 月底我国分地区上市公司数量、市值及地区证券公司营业部数量

地区	上市公司数量（家）	上市公司总市值（亿元）	证券公司营业部及分公司（家）
北京	395	159504.0897	635
天津	63	12404.1	186
河北	66	12088.95	295
山西	40	10787.61785	224
内蒙古	27	7332.04	122
辽宁	48	3981.22	272
吉林	47	5597.48	157
黑龙江	37	3328.68	186
上海	363	84492.31	1130
江苏	521	66107.74	1051
浙江	555	72710.6	959
安徽	134	21062.96	358
福建	100	30801.58	430
江西	59	7460.36	306
山东	195	29448.18	541
河南	91	14493.32	410
湖北	119	16570.69	437
湖南	120	19827.69	490
广东	367	61391.2865	1092
广西	37	2930.53	194
海南	34	3387.72	88
重庆	59	12341.45	252
四川	144	32172.87	485
贵州	31	29480.8	126
云南	40	10660.75	186
西藏	20	2238.525	28
陕西	60	13506.02	311
甘肃	34	2726.74	111
青海	11	1591.517938	29
宁夏	15	1642.04	59
新疆	57	5894.51	126
深圳	356	93297.99	572

数据来源：中国证券监督管理委员会官网（http：//www.csrc.gov.cn/pub/newsite/）；每日经济新闻（http：//www.nbd.com.cn/）。

  黄河上游地区在主板、中小板、科创板、北交所上市公司数量少，结构单一，总市值小。从表4-16~表4-19可以看出，黄河上游四省（区）上市公司和市值逐年上升，其中，大部分公司都分布在主板市场上，中小板和创业板上市公司较少。在黄河上游四省（区）中，甘肃省和内蒙古自治区上市公司最多，在中小板、创业板和境外市场上均有公司上市；青海省和宁夏回族自治区上市公司较少，在中小板、创业板和境外市场上市公司很少。从经济发展的规模和产业结构角度来看，甘肃省和内蒙古自治区是传统的工业大省，尤其是在"三线"建设时期，国内产业向内陆地区转移，形成了一批综合实力比较强的央企和国企，工业企业发展基础好，因此，上市公司总体数量和市场结构优于青海省和宁夏回族自治区。

表4-16 2012~2019年青海省股票市场运行情况 单位：亿元

年份	股票市价总值	境内上市公司家数						境外上市公司数（个）	证券期货公司法人机构总数
		总数	主板	中小板	创业板	科创板	B股		
2012	991.44	10	9	1	0	—	0	0	2
2013	823.78	10	9	1	0	—	0	0	2
2014	966.67	10	9	1	0	—	0	0	2
2015	1404.38	11	10	1	0	—	0	0	2
2016	1657.18	11	10	1	0	—	0	0	2
2017	1585.16	12	11	1	0	0	0	0	2
2018	994.21	12	11	1	0	0	0	0	2
2019	964.13	12	11	1	0	0	0	0	2

  数据来源：中国金融学会.中国金融年鉴2017［M］.北京：中国金融年鉴杂志社有限公司，2018；中国金融学会.中国金融年鉴2020［M］.北京：中国金融年鉴杂志社有限公司，2021。

表4-17 2012~2019年甘肃省股票市场运行情况 单位：亿元，个

年份	股票市价总值	境内上市公司家数						境外上市公司数	证券期货公司法人机构总数
		总数	主板	中小板	创业板	科创板	B股		
2012	1214.78	24	18	4	2	—	0	0	2
2013	1568.52	25	19	4	2	—	0	0	2
2014	2698.70	26	20	4	2	—	0	0	2
2015	2846.62	27	20	5	2	—	0	0	2

年份	股票市价总值	境内上市公司家数						境外上市公司数	证券期货公司法人机构总数
		总数	主板	中小板	创业板	科创板	B股		
2016	2767.86	30	22	5	3	—	0	0	2
2017	3408.70	33	24	6	3	0	0	1	2
2018	1794.40	33	24	6	3	0	0	2	2
2019	2159.37	33	24	6	3	0	0	2	2

数据来源：中国金融学会. 中国金融年鉴 2017［M］. 北京：中国金融年鉴杂志社有限公司，2018；中国金融学会. 中国金融年鉴 2020［M］. 北京：中国金融年鉴杂志社有限公司，2021。

表 4-18　2012～2019 年宁夏回族自治区股票市场运行情况

单位：亿元，个

年份	股票市价总值	境内上市公司家数						境外上市公司数	证券期货公司法人机构总数
		总数	主板	中小板	创业板	科创板	B股		
2012	381.72	12	11	1	0	—	0	0	0
2013	356.99	12	11	1	0	—	0	0	0
2014	489.90	12	11	1	0	—	0	0	0
2015	817.34	12	11	1	0	—	0	0	0
2016	1057.13	12	11	1	0	—	0	0	0
2017	916.64	13	12	1	0	0	0	0	0
2018	466.20	13	12	1	0	0	0	1	0
2019	1272.32	14	13	1	0	0	0	1	0

数据来源：中国金融学会. 中国金融年鉴 2017［M］. 北京：中国金融年鉴杂志社有限公司，2018；中国金融学会. 中国金融年鉴 2020［M］. 北京：中国金融年鉴杂志社有限公司，2021。

表 4-19　2012～2019 年内蒙古自治区股票市场运行情况

单位：亿元，个

年份	股票市价总值	境内上市公司家数						境外上市公司数	证券期货公司法人机构总数
		总数	主板	中小板	创业板	科创板	B股		
2012	2969.48	24	19	2	3	0	2	6	2
2013	3117.13	25	20	2	3	0	2	6	2
2014	4046.52	25	20	2	3	0	2	6	2

年份	股票市价总值	境内上市公司家数						境外上市公司数	证券期货公司法人机构总数
		总数	主板	中小板	创业板	科创板	B股		
2015	5357.45	26	21	2	3	0	2	7	2
2016	5094.23	26	21	2	3	0	2	7	2
2017	6586.59	26	21	2	3	0	2	7	2
2018	4397.99	26	21	2	3	0	2	7	2
2019	5098.68	26	21	2	3	0	2	7	0

数据来源：中国金融学会．中国金融年鉴 2017［M］．北京：中国金融年鉴杂志社有限公司，2018；中国金融学会．中国金融年鉴 2020［M］．北京：中国金融年鉴杂志社有限公司，2021。

第五节　黄河上游地区创新发展的科技金融需求

黄河上游地区经济、金融、科技创新三者处于较低协同发展水平，经济基础难以支撑高强度的研发投入，研发投入不足会导致知识创造、知识获取、人才培养方面资金不足，进一步制约地区创新发展。从创新环境和创新绩效来看，黄河上游地区市场经济发展落后，高新技术企业发展基础薄弱，宏观经济发展水平、产业结构、就业等指标均处于较低运行区间，短期内难以形成市场支持科技创新的机制，因此，黄河上游地区科技创新的科技金融需求有其经济发展基础的特殊性。

一、生态保护科技金融需求

从黄河上游地区生态保护的特点来看，一方面，生态屏障价值极为重要，且存在生态环境脆弱、易发生生态环境退化的问题，生态环境保护难度大。譬如，青海省三江源地区，是黄河、长江、澜沧江的源头区域，沼泽广布，湖泊众多，被誉为"中华水塔"，其生态修复与保护关系到国家生态安全和中华民族的长远发展；甘肃省甘南地区为黄河上游水源涵养区和补给区，对黄河流域水源补给具有重要的作用；甘肃省定西、平凉、庆阳所在的陇中、陇东地区，位于渭河、泾河上游，植被少、土质疏松是黄土高原水土流失的核心区，生态环境保护压力大。另一方面，黄河上游地区沿黄经济带中产业生态化转型压力大。譬如，黄河流域白银段、石嘴山段、乌海段是传统的工业城市，煤化工企业密布，产业转型和工业企业生态化发展压力较大。黄河上游地区在科技赋能生态保护中，需要因地制宜，根据区域生态保护需求，结合地区经济发展的基础，提供科技金融服务。

（一）生态涵养区科技金融需求

黄河上游地区重要的生态涵养区主要分布在青海省和甘肃省甘南地区，这里不仅是黄河源头区域，也是重要的水源补给区，其生态环境保护与修复对整个黄河流域意义重大。这里生态环境脆弱，极易发生生态环境退化，在《国家主体功能区规划》中属于限制开发区域，且区域经济发展基础薄弱。针对河源地区的生态功能战略定位和特点，应该以生态保护修复为主，维持生态环境多样化，防止发生生态环境退化，使其发挥生态系统的调节器和稳定器的作用。

生态环境保护与修复离不开科技的支撑，特别是无人区生态环境监测、高寒草甸保护与修复、动植物标本采集与保存、野生动物救助与保护等都需要应用现代科技。在河源地区，经济发展基础薄弱、科技创新综合能力弱、金融服务市场化程度低，以原始创新和市场科技金融推动生态环境修复的难度较高，在科技金融服务创新方面需要充分发挥公共科技金融的作用，不以营利为目的，采用世界上最先进的生态保护修复技术，对青海省河源地区和甘肃省甘南地区的生态环境进行保护与修复，保证其重要生态功能的发挥，确保黄河源头地区水源安全。

河源地区科技金融需求应该以中央和地方政府公共科技投入为主体，市场科技金融投入为辅助手段。在重大生态环境保护技术引进、重大生态环境修复保护技术立项方面加强政府科技投入，确保在生态环境保护与修复技术创新应用方面的资金支持。同时，以政府公共科技金融投入为杠杆，撬动市场科技金融资金的投入，在科技贷款、科技保险、科技担保方面适当补贴，鼓励各类金融机构发展科技金融，服务生态环境保护与修复技术创新应用。

在生态产业化发展中，科技金融需求应以市场科技金融为主体，以公共科技金融为引导。以政府政策为引导，市场金融机构为经营主体，发展生态涵养区的生态产品，以绿色有机农牧产品和旅游业为主导，积极开展农业、牧业、林业产品有机技术的应用与推广，发挥市场科技金融逐利性和公益性的属性，在创业风险投资、科技贷款、科技保险等方面支持绿色有机农牧业技术和现代旅游业的发展。针对青海省河源地区、甘肃甘南地区和祁连山地区经济社会发展基础薄弱、市场科技金融供给能力有限的问题，可以考虑组建国有风险投资基金、国有科技保险公司、发挥国有商业银行的作用为市场提供科技贷款、科技保险、创业风险投资基金等科技金融产品，促进地区科技创新。

（二）产业生态化科技金融需求

黄河上游地区产业生态化发展主要包括城市化地区、粮食主产区和牧区的产业生态化发展。城市化地区主要指青海省东、西部地区（包括西宁市、海东市、格尔木市），甘肃省中部地区（包括兰州市、白银市、定西市），宁夏回族自治区中部地区（包括中卫市、吴忠市、银川市、石嘴山市），内蒙古自治区乌海市、鄂尔多斯市、呼和浩特市；粮食主产区主要是指黄河流域的河套平原；牧区主要集中在青海省河源地区、甘肃省甘南黄河上游地区和祁连山地区、内蒙古鄂尔多斯市，其中，黄河青海流域草场面积5.6亿亩，占全省草场面积的81%。① 产业生态化发展主要是指城市化地区产业结构调整和传统能源产业绿色化转型升级，譬如，在传统的城市化地区发展高端装备制造业、信息产业、数字经济、现代服务业、新能源等，培育新经济动能，同时，在传统的煤化工基地对高污染、高排放、高耗能企业进行生态化改造升级等。粮食主产区的产业生态化发展主要是指建立现代农业生产体系，发展旱作节水农业，减少农业用水和农业面源污染；牧区产业生态化主要是指建立人、畜牧、草原平衡发展的生态系统，在草原破坏严重的地区要退牧还草，适当减少草原放养，恢复草原生态环境，同时，发挥青海黄河流域草原污染少的优势，发展有机牧业。

产业生态化发展兼顾生态保护与经济效益，以绿色发展创造更多的经济价值，科技金融需求应以政府科技金融为引导，市场科技金融为主体。市场科技金融以资本增值为主要目的，应该是支持产业生态化发展技术创新的主力，但是，黄河上游地区经济发展基础薄弱，金融发展滞后，区域内经济发展差距较大，市场科技金融在支持科技创新方面有其特殊性。一方面，产业生态化发展可以带来经济利益，与市场科技金融的利益一致；另一方面，由于经济基础薄弱，市场主体不健全，市场机制不完善，市场科技金融发展不充分，短期内难以形成对产业生态化发展的资金支持。黄河上游地区产业生态化发展的科技金融发展需求，需要因地制宜，针对青海省产业生态化发展，应该以政府政策为

---

① 黄河青海流域生态保护和高质量发展规划［N］.青海日报，2022-07-09.

主导，推动科技金融对产业生态化技术引进的支持，充分发挥公共科技金融的作用，利用国有商业银行分布广、网点多的特点，通过政府科技贷款利率补贴积极引导国有商业银行对产业生态化技术和设备引进进行科技贷款，对农牧业科技保险进行保费补贴，通过政府科技担保，扩大产业生态化发展的科技贷款规模。针对甘肃省、宁夏回族自治区和内蒙古自治区产业生态化发展的科技创新需求，需要发挥政府公共科技金融和市场科技金融的作用，以政府科技金融政策为引导，市场科技金融为主体，在科技贷款、科技保险、科技担保给予税收优惠，在贷款利率和保险保费方面给予补贴，同时，优化科技金融市场环境，积极引进和培育各类创业投资基金和科技金融市场服务中介机构，形成良好的科技金融市场环境，促进科技金融市场的发展，服务于产业生态化发展。

二、经济发展科技金融需求

黄河上游地区经济发展的科技金融需求主要表现在新经济发展动能培育与产业结构调整方面的技术创新融资支撑。创新是引领经济发展的第一动力，也是未来高质量发展的主要方向，黄河上游地区经济发展呈现出在逐年增长中与发达地区发展距离增大的趋势，在新一轮的发展中，黄河上游地区经济发展面临的压力较大。综观二次世界经济中心的转移，不难发现科技创新是主要的推动力量，在第一次工业革命中，以蒸汽机为主要代表的科技革命，催生了英国工业化生产，使伦敦成为世界经济的中心；在第二次工业革命中，以电气化为主要代表的科技革命，又一次革新了人类生产动力系统，使得世界经济重心由英国逐渐转向美国，而在第三次工业革命浪潮中，美国信息技术的发展，又使美国在世界产业分工和价值链中处于优势地位。科技创新对经济发展具有巨大的推动作用，黄河上游地区要实现跨越式发展，科技创新是重要的方向。

根据黄河上游地区当前的科技创新能力基础，黄河上游在经济高质量发展方面需要注重科技创新的推动作用，形成新的发展动能。科技创新的重点应该放在引进、吸收、再创新方面，黄河上游地区经济发展基础薄弱、综合创新能力较弱、高层次人才缺乏、科技创新投入较低，在全国范围内实现原始创新难度较高，应该以引进高新技术企业、先进技术、高层次人才为主要方向，建立起东西部科技合作机制，优化区域创新环境，促进区域科技创新，推动地区经济高质量发展。在经济发展科技金融需求方面，需要重点支持技术合作、技术引进、人才引进、优化创新环境。在高新技术企业引进、人才引进、科技合作、优化创新环境方面，公共科技金融应该发挥主要作用，通过科技项目支持、创新环境改善、各类人才贷款利率、科技贷款利率补贴、科技保险保费补贴、税收减免等方式做好筑巢引凤的工作。市场科技金融的重点应该放在对产业结构优化中培育的新兴产业技术创新进行投融资支持，政府以政策引导各类创业投资基金、科技贷款、科技保险、科技担保服务新兴产业；在新动能培育方面，由于黄河上游地区创业投资基金数量少、规模小，在科技型企业孵化方面，缺乏资金支持，难以形成对原始创新项目的资金支持，市场科技金融应该以成果转化和高新技术产业化阶段为主要支持阶段，这既符合黄河上游地区科技发展战略的方向，也符合黄河上游地区经济、科技创新、金融发展的实际情况。

三、科技金融服务黄河上游地区创新发展的特点

黄河上游地区特殊的生态环境保护需求和经济社会发展阶段使得黄河上游地区科技金融服务创新有其特殊性。黄河上游地区具有重要的生态屏障功能，不仅在全国具有生态稳定器的重要作用，在世界范围内，黄河上游地区的生态环境保护也具有重要价值。在生态环境保护方面，黄河上游地区的科技创新投入不应以经济利益为主导，而是以人类生态价值为导向进行生态修复与保护；同时，黄河上游地区经济发展基础薄弱，科技创新能力较低，在科技创新引领生态保护与高质量发展中存在科技创新难与资金支持难双重难题，在发展科技金融中需要更多的政府政策引导，才能在短期内建立起完善的科技金融支持体系。

在生态环境保护科技金融需求方面，从黄河上游地区重要的生态功能来看，黄河上游地区科技金融的发展需以政府政策为主导，公共科技金融为主体，市场科技金融为辅助，以科技创新促进生态环境保护。黄河上游地区生态环境还存在极易发生生态环境退化的问题，需要在环境保护和修复方面长期投入，市场科技金融以营利为目的，难以长期以公共利益为目的，承担生态修复与保护技术创新的资金支持，决定了黄河上游地区生态保护修复方面要以公共科技金融为主体。

需要以政府政策为主导构建市场科技金融主体。黄河上游地区经济发展基础薄弱，尚未形成支撑科技创新的市场科技金融体系。黄河上游地区虽然已经形成了较为完备的金融市场和产品体系，但是其总量和结构还不足以形成对科技创新的规模化、长期性的支持。在科技创新引领黄河流域生态保护与高质量

发展中，政府的政策支持是黄河上游地区实现科技金融对科技创新支持的有效路径，政府需要加强对各类市场科技金融主体的引进、培育和发展，同时要大力发展国有科技金融机构，弥补市场科技金融主体的缺失，承担区域科技创新发展的投融资需求。

第五章
黄河上游地区科技金融与科技创新动态耦合协调度研究

　　黄河上游地区分布着具有重要生态功能的高山草甸、河流沼泽、高原湖泊、湿地河曲、森林草甸等，不仅是我国乃至亚洲重要的水源涵养地和补给地，也是世界高海拔地区生物多样性最集中的地区，在生态环境保护、水源涵养、生物多样性等方面具有重要地位。在长期的经济社会发展和生态环境保护中，黄河上游地区在发挥其生态功能的同时，作为全球气候变化敏感区和生态环境易退化地区，生态环境保护修复的任务艰巨。同时，黄河上游地区经济发展与全国平均水平存在一定的差距，经济发展总量小，结构有待优化，历史贫困地区较多，经济社会高质量发展的需求高。脆弱的生态环境难以承载较高的开发力度，在保护与发展方面协调难度较大。纵观世界经济发展历史，不难发现技术进步是推动经济可持续发展的重要力量，也是进行生态环境保护的重要手段。特殊的生态保护需求和经济发展形势，使得黄河上游地区应该更加注重以创新引领发展，实施创新驱动发展战略是黄河流域生态保护和高质量发展的核心内容。以科技创新驱动黄河上游地区生态保护与高质量发展是新时代黄河上游地区高质量发展的必然选择。

　　高投入是科技创新的前提条件，政府财政科技支出和市场科技金融投入是我国科技创新资金的主要来源，它们共同构成了科技金融服务和产品体系。针对科技创新不同阶段提供有效资金支持的科技金融服务体系是实现科技创新的重要支撑。从地区发展历史来看，良好的经济发展基础和完善的金融服务体系是实现科技创新发展的重要基础，在中国科技发展战略研究院和中国科学院大学中国创新创业管理研究中心共同编著出版的《中国区域创新能力评价报告2021》中，2019 年国内区域综合创新能力排名前四位的分别是广东、北京、江苏、上海，这些省份不仅是国内经济发展大省，其经济规模总量和结构都处于国内发展前列，也是国内金融发展的排头兵，具有完善的金融服务和产品创新体系。从复合系统视角来看，在科技金融与科技创新复合系统中，科技金融通过资金链支持科技创新，科技创新以高收益回报科技创新投入，科技金融与科技创新通过资金链的协同作用实现科技金融对科技创新的支持；如果科技创新与科技金融耦合协同度较低就会出现科技创新缺乏资金支持，科技创新能力下降的问题，因此，区域科技创新与科技金融良性耦合协调发展对促进区域科技创新具有重要意义。

科技创新与科技金融耦合协调发展是提升区域科技创新能力的前提，研究黄河上游地区科技创新与科技金融动态耦合协调发展的特征具有重要的实践意义。基于此，本章以2010~2020年黄河上游四省（区）科技创新与科技金融的面板数据为样本，构建黄河上游地区科技创新与科技金融耦合协调模型，对黄河上游地区科技创新与科技金融耦合协调度进行测算，结合非参数估计方法和面板固定效应模型，对耦合协调度的分布动态和发展特点进行深入分析，为黄河上游地区制定科技创新与科技金融发展的政策提供理论依据和经验证据。

第一节　科技金融与科技创新的动态耦合协调分析与研究假说

区域科技创新与科技金融两个子系统的耦合协调关系会促进或者抑制科技创新，其关键在于二者的关系是正反馈耦合还是负反馈耦合，正耦合关系可以放大彼此的属性和功能，负耦合关系可以缩小或者抑制彼此的属性和功能。因此，区域科技创新与科技金融良性耦合协调发展是促进地区科技创新的必要条件，是地区制定创新驱动发展政策的重要理论依据。

一、科技金融与科技创新耦合协调度分析

从系统学角度来看，科技创新与科技金融是一个复合系统。复合系统由若干子系统或者要素构成，复合系统整体效应往往大于单个系统的效应，且具有内部自组织现象和他组织特征。他组织的特征使得外界干预可以实现复合系统内部协调度提高的目标，从而提升系统的整体效应。"耦合"是指两个或两个

以上体系或两种运动形式通过各种相互作用而彼此影响以致联合起来的现象。"耦合"现象一定是由系统内部子系统之间存在某种联系机制导致的，在科技创新与科技金融复合系统中，资金链是内在的联结机制。根据系统学原理，科技创新与科技金融复合系统内部要素结构不同，就会产生不同的耦合协调效应，由于系统序参量之间的协同作用有良性和非良性之分，科技创新与科技金融复合系统在发展的过程中会出现正反馈循环和负反馈循环。

在黄河上游地区科技创新与科技金融复合系统中，科技创新与科技金融的正反馈循环表现为科技金融与科技创新的相互促进，科技创新的高收益会促进区域科技金融资源的聚集，进而产生虹吸效应，丰富区域科技金融规模和结构，进一步促进区域科技创新。科技创新与科技金融的负反馈循环表现为，科技创新资金支持不足，出现资金链与创新链不匹配的问题，特别是处于产业链前端和中端的科技型企业，由于创新投入具有高风险性和长周期性，科技金融投入往往不足，由此产生科技创新与科技金融的负反馈循环，影响区域创新能力的提升。由于科技创新具有公益性的特点，公益性科技项目往往缺乏市场科技金融的支持，需要政府财政科技资金的支持，从而产生了公共科技金融；而科技创新产生的高收益性，会吸引市场资金的投入，产生了市场科技金融。公共科技金融包括各级各类科研项目经费支出、各类企业技术创新中心补贴、政策性贷款等；公共科技金融投入是市场中政府创新政策的具体体现，注重对重大科技攻关项目、国家战略性技术储备及市场科技金融的引导。市场科技金融主要包括企业研发投入、商业银行、资本市场投入等；市场科技金融投入以营利为导向，主要由各类企业获得的贷款、保险、风险投资等构成。公共科技金融投入可以促进地区基础研发能力提升，通过科技创新的正外部效应带动区域经济高质量发展；市场科技金融投入主要是利益驱动型，是区域科技创新生态环境的重要组成部分，高新技术产业化带来的巨额利润是市场对科技创新投入的主要目的。有效的科技金融支持体系是指区域内资本市场、信贷市场、公共科技金融等对科技创新全过程的资金支持，以实现科技创新和高新技术产业化，从而促进地区科技进步，推动产业转型升级，实现经济可持续发展。

通过以上分析可知，区域科技创新与科技金融之间的耦合协调程度，会形成不同的系统协同功能，产生系统加强或者减弱效应，影响区域科技创新水平，即如果二者之间协调性较高，就会相互促进，提升科技创新能力；如果二者之间协调性较低，就会相互制约，抑制区域创新能力。

基于此，本书提出以下研究假说：

H_{11}：区域科技创新与科技金融之间的协调程度，会影响区域科技创新和资本市场发展，如果二者之间协调性较高，就会相互促进，如果二者之间协调性较低，就会相互制约。

二、黄河上游地区科技金融与科技创新耦合协调度的动态演进

黄河上游地区区域发展呈现出不充分、不平衡的特点。在经济发展基础、产业结构、金融市场规模等方面存在发展差距，科技金融与科技创新的耦合协调度在区域间也存在一定的差异，这种差异和不平衡有逐渐扩大的趋势。从省（区）内部来看，耦合协调度会随着不同时期科技金融与科技创新政策的发展呈现出不同的特征；从省（区）之间来看，不同时期耦合协调度发展水平分布会在省（区）之间出现状态转移；从省（区）之间的发展速度来看，耦合协调度会出现追赶效应，最后收敛于耦合协调度发展较高的省份。根据区域经济发展基数的不同，区域耦合协调度收敛点速度存在先快后慢的特点。

基于此，本书提出以下研究假说：

H_{12}：黄河上游地区区域科技创新与科技金融之间的耦合协调度分布会发生动态变化。

第二节　黄河上游地区科技金融与科技创新评价指标

科技金融定义中涉及金融工具、金融制度、金融政策、技术资本、创新资本、企业家资本与金融服务体系等多方面的内容，笔者主要从科技金融投入和产出两方面入手研究科技创新与科技金融之间的作用和影响机制，相应的科技金融投入主要分为公共科技金融和市场科技金融，科技金融产出主要指研发能力、成果转化能力、产业化能力、技术扩散能力。本书综合已有研究和《中国区域创新评价能力报告》中创新能力综合指标，选取黄河上游地区青海省、甘肃省、宁夏回族自治区、内蒙古自治区四省（区）2010~2020年的面板数据进行分析。创新能力指数和科技金融各项指标数据来源：历年《中国统计年鉴》《中国科技统计年鉴》《中国金融统计年鉴》《中国区域创新能力监测报告》《中国高技术产业统计年鉴》《宁夏统计年鉴》《甘肃统计年鉴》《青海统计年

鉴》《内蒙古统计年鉴》《宁夏国民经济和社会发展统计公报》《青海国民经济和社会发展统计公报》《甘肃国民经济和社会发展统计公报》《内蒙古国民经济和社会发展统计公报》等。

一、创新能力评价指标

对创新能力指标体系的研究较为丰富，学者多从两个层面进行研究：一是使用单一指标替代区域创新能力，譬如，使用专利申请件数、技术市场成交合同等指标作为衡量区域创新能力的指标；二是使用综合性指数，譬如，对地区R&D 投入、人力资源、发表科技论文、出版科技著作、有研发活动企业的比重、高新技术企业对 GDP 的贡献度等赋权，然后采用线性加权法得出区域综合创新能力指数。本书借鉴已有研究，考虑科技创新有研发、成果转化、产业化、技术扩散四个阶段，使用研发能力、成果转化能力、产业化能力、技术扩散能力作为一级指标表征技术创新能力，使用发明专利申请数、发明专利授权数、万人 R&D 人员全时当量作为研发能力的指标，使用万元地区生产总值高技术产业营业收入、新产品销售收入占营业收入比重、高技术产品出口额占商品出口额比重作为成果转化能力的衡量指标；使用高技术产业营业收入占工业营业收入比重作为产业化能力的指标，使用技术市场成交金额、技术市场成交合同数作为技术扩散能力的指标。采用熵权法对二级指标赋权，根据线性加权法计算各省（区）技术创新能力，得到技术创新能力指数。科技创新能力指标体系如表 5-1 所示。

表 5-1　科技创新能力评价指标体系

	一级指标	二级指标
科技创新能力	研发能力	发明专利申请数（件）
		发明专利授权数（件）
		万人 R&D 研究人员全时当量（人年）
	成果转化能力	万元地区生产总值高技术产业营业收入（万元）
		新产品销售收入占营业收入比重（%）
		高技术产品出口额占商品出口额比重（%）
	产业化能力	高技术产业营业收入占工业营业收入比重（%）
	技术扩散能力	技术市场成交金额（万元）
		技术市场成交合同数（项）

二、科技金融评价指标

科技金融分为公共科技金融与市场科技金融。公共科技金融主要服务于国家重大科技发展战略、各类民生保障服务以及对企业科技创新的补助等；市场科技金融主要由利益驱动，在企业技术研发、成果转化、产业发展中提供金融服务。科技金融作为服务科技创新的金融体系和产品，目前还没有系统的统计数据和指数，学者一般采用年度贷款余额和保费收入替代市场科技金融，采用政府财政科技投入来表征公共科技金融。在本书中，综合已有研究，使用地方财政科技支出占地方财政支出比重和研发经费中政府支出比例表征公共科技金融；采用年度贷款余额、保费收入、科技型上市公司总市值、科技型上市公司数量来表征市场科技金融。科技金融指标体系如表 5-2 所示。

表 5-2 科技金融评价指标体系

科技金融发展水平	公共科技金融	地方财政科技支出占地方财政支出比重（%）
		研发经费中政府资金经费支出占比（%）
	市场科技金融	金融机构贷款余额（亿元）
		科技型上市公司总市值（亿元）
		科技型上市公司数量（个）
		经营性保险公司保费收入（亿元）

第三节 黄河上游地区科技创新与科技金融耦合协调度理论模型与实证检验

使用复合系统协调度模型的方法研究科技创新与科技金融耦合协调性已经较为成熟。孟庆松和韩秀文等（1998）首次使用复合系统协调度模型，建立了科技—经济系统协调度模型，进行了实际案例研究和仿真运算。王宏起和徐玉莲（2012）根据复合系统协调度模型建立了科技创新与科技金融协同度模型，进行了实证分析，指出科技创新与科技金融协同度模型具有一定的普适性，可用于对我国各省市科技创新与科技金融协同发展程度的动态监控。徐玉莲、王玉冬和林艳（2011）建立了区域科技创新与科技金融耦合协调度模型，运用我国2008年的省级数据进行了评价分析，提出了各省科技创新与科技金融发展的侧重点。此后，科技创新与科技金融耦合协调度模型被各位学者广泛应用于科技金融与区域创新、产业创新耦合协调关系的研究中。

本书主要借鉴并运用孟庆松和韩文秀（2000）复合系统协调度模型，构建黄河上游地区科技创新与科技金融动态耦合协调度评价模型。在科技创新与科技金融复合系统中，科技创新子系统与科技金融子系统之间通过资金链与创新链的联系机制形成了子系统之间的协同作用，耦合度是对科技创新与科技金融之间的协同作用的衡量。

一、功效函数

科技创新与科技金融功效函数如式（5-1）和式（5-2）所示：

$$YLTI_{ij} = \begin{cases} \dfrac{YLTI_{ij} - \beta_{ij}}{\alpha_{ij} - \beta_{ij}} & i \in (1, k)\, TI \text{ 具有正功效} \\[3mm] \dfrac{\alpha_{ij} - YLTI_{ij}}{\alpha_{ij} - \beta_{ij}} & i \in (k+1, n)\, TI \text{ 具有负功效} \end{cases} \tag{5-1}$$

$$YLTF_{ij} = \begin{cases} \dfrac{YLTF_{ij} - \beta_{ij}}{\alpha_{ij} - \beta_{ij}} & i \in (1, k)\, TF \text{ 具有正功效} \\[3mm] \dfrac{\alpha_{ij} - YLTF_{ij}}{\alpha_{ij} - \beta_{ij}} & i \in (k+1, n)\, TF \text{ 具有负功效} \end{cases} \tag{5-2}$$

其中，$YLTI_{ij}$和$YLTF_{ij}$分别为科技创新能力与科技金融发展水平的二级评价指标，是科技创新和科技金融子系统的第j个序参量，α_{ij}和β_{ij}分别为系统达到稳定临界点序参量的最大值和最小值，本书选用科技创新综合力能排名第一的广东省2020年各项指标数据作为科技创新与科技金融各个指标的上限值。

设U_{YLTI}和U_{YLTF}分别为科技创新子系统和科技金融子系统的综合序参量，则有：

$$U_{YLTI} = \sum_{i=1}^{n} \lambda_{ij}\, YLTI_{ij}, \ \lambda_{ij} \geqslant 0, \ \sum_{i=1}^{n} \lambda_{ij} = 1 \tag{5-3}$$

$$U_{YLTF} = \sum_{i=1}^{n} \lambda_{ij}\, YL\, TF_{ij}, \ \lambda_{ij} \geqslant 0, \ \sum_{i=1}^{n} \lambda_{ij} = 1 \tag{5-4}$$

其中，λ_{ij}为科技创新与科技金融子系统各个指标在复合系统中的权重，本书使用熵权法对子系统序参量赋权。

二、耦合协调度模型

黄河上游地区科技创新与科技金融的耦合协调度评价模型如式（5-5）所示：

$$C = 2 \times \frac{\sqrt{U_{YLTI} \times U_{YLTF}}}{U_{YLTI} + U_{YLTF}} \qquad (5-5)$$

其中，设 T 为科技创新与科技金融系统综合协调指数，a、b 分别为科技创新子系统和科技金融子系统在科技创新—科技金融复合系统中所占的权重，综合考虑科技创新与科技金融在经济中的权重，这里 a 取值 0.6，b 取值 0.4，则有：

$$T = 0.6TI + 0.4TF \qquad (5-6)$$

设 D 为科技创新—科技金融复合系统耦合协调度，则有：

$$D = \sqrt{(C \times T)} \qquad (5-7)$$

表5-3 报告了耦合协调水平划分标准。[①]

表5-3　耦合协调度判断标准

耦合协调度	科技创新与科技金融耦合协调发展评价
0<D≤0.4	低度协调耦合阶段，科技创新缺乏资金，同时，创新不足，金融资本的创新导向受阻，科技金融发展缓慢
0.4<D≤0.6	中度协调耦合阶段，科技创新与科技金融在结构、规模等方面匹配度较低
0.6<D≤0.8	高度协调耦合阶段，科技创新与科技金融发展水平较高，二者相互促进
0.8<D≤1	极度协调耦合阶段，科技创新成果持续涌现，科技金融规模不断扩张，二者呈螺旋式上升状态

三、耦合协调度评价指标权重

熵是对系统不确定性的一种度量，系统信息量越大，熵值越小，反之越大。

---

① 徐玉莲，王玉冬，林艳. 区域科技创新与科技金融耦合协调度评价研究［J］. 科学学与科学技术管理，2011，32（12）：116-122.

熵值赋权法是根据系统各个指标信息熵的大小确定指标权重的一种客观赋权方法。在系统中信息熵越小，信息的无序度越低，其信息的效用值越大；指标的权重越大，反之则相反。本书根据熵值赋权法对黄河上游地区科技创新与科技金融耦合协调度评价指标进行赋权，如表5-4所示，黄河上游地区科技创新与科技金融二级指标权重系数。

表5-4　黄河上游地区科技创新与科技金融耦合协调度评价指标体系及权重

序参量	一级指标	二级指标及权重
科技创新能力	研发能力	发明专利申请数（7.91%）
		发明专利授权数（7.99%）
		万人R&D研究人员全时当量（4.29%）
	成果转化能力	万元地区生产总值高技术产业营业收入（4.66%）
		新产品销售收入占营业收入比重（3.03%）
		高技术产品出口额占商品出口额比重（6.38%）
	产业化能力	高技术产业营业收入占工业营业收入比重（5.57%）
	技术扩散能力	技术市场成交金额（10.26%）
		技术市场成交合同数（12.26%）
科技金融发展水平	公共科技金融	地方财政科技支出占地方财政支出比重（4.51%）
		研发经费中政府资金经费支出占比（4.74%）
	市场科技金融	金融机构贷款余额（6.07%）
		科技型上市公司总市值（7.95%）
		科技型上市公司数量（6.87%）
		经营性保险公司保费收入（7.50%）

四、耦合协调度测度

表5-5为2010~2020年黄河上游四省（区）科技金融与科技创新耦合协调度测度结果，可以看出黄河上游四省（区）科技金融与科技创新耦合协调度逐年上升，其中，甘肃省科技创新与科技金融耦合协调度最高，宁夏回族自治区次之，青海省在2015~2016年耦合协调度增速较快，2017~2020年有所回落，内蒙古自治区耦合协调度2012~2015年逐年下降，2016~2018年小幅上升，2018~2020年又有所回落。总体来看，2010~2020年黄河上游四省（区）科技

金融与科技创新耦合协调度上升的趋势没有改变，在上升中有部分波动。

表 5-5　2010~2020 年黄河上游地区科技金融与科技创新耦合协调度

年份	青海省	甘肃省	宁夏回族自治区	内蒙古自治区
2010	0.240	0.507	0.440	0.335
2011	0.480	0.372	0.435	0.365
2012	0.513	0.369	0.440	0.244
2013	0.486	0.719	0.475	0.284
2014	0.441	0.670	0.577	0.253
2015	0.625	0.738	0.548	0.297
2016	0.598	0.797	0.515	0.369
2017	0.516	0.755	0.590	0.429
2018	0.521	0.733	0.539	0.475
2019	0.521	0.813	0.573	0.394
2020	0.521	0.919	0.572	0.365

　　从表 5-6 中可以看出，2010~2020 年青海省科技金融与科技创新总体呈升上趋势，在中高度之间出现了小幅波动，从耦合度 C 值来看，青海省科技金融与科技创新耦合度较高，协调指数较低。

表 5-6　青海省科技金融与科技创新耦合协调度结果

年份	耦合度 C 值	协调指数 T 值	耦合协调度 D 值	耦合协调程度
2010	0.275	0.209	0.240	低度协调
2011	0.937	0.246	0.480	中度协调
2012	0.951	0.277	0.513	中度协调
2013	0.866	0.267	0.486	中度协调
2014	0.786	0.248	0.441	中度协调
2015	0.947	0.412	0.625	高度协调
2016	0.875	0.408	0.598	中度协调
2017	0.802	0.332	0.516	中度协调
2018	0.740	0.367	0.521	中度协调
2019	0.788	0.344	0.521	中度协调
2020	0.782	0.331	0.509	中度协调

从表 5-7 中可以看出，2010～2020 年甘肃省科技金融与科技创新耦合协调度总体呈升上趋势，2013～2020 年耦合协调度出现了高度协调和极度协调，耦合度 C 值也较高，协调指数相对其他三省（区）较高，这与前文分析甘肃省科技经济发展、科技创新能力较为吻合，甘肃省是传统的工业大省，企业创新能力较强，金融市场发展也较快，区域科技金融和科技创新的发展基础较好。

表 5-7　甘肃省科技金融与科技创新耦合协调度结果

年份	耦合度 C 值	协调指数 T 值	耦合协调度 D 值	耦合协调程度
2010	0.712	0.360	0.507	中度协调
2011	0.501	0.276	0.372	低度协调
2012	0.537	0.292	0.396	低度协调
2013	0.985	0.525	0.719	高度协调
2014	0.966	0.464	0.670	高度协调
2015	0.988	0.552	0.738	高度协调
2016	1.000	0.635	0.797	高度协调
2017	0.983	0.580	0.755	高度协调
2018	0.938	0.573	0.733	高度协调
2019	0.946	0.699	0.813	极度协调
2020	0.981	0.861	0.919	极度协调

从表 5-8 可以看出，2010～2020 年宁夏回族自治区科技金融与科技创新耦合协调度逐年上升，特别在 2014 年以后，耦合协调度值上升较快，这与宁夏回族自治区大力实施创新驱动战略有关，尤其是 2016 年以后，宁夏在人才引进、科技金融等方面出台了一系列政策，为区域科技创新能力提升提供了良好的政策环境。科技金融与科技创新耦合度 C 值一直比较高，但是协调指数 T 值较低，从宁夏科技创新与科技金融序参量的值来看，协调指数 T 值较低的原因是科技金融序参量较低，究其原因是宁夏金融市场规模较小，各类金融产品创新较少，对科技创新的支撑力有限。在科技创新与科技金融的协同发展中，科技金融的发展滞后于科技创新的需要。

表 5-8 宁夏回族自治区科技金融与科技创新耦合协调度结果

年份	耦合度 C 值	协调指数 T 值	耦合协调度 D 值	耦合协调程度
2010	0.944	0.205	0.440	中度协调
2011	0.967	0.195	0.435	中度协调
2012	0.955	0.203	0.440	中度协调
2013	0.999	0.226	0.475	中度协调
2014	0.989	0.336	0.577	中度协调
2015	0.990	0.303	0.548	中度协调
2016	0.998	0.266	0.515	中度协调
2017	0.979	0.356	0.590	中度协调
2018	0.998	0.292	0.539	中度协调
2019	0.999	0.328	0.573	中度协调
2020	0.992	0.330	0.572	中度协调

从表 5-9 可以看出,2010~2020 年内蒙古自治区科技金融与科技创新耦合协调度是黄河上游四省(区)中增长速度最慢,且耦合协调度 D 值最低的省(区)。耦合度 C 值较高,协调指数 T 值较低,从内蒙古科技创新能力与科技金融序参量的数值中不难发现,内蒙古自治区科技创新能力与科技金融序参量数值都比较低,科技创新与科技金融发展不充分,二者协调指数较低,使得耦合协调度处于低度协调。

表 5-9 内蒙古自治区科技金融与科技创新耦合协调度结果

年份	耦合度 C 值	协调指数 T 值	耦合协调度 D 值	耦合协调程度
2010	0.981	0.115	0.335	低度协调
2011	0.880	0.152	0.365	低度协调
2012	0.383	0.155	0.244	低度协调
2013	0.885	0.091	0.284	低度协调
2014	0.562	0.114	0.253	低度协调
2015	0.682	0.130	0.297	低度协调
2016	0.831	0.164	0.369	低度协调
2017	0.820	0.225	0.429	中度协调
2018	0.899	0.251	0.475	中度协调
2019	0.829	0.187	0.394	低度协调
2020	0.986	0.135	0.365	低度协调

五、耦合协调度的 Kernel 密度估计

为进一步研究黄河上游地区科技创新与科技金融复合系统耦合协调度的动态演进过程，本书采用非参数估计方法实证分析黄河上游地区科技创新与科技金融耦合协调度动态演变轨迹，使用 Kernel 密度估计刻画耦合协调度分布的位置、态势、延展性以及极化趋势。密度估计主要用于对随机变量的概率密度进行估计，通过平滑方法，用连续的密度曲线可以很好地描述随机变量的分布形态。作出核密度估计结果的图形，通过观察图形，可以得到变量分布的位置、形态和延展性三个方面的信息。通过变量分布位置变化，可以看出耦合协调度的高低；通过波峰的高度变化，可以看出耦合协调度发展差距在扩大或者缩小；通过波峰数量来说明极化现象；通过变量分布左拖尾或右拖尾来说明变量分布差距的大小。

（一）核密度估计函数

设 $g(x)$ 是黄河上游地区科技创新与科技金融耦合协调度 x 的密度函数：

$$g(x) = \frac{1}{Nh} \sum_{i=1}^{N} K\left(\frac{X_i - x}{h}\right) \tag{5-8}$$

其中，N 为观测值的个数，X_i 为独立同分布的观测值，x 为观测值的均值，K 为核密度函数，h 为带宽。本书使用高斯核密度函数对黄河上游地区科技创新与科技金融耦合协调度动态演进进行估计，高斯核密度函数为：

$$K(x) = \frac{1}{\sqrt{2\pi}} \exp\left(-\frac{x^2}{2}\right) \tag{5-9}$$

（二）耦合协调度的 Kernel 密度估计结果

图 5-1 反映了青海省科技金融与科技创新耦合协调度的分布变化，可以看出，2010~2020 年青海省科技金融与科技创新耦合协调度峰值为 0.50，高度协调和低度协调也出现了两个小峰值，说明青海省耦合协调度主要分布在 0.50 左右，在 0.25 和 0.60 两个值也存在一定时段的分布。总体来看，青海省科技金融与科技创新耦合协调度处于中度协调阶段，且存在从低耦合协调向高度耦合协调发展的趋势。

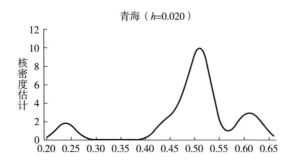

图 5-1　2010~2020 年青海省科技金融与科技创新耦合协调度核密度估计

图 5-2 反映了 2010~2020 年甘肃省科技金融与科技创新耦合协调分布情况，可以看出，甘肃省耦合协调度只有一个峰值，即在 0.8 附近，峰值分布偏向右边，说明甘肃省科技金融与科技创新耦合协调度主要集中在高耦合协调阶段。

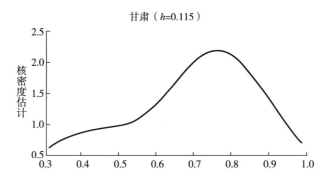

图 5-2　2010~2020 年甘肃省科技金融与科技创新耦合协调度核密度估计

图 5-3 是宁夏回族自治区科技金融与科技创新耦合协调核密度分布情况，可以看出宁夏回族自治区核密度分布有两个峰值，一个在 0.450 附近，另一个在 0.550 附近，说明宁夏回族自治区耦合协调度主要分布在 0.450 与 0.550 附近，处于中度耦合协调阶段。

图 5-4 反映了内蒙古自治区科技金融与科技创新耦合协调核密度分布情况，可以看出内蒙古自治区耦合协调度分布只有一个峰值，即在 0.35 附近，峰值偏向左边，说明内蒙古自治区科技金融与科技创新耦合协调度处于低耦合协调阶段，峰值跨度较大，说明内蒙古自治区 2010~2020 年科技金融与科技创新耦合协调度出现了较大波动。

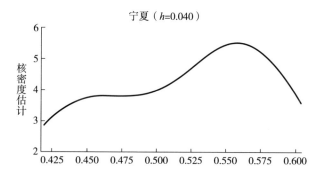

图 5-3　2010~2020 年宁夏回族自治区科技金融与科技创新耦合协调度核密度估计

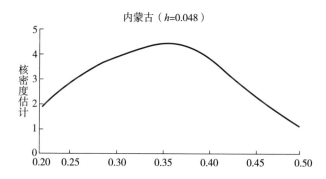

图 5-4　2010~2020 年内蒙古自治区科技金融与科技创新耦合协调度核密度估计

图 5-5 为黄河上游四省（区）科技金融与科技创新耦合协调核密度分布情况，可以看出青海省耦合协调度主要集中在中度耦合协调度，在低度耦合协调度和高度耦合协调度也有少部分分布，出现了从低耦合协调向中度耦合协调转移的情况；甘肃省耦合协调度主要集中在高度耦合协调阶段；宁夏回族自治区耦合协调度主要集中在中度耦合协调阶段；内蒙古自治区耦合协调度主要集中在低耦合协调阶段。甘肃省科技金融与科技创新耦合协调度总体分布为高耦合协调阶段，是黄河上游地区四省（区）中科技金融与科技创新耦合协调发展最好的省份，内蒙古自治区科技金融与科技创新耦合协调度是四省（区）中发展最低的省（区）。总体来看，黄河上游四省（区）科技金融与科技创新耦合协调度峰值分布呈现出向右偏移的趋势，说明总体耦合协调度在逐年提升。

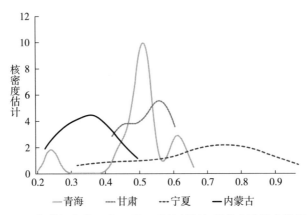

图 5-5　2010~2020 年黄河上游四省（区）科技创新与科技金融耦合协调度核密度估计

六、耦合协调度的动态演变特征研究

黄河上游地区存在区域创新能力发展不平衡不充分问题，科技创新与科技金融耦合协调度也存在较大的差异，区域之间耦合协调度是否存在追赶效应，本书使用 β 收敛算法研究黄河上游地区耦合协调度的收敛特征。

（一）基于 β 收敛算法研究耦合协调度的动态演变特征

β 收敛分为绝对收敛与相对收敛，是指地区经济增长与初始发展水平呈反比例关系，即初始发展水平较低的地区往往具有较快的经济增长率，可以实现对经济初始发展水平较高的地区的追赶，最初是用于经济增长地区间追赶特征的研究。耦合协调度 β 绝对收敛是指不考虑地区经济发展条件的差异，耦合协调度初始值低的地区比耦合协调度初始值高的地区发展快，最后趋于同一发展水平的稳定状态，耦合协调度 β 绝对收敛模型如式（5-10）所示。耦合协调度 β 条件收敛是指考虑地区经济发展水平的差异，自身条件水平相似的地区趋于同一发展水平的稳定状态，耦合协调度 β 条件收敛模型如式（5-11）所示。

$$\frac{1}{T}\left(\ln\frac{D_{it}+T}{D_{it}}\right) = \alpha + \beta\ln D_{it} + \varepsilon_{it} \tag{5-10}$$

$$\frac{1}{T}\left(\ln\frac{D_{it}+T}{D_{it}}\right) = \alpha + \beta\ln D_{it} + \sum_{j=1}^{k}\omega_j X_{it}^j + \varepsilon_{it} \tag{5-11}$$

其中，D_{it} 为耦合协调度在时间 t 的值，T 为时间间隔，设其值为 1，α 为截距项，β 为收敛系数，ε_{it} 为随机扰动项，在式（5-10）中，$\beta>0$ 时，地区耦合协调度是发散的，$\beta<0$ 时，地区耦合协调度是绝对收敛的；在式（5-11）中，$\beta>0$ 时，地区耦合协调度是发散的，$\beta<0$ 时，地区耦合协调度是条件收敛的，其中，X 为一系列控制变量，综合已有研究，本书选取以下控制变量：①区域传统金融发展水平；②区域经济发展水平；③产业结构调整指数；④对外开放度。主要的控制变量定义如表 5-10 所示。

表 5-10 主要控制变量定义

变量名称	变量符号	度量方法
区域传统金融发展水平	CF	金融机构贷款余额/GDP
区域经济发展水平	$PGDP$	人均实际 GDP 的自然对数
产业结构调整指数	ST	第三产业增加值/第二产业增加值
对外开放度	$TRADE$	进出口贸易总额×当年汇率/GDP

估计出 β 值后，对黄河上游地区 β 收敛的速度 σ、收敛达到稳定的稳态值 γ 和半收敛周期 φ 进行计算。其中，半收敛周期为缓慢地区和发达地区耦合协调度差距减少一半所需要追赶的时间。β 值收敛速度、收敛稳态值、半收敛周期的计算公式如式（5-12）、式（5-13）和式（5-14）所示。

$$\gamma = \alpha/(1-\beta) \tag{5-12}$$
$$\sigma = -\ln(1+\beta)/t \tag{5-13}$$
$$\varphi = \ln2/\sigma \tag{5-14}$$

（二）耦合协调度的收敛过程

1. β 收敛实证结果

经过模型设定检验，选用混合面板数据模型对 β 收敛值进行稳健性估计。表 5-11 报告了 β 收敛的结果，β 系数均在 1% 的水平下显著为负，即地区耦合协调度绝对收敛和条件收敛显著，且收敛于相同的稳态水平。从收敛稳态值来看，绝对收敛和条件收敛分别为 0.3790 和 0.3926，收敛速度分别为 10.39% 和 11.00%，半收敛周期分别为 6.6696 年和 6.3031 年，条件收敛的速度与绝对收敛的速度相近，条件半收敛周期和绝对收敛的周期相近，说明黄河上游地区受经济发展基础、科技创新能力、金融发展水平等条件的影响，区域之间达到趋同的时间较短，区域之间的追赶效应明显，区域内达到稳态的速度较快且周期较短。

表5-11 2010~2020年黄河上游地区耦合协调度 β 收敛结果

收敛参量	绝对收敛检验结果	条件收敛检验结果
α	0.6371 ***	0.6682 ***
	(32.15)	(14.38)
β	−0.6812 ***	−0.7017 ***
	(−29.18)	(−29.43)
调整后的 R^2	0.9958	0.9979
β 收敛结果	绝对收敛	条件收敛
收敛速度 σ	0.1039	0.1100
稳态值 γ	0.3790	0.3926
半收敛周期 φ	6.6696	6.3031

注：括号内的数值为 t 值，*、**、*** 分别表示在10%、5%、1%的水平上显著。

2. 稳健性检验

为了防止回归结果的偶然性，本书将黄河上游地区耦合协调度数据划分为两组，分组1为2010~2015年，分组2为2016~2020年，对分组1和分组2分别进行绝对收敛和条件收敛检验。表5-12报告了分组后的结果，可以看出绝对收敛 β 系数均在1%的水平下显著为负；条件收敛 β 系数均在1%的水平下显著为负；即分时间段地区耦合协调度条件收敛和绝对收敛显著。除了与全过程收敛检验中数值不同之外，其他并未发生本质变化，说明收敛过程是稳健的。

从表5-12中可以看出2010~2015年绝对收敛速度和条件收敛速度均高于2016~2020年的收敛速度，半收敛周期也表现出2010~2015年周期低于2016~2020年的周期，说明黄河上游地区绝对收敛地区间追赶速度在下降，区域耦合协调指数发展差距随时间会进一步扩大。这一结论与前文黄河上游地区经济、科技创新、金融发展的趋势与结论基本一致，2015年以后，由于国内外经济环境发展变化，随着供给侧结构性改革的推进，黄河上游地区新旧动能转换压力较大，旧有发展模式难以为继，新动能尚未形成发展规模，出现了阶段性发展断档问题，2016~2020年绝对收敛和条件收敛速度均有所下降，且半收敛周期加长。

表 5-12　β 收敛稳健性检验

分组方式	分组进行绝对收敛稳健性检验		分组进行条件收敛稳健性检	
收敛参量	2010~2015	2016~2020	2010~2015	2016~2020
α	0.6181 ***	0.6638 ***	0.5173 ***	0.6435 ***
	(38.39)	(57.96)	(14.55)	(6.30)
β	-0.7042 ***	-0.6349 ***	-0.6997 ***	-0.6596 ***
	(-40.13)	(-33.32)	(-23.33)	(-25.47)
调整后的 R^2	0.9974	0.9973	0.9981	0.9991
β 收敛结果	绝对收敛	绝对收敛	条件收敛	条件收敛
收敛速度 σ	0.1107	0.0916	0.1094	0.0976
稳态值 γ	0.3627	0.4060	0.3043	0.3877
半收敛周期 φ	6.2596	7.5672	6.3381	7.0753

注：括号内的数值为 t 值，*、**、*** 分别代表在 10%、5%、1%的水平上显著。

七、研究结论

本章对 2010~2020 年黄河上游地区四省（区）科技金融与科技创新耦合协调度的动态演进过程及变化特征进行了实证检验。结论主要有：①黄河上游地区科技金融与科技创新耦合协调度总体呈逐年上升趋势，2015~2020 年耦合协调度波动较大，经济发展处于新旧动能转换期；②地区间耦合协调发展不平衡，甘肃省耦合协调度集中分布在高耦合协调水平，青海和宁夏耦合协调度集中分布在中度协调水平，内蒙古自治区耦合协调度集中分布在低耦合协调度水平；③各地区耦合协调度存在 β 绝对收敛和 β 条件收敛，区域间耦合协调指数存在追赶效应，且追赶速度有所下降，区域之间耦合协调发展程度出现进一步加大的情况，各省（区）内部耦合协调度发展呈现稳态的时间和区域之间出现稳态的时间较为接近。

第六章

黄河上游地区科技金融对科技创新促进作用的实证分析

黄河上游地区特殊的经济发展基础、科技创新能力、金融发展水平是其进行科技创新的基础。黄河上游地区经济发展不仅与国内经济发达省份存在巨大差距，而且区域内经济发展也呈现出不平衡的特点，市场科技金融在短期内难以迅速实现对科技创新的支撑，公共科技金融在黄河上游地区科技创新中具有重要的地位。本章根据黄河上游地区发展实际情况，构建理论模型，分析科技金融对黄河上游地区科技创新的促进作用，并对区域公共科技金融促进创新的作用进行实证检验，为公共科技金融促进黄河上游地区科技创新提供经验证据。

第一节　理论分析与研究假说

科技金融促进黄河上游地区创新发展的特殊性在于市场科技金融发展的经济基础薄弱，市场科技金融发展环境尚未形成，依靠市场短期内难以快速发展起可以支撑黄河上游地区生态保护与高质量发展需求的技术创新资金支持体系，需要依靠公共科技金融引导市场科技金融发展，公共科技金融在推动黄河上游地区科技金融体系建设中具有重要作用。

一、科技金融对黄河上游地区科技创新的促进作用和研究假说

金融发展对技术创新具有促进作用。[①] 技术创新具有高投入、高风险、高

---

① 孙伍琴，王培. 中国金融发展促进技术创新研究 [J]. 管理世界，2013 (06)：172-173.

收益、周期长的特点，金融市场可以为技术研发投入提供可获取的资金支持，金融市场发展规模越大，结构越完善，其对科技创新的支撑作用越强，企业在技术研发、成果专业、高新技术产业化阶段能够获取的资金支持越多。逐利是市场科技金融的本质属性，技术创新丰厚的收益激励了金融资本对创新发展的支持，形成了技术创新与金融创新的正向循环。同时，技术创新的高风险性和长周期性使得金融在支持技术创新时容易形成结构性失衡，金融市场对高风险、低成功率、投资周期长的科技创新项目支持率较低，对处于种子期或者孵化期的科技型公司持保守态度，使得科技研发阶段创新资金支持不足，形成了科技创新与科技金融发展的结构性失衡，抑制了地区科技创新发展。在科技金融与科技创新的正负反馈作用下，科技金融发展较好的地区，科技创新能力较强；科技金融发展缓慢的地区，科技创新能力较弱。

通过以上分析，本书提出以下研究假说：

H_{21}：黄河上游地区科技金融对科技创新具有正向促进作用。

二、公共科技金融对黄河上游地区科技创新的促进作用和研究假说

金融结构优化是技术创新的原因。[①] 科技金融结构是促进技术创新的重要原因，尤其是在科技研发阶段和成果转化阶段，科技金融市场是影响区域科技创新的重要因素，因此，区域创业投资基金、股权投资基金、天使投资基金的发展，对区域科技创新具有重要意义。黄河上游地区由于历史发展原因，经济基础薄弱、金融市场发展滞后、市场科技金融对科技创新的支撑力弱，在服务黄河流域生态保护与高质量发展中，公共科技金融具有重要的作用。在具有战略生态功能地位的青海省河源地区、甘肃省甘南地区、祁连山地区的生态保护修复中，市场科技金融会因为投资大、周期长、盈利低而退出生态修复与保护，因此，公共科技金融对生态修复保护技术创新项目的支持至关重要。黄河上游地区在培育新动能、发展新产业、传统产业生态化发展中，由于金融市场规模和结构较弱，无法形成规模性市场科技金融对科技创新的支撑，需要在培育新动能、新产业、传统产业生态化发展中发挥公共科技金融的引导和杠杆作用，

---

① 林三强，胡日东，张秀武. 我国金融结构体系促进技术创新的实证分析 [J]. 科技管理研究，2009，29（05）：294-295+287.

通过科技贷款利率补贴、科技保险保费补助、财政科技担保基金和国有科技金融机构引导和支持市场科技金融对新产业的支持。公共科技金融对市场科技金融具有引导和支持的作用,通过政策引导,降低市场科技金融支持新产业的成本和风险,撬动市场科技金融对科技创新的支持作用。

通过以上分析,本书提出以下研究假说:

H_{22}:公共科技金融对黄河上游地区科技创新具有重要促进作用。

第二节　黄河上游地区科技金融促进科技创新理论模型与实证检验

一、研究设计

(一) 科技金融对科技创新的促进作用

1. 数据来源

选取黄河上游地区青海省、甘肃省、宁夏回族自治区、内蒙古自治区四省(区) 2010~2020 年的面板数据进行分析。创新能力指数、科技金融和控制变量各项指标数据来源:历年《中国统计年鉴》《中国科技统计年鉴》《中国金融统计年鉴》《中国区域创新能力监测报告》《中国高技术产业统计年鉴》《宁夏统计年鉴》《甘肃统计年鉴》《青海统计年鉴》《内蒙古统计年鉴》《宁夏国民经济和社会发展统计公报》《青海国民经济和社会发展统计公报》《甘肃国民经济和社会发展统计公报》《内蒙古国民经济和社会发展统计公报》《中国分省份市场化指数报告》等。

2. 被解释变量

科技创新能力指标是一项综合性指标,根据科技创新的过程和技术扩散程度,本书中黄河上游地区科技创新能力主要包括科技研发能力、成果转化能力、产业化能力和技术扩散能力。考虑到科技创新二级指标单位不一致,先对数据进行归一化处理,然后使用熵权法进行赋权。归一化处理公式如 (6-1) 所示:

$$\frac{Inno_{ij} - Inno_{Min}}{Inno_{Max} - Inno_{Min}} \tag{6-1}$$

其中，$Inno_{ij}$ 为科技创新二级指标数值，$Inno_{Max}$ 与 $Inno_{Min}$ 分别为该二级指标中的最大值和最小值。

根据线性加权法计算各省（区）科技创新能力，得到科技创新能力指数，表 6-1 为黄河上游地区科技创新评价指标和权重。

表 6-1　黄河上游地区科技创新评价指标及权重

变量名称	一级指标	二级指标及权重
科技创新能力（Inno）	研发能力（$Inno_1$）	发明专利申请数（$Inno_{11}$）（12.69%）
		发明专利授权数（$Inno_{12}$）（12.81%）
		万人 R&D 研究人员全时当量（$Inno_{13}$）（6.89%）
	成果转化能力（$Inno_2$）	万元地区生产总值高技术产业营业收入（$Inno_{21}$）（7.48%）
		新产品销售收入占营业收入比重（$Inno_{22}$）（4.86%）
		高技术产品出口额占商品出口额比重（$Inno_{23}$）（10.24%）
	产业化能力（$Inno_3$）	高技术产业营业收入占工业营业收入比重（$Inno_{31}$）（8.93%）
	技术扩散能力（$Inno_4$）	技术市场成交金额（$Inno_{41}$）（16.45%）
		技术市场成交合同数（$Inno_{42}$）（19.66%）

3. 核心解释变量

科技金融包括公共科技金融和市场科技金融，公共科技金融主要由地方财政科技支出占地方财政支出比重和研发经费中政府资金经费支出占比构成，是政府支持科技创新的重要手段；市场科技金融是市场支持科技创新的主要途径，由于国内缺乏科技金融的统计数据，故而本书使用金融机构贷款余额、科技型上市公司总市值、科技型上市公司数量和经营性保险公司保费收入作为代理变量。考虑到科技金融二级指标单位不一致，先对数据进行归一化处理，然后使用熵权法进行赋权。归一化处理如式（6-2）所示：

$$\frac{TF_{ij} - TF_{Min}}{TF_{Max} - TF_{Min}} \tag{6-2}$$

其中，TF_{ij} 为科技金融二级指标数值，TF_{Max} 与 TF_{Min} 分别为该二级指标中的最大值和最小值。

根据熵权法确定科技金融二级指标权重，使用线性加权法计算各省（区）科技金融发展水平，得到科技金融发展指数，表 6-2 为黄河上游地区科技金融评价指标和权重。

表 6-2　黄河上游地区科技金融评价指标及权重

变量名称	一级指标	二级指标及权重
科技金融发展水平（TF）	公共科技金融（TF_1）	地方财政科技支出占地方财政支出比重（TF_{11}）（11.99%）
		研发经费中政府资金经费支出占比（TF_{12}）（12.59%）
	市场科技金融（TF_2）	金融机构贷款余额（TF_{21}）（16.12%）
		科技型上市公司总市值（TF_{22}）（21.13%）
		科技型上市公司数量（TF_{23}）（18.26%）
		经营性保险公司保费收入（TF_{24}）（19.91%）

4. 控制变量

科技创新指数有四个维度，包含了 9 个具体指标，科技金融总共有二个维度，包含了 6 个具体指标，科技创新与科技金融指数包含的具体指标已经反映了区域传统金融发展水平、区域经济发展水平和对外贸易发展的情况，综合已有研究，考虑到产业调整和市场化发展对创新具有重要作用，本书选取产业结构调整指数、制度质量作为科技金融促进科技创新的控制变量（见表 6-3）。

表 6-3　主要控制变量定义

变量名称	变量符号	度量方法
产业结构调整指数	ST	第三产业增加值/第二产业增加值
制度质量	INS	市场化指数

（二）公共科技金融对科技创新的促进作用

1. 数据来源

选取黄河上游地区青海省、甘肃省、宁夏回族自治区、内蒙古自治区四省（区）2010~2020 年的面板数据进行分析。创新能力指数、公共科技金融和控制变量各项指标数据来源：历年《中国统计年鉴》《中国科技统计年鉴》《中国金融统计年鉴》《中国区域创新能力监测报告》《中国高技术产业统计年鉴》《宁夏统计年鉴》《甘肃统计年鉴》《青海统计年鉴》《内蒙古统计年鉴》《宁夏国民经济和社会发展统计公报》《青海国民经济和社会发展统计公报》《甘肃国民经济和社会发展统计公报》《内蒙古国民经济和社会发展统计公报》《中国分省份市场化指数报告》等。

2. 被解释变量

本部分继续使用前文中计算出的科技创新能力指数作为科技创新能力的代理变量。

3. 核心解释变量

黄河上游地区经济基础薄弱，市场科技金融发展相对落后，财政科技支出在科技创新中占有重要地位。本部分使用地方财政科技支出占地方财政支出比重作为公共科技金融的代理变量。

4. 控制变量

为了尽可能避免遗漏变量影响，综合已有研究，考虑到区域传统金融发展水平、区域经济发展水平、产业结构调整指数、对外开放度、制度质量等对区域创新的影响，在研究区域公共科技金融对创新发展的影响中，将区域传统金融发展水平、区域经济发展水平、产业结构调整指数、对外开放度、制度质量作为公共科技金融促进科技创新的控制变量。表6-4为控制变量的名称、符号和度量方法。

表6-4　主要控制变量定义

变量名称	变量符号	度量方法
区域传统金融发展水平	CF	金融机构贷款余额/GDP
区域经济发展水平	$PGDP$	人均实际 GDP 的自然对数
产业结构调整指数	ST	第三产业增加值/第二产业增加值
对外开放度	$TRADE$	进出口贸易总额×当年汇率/GDP
制度质量	INS	市场化指数

二、模型设定与实证策略

(一) 科技金融对科技创新的促进作用

本书构建如下估计模型以验证研究假设H_{21}：

$$Inno_{i,t} = a_0 + + \beta TF_{i,t} + \sum \lambda_j Contro\,l_{i,t}^j + \mu_i + \varepsilon_{i,t} \qquad (6-3)$$

其中，被解释变量 *Ino* 代表区域技术创新水平，即区域创新能力指数，核心解释变量 *TF* 为区域科技金融发展指数，*Control* 代表一系列控制变量，i 表示省份，t 表示时间，μ 为省份虚拟变量，ε 为随机误差项。

（二）公共科技金融对科技创新的促进作用

本书构建如下估计模型以验证研究假设H_{22}：

$$Inno_{i,t} = \theta_0 + \rho PF_{i,t} + \sum \lambda_j Contro\, l^j_{i,t} + \mu_{it} + \varepsilon_{i,t} \qquad (6-4)$$

其中，被解释变量 *Inno* 代表区域技术创新水平，即区域科技创新能力指数，核心解释变量 *PF* 为区域公共科技金融，即地方财政科技支出占地方财政支出比重；*Control* 代表一系列控制变量，i 表示省份，t 表示时间，μ 为省份虚拟变量，ε 为随机误差项。

三、基准实证结果与经济解释

（一）描述性统计

表6-5 报告了主要变量描述性统计结果，从表6-5 中可以看出，科技创新能力指数、科技金融发展指数、公共科技金融等主要变量的标准差均较小，说明黄河上游地区科技创新能力和科技金融发展水平差距不大，其中制度质量标准差最大，说明在市场化发展方面，四省（区）存在一定的发展差距。

表6-5　主要变量描述性统计

变量名称	样本数	最小值	均值	最大值	中位数	标准差
Inno	44	0.0410	0.2679	0.8524	0.2330	0.1661
TF	44	0.0949	0.3414	0.7667	0.2815	0.2003
PF	44	0.3900	0.9370	2.400	0.7850	0.4344
CF	44	0.9658	1.7833	2.5480	1.7432	0.4741
ST	44	0.8170	1.1897	1.7582	1.1845	0.2090
PGDP	44	9.6435	10.5094	11.1794	10.5000	0.3642
INS	44	3.3700	5.2294	7.2700	5.3250	0.9837
TRADE	44	0.0074	0.0657	0.1350	0.0642	0.0279

（二）科技金融对黄河上游地区技术创新的影响

为了验证科技金融对黄河上游地区科技创新能力的影响，本书对模型（6-3）进行实证检验，在检验中控制了省份效应，对模型进行稳健性估计，表6-6报告了回归结果。表6-6第一列是没有加入控制变量的估计结果，可以看出科技金融发展指数在10%的水平上显著为正，第二列是加入控制变量后的估计结果，科技金融发展指数在10%的水平上显著为正。以上结果验证了科技金融发展可以促进科技创新能力的研究假说，从经济意义来讲，科技金融发展对科技创新的促进作用较强。

表6-6　科技金融对黄河上游地区技术创新影响的基准回归结果

变量	科技金融发展指数	
TF	0.9828 *	0.3235 *
	（2.64）	（2.28）
Controls	不控制	控制
观测值	44	44
调整后的R^2	0.3517	0.6317
F 值	7 *	455.64 ***
省份	控制	控制
_cons	是	是

注：括号内的数值为 t 值，*、**、*** 分别表示在10%、5%、1%的水平上显著。

（三）黄河上游地区公共科技金融对技术创新的影响

为了验证公共科技金融对黄河上游地区科技创新能力的影响，本书对模型（6-4）进行实证检验，经过模型设定检验，选择个体时点双固定效应模型对模型（6-4）进行稳健性估计，表6-7报告了回归结果。表6-7第一列是没有加入控制变量的回归结果，使用个体固定效应模型进行估计，公共科技金融在10%的水平上显著为正；第二列是加入控制变量的估计结果，公共科技金融在5%的水平上显著为正。以上结果表明公共科技金融对黄河上游地区科技创新具有显著的正向促进作用。从经济意义来看，政府财政科技资金支出比重的提高，有利于黄河上游地区科技创新能力的提升。

表6-7　公共科技金融对黄河上游地区科技创新影响的基准回归结果

变量	公共科技金融	
PF	0.1645*	0.0794**
	(2.29)	(3.39)
Controls	不控制	控制
观测值	44	44
调整后的R^2	0.0047	0.5163
省份和时点	省份控制	省份和时点双控制
_ cons	是	是

注：括号内的数值为 t 值，*、**、***分别表示在10%、5%、1%的水平上显著。

（四）稳健性检验

为了验证本实证结果的稳健性，参考已有研究成果，本书分别从宏观和微观层面对科技创新和公共科技金融促进科技创新进行稳健性检验，在宏观层面使用专利申请数据，在微观层面使用高技术企业产业化能力指标。具体为：使用专利申请量、专利申请授权量作为宏观层面科技创新指数的代理变量，使用高技术产业营业收入占工业营业收入比重作为微观科技创新指数的代理变量进行稳健性检验，为缓解数据趋势波动，在模型中对专利申请数量和专利申请授权数量进行了对数化处理，在控制变量选取方面，为了防止内生性问题，微观模型中将产业调整指数控制变量去除，宏观层面控制变量与基准回归模型控制变量一致，经过模型设定检验，模型（6-3）稳健性检验中采用个体固定效应模型，模型（6-4）稳健性检验中采用个体时点双固定效应模型进行检验。表6-8报告了科技金融对黄河上游地区技术创新影响的稳健性检验结果，表6-9报告了黄河上游地区公共科技金融对技术创新的影响稳健性检验结果。从表6-8可以看出，专利申请数量、专利申请授权数量、高技术产业营业收入占工业营业收入比重分别在1%、1%、10%的水平显著为正，结果表明科技金融对科技创新具有正向的影响作用，核心解释变量的回归结果与基准结果一致，再次证明了科技金融对科技创新具有正向的促进作用。从表6-9可以看出，专利申请数量、专利申请授权数量和高技术产业营业收入占工业营业收入比重分别在10%、5%和1%的水平上显著为正，核心解释变量的回归结果与基准结果一致，证明了公共科技金融对科技创新具有正向的促进作用，再次证明了研究假设H$_{21}$和H$_{22}$。

表6-8　科技金融对黄河上游地区技术创新影响的稳健性检验回归结果

变量	专利申请量	专利申请授权量	高技术产业营业收入占工业营业收入比重
TF	6.4210 ***	6.4856 ***	4.1806 *
	(5.34)	(5.18)	(2.48)
controls	控制	控制	控制
观测值	44	44	44
调整后的R^2	0.6336	0.6946	0.0014
省份	控制	控制	控制
_cons	是	是	是

注：括号内的数值为 t 值，*、**、*** 分别表示在10%、5%、1%的水平上显著。

表6-9　黄河上游地区公共科技金融对技术创新的影响稳健性检验结果

变量	专利申请量	专利申请授权量	高技术产业营业收入占工业营业收入比重
PF	0.2216 *	0.2157 **	1.3293 ***
	(2.49)	(2.98)	(7.19)
controls	控制	控制	控制
观测值	44	44	44
调整后的R^2	0.4846	0.4548	0.0221
省份和时点	控制	控制	控制
_cons	是	是	是

注：括号内的数值为 t 值，*、**、*** 分别表示在10%、5%、1%的水平上显著。

四、研究结论

黄河上游地区生态环境保护与发展的矛盾较为突出，以创新驱动黄河上游地区生态环境保护与高质量发展已经成为共识。创新驱动需要高效的金融服务体系，由于历史原因，黄河上游地区经济发展基础薄弱，金融发展滞后于高质量发展的需求，依靠市场科技金融短期内难以形成服务生态环境保护与高质量发展的科技金融支持体系，必须发挥公共科技金融的作用，推动构建黄河上游地区支撑科技创新的市场科技金融体系。此外，黄河上游地区重要的生态环境保护地位，使得黄河上游地区科技金融支持生态环境保护与高质量发展要以生态优先为导向，市场科技金融的逐利性与生态环境修复保护的公益性难以协调，公共科技金融在黄河上游地区创新发展中具有特殊性。本章通过构建黄河上游地区科技创新与科技金融发展评价体系，建立科技创新能力指数和科技金融发展指数，使用建立的科技创新指数和科技金融发展指数建立黄河上游地区科技金融促进科技创新理论模型，选取 2010~2020 年黄河上游地区青海省、甘肃省、宁夏回族自治区、内蒙古自治区四省（区）的面板数据作为样本，采用变截距固定效应模型对黄河上游地区科技金融促进科技创新和公共科技金融对科技创新的促进作用进行实证检验，研究结果表明：①科技金融对黄河上游地区科技创新具有正向的促进作用，且具有较大的提升空间。②公共科技金融在促进黄河上游地区科技创新发展中具有正向的促进作用。本实证检验结果进一步表明，科技金融和公共科技金融在促进黄河上游地区科技创新中具有重要的作用。

第七章
黄河上游地区数字金融促进
创新发展的实证研究

　　黄河上游地区是我国经济发展不充分的典型区域和难点地区，高质量发展对区域协同发展具有重要意义。一方面，黄河上游地区气候敏感，水资源短缺，草原荒漠化尚未得到遏制，水土流失严重，农业和工业面源污染较重，生态环境易退化，资源环境对经济开发的承载能力有限；另一方面，经济社会发展不充分，农牧业占比较高，第二产业倚重倚能特点突出，产业结构低端，新旧动能转换处于发展初期，高质量发展的生态和产业基础薄弱，保护与发展的矛盾突出。

　　黄河上游地区特殊的生态环境保护需求和经济发展形势，应该更加注重以创新引领发展。科技创新离不开高效的金融服务供给体系，黄河上游地区受历史、地理、自然等因素的制约，许多县域较为偏远，地广人稀，交通等基础设施落后，传统金融服务可及性差，金融服务成本高，由地理距离因素导致的金融网点覆盖面不足，影响了金融服务创新发展的深度和广度。2022年1月，国务院发布的《"十四五"数字经济发展规划》中指出："合理推动大数据、人工智能、区块链等技术在银行、证券、保险等领域的深化应用"，明确了数字技术在金融领域的深化应用。数字技术具有较强的地理穿透性和信息获取整合能力，其在金融领域的深化应用，可以实现对偏远地区金融服务的有效辐射，是缓解黄河上游地区金融服务供给不足的有效工具。

　　数字金融可利用大数据、云计算、物联网、人工智能、区块链等数字技术形成全新的数字金融运行机制，通过场景化应用有效缓解传统金融服务不足、服务成本高、企业信用信息不足等问题，使企业获得更多的资金支持，从而促进企业技术创新。数字金融的发展和创新为黄河上游地区提升金融服务的可及性提供了便利，也为金融促进技术创新提供了新的空间。研究数字金融对黄河上游地区创新发展的促进作用具有重要实践意义，本章通过建立黄河上游地区数字金融促进科技创新的理论模型，使用 2011~2020 年黄河上游四省（区）的面板数据，实证检验数字金融对黄河上游地区科技创新的影响和作用机制，可为黄河上游地区地方政府制定数字金融支持生态保护与高质量发展的相关政策提供理论参考和经验证据。

第一节　理论分析与研究假说

一、数字金融促进科技创新理论分析和研究假说

数字金融可利用大数据、云计算、物联网、人工智能、区块链等数字技术形成全新的数字金融运行机制，通过场景化应用有效缓解传统金融服务不足、服务成本高、企业信用信息不足等问题，可通过缓解企业融资约束、信息不对称、风险识别成本、资金错配等方式使企业获得更多的资金支持，从而促进企业技术创新。数字金融的发展为黄河上游地区金融服务技术创新带来了新的契机。已有研究在黄河上游地区生态保护与高质量发展的方向和逻辑构架方面已经形成了较为成熟的成果，在以创新驱动黄河流域生态保护与高质量发展方面已经形成了共识，认为创新发展是黄河流域生态保护与高质量发展的核心。金融支持创新发展的作用和机制方面研究成果丰富，特别是数字金融在促进区域创新发展的机制和中介效应方面研究较多，基本形成了数字金融可以通过缓解企业融资约束、改善信贷配置、缓解信息不对称、降低企业融资成本、促进消费等促进区域技术创新的成果。在数字金融服务黄河上游地区创新发展方面，相关研究文献较少，尤其是针对黄河上游地区特殊的生态环境保护修复需求和经济社会发展基础之上的数字金融促进黄河上游地区创新发展的研究成果不足，因此，数字金融对黄河上游地区的创新作用的实证检验需要进行进一步的研究，基于以上分析，本书提出以下研究假说：

H_{31}：数字金融可以促进黄河上游地区技术创新。

二、数据不对称理论分析和研究假说

黄河上游地区经济社会发展不充分，且存在发展差距进一步增大的趋势，

在数字技术研发和应用、数字基础设施配置方面与经济发达地区存在一定的差距，在新一轮发展中，如何克服"数字鸿沟"实现高质量发展是亟待解决的问题。由于历史发展基础薄弱，很多地区分布在边远山区、高山草原等地，在数字经济发展中，黄河上游地区可能会因为数字技术的发展不足而形成数据不对称问题，从而造成新的发展不均衡。在数字经济发展中，可能会因为地区数字化和信息化发展水平差距的加大，形成新的发展差距，进一步增大与经济发达省区的发展差距，特别是现代信息技术发展水平更新迭代速度加快，给黄河上游地区高质量发展带来了新的挑战。

数字金融在地理穿透性方面可以提高金融服务的可及性，降低服务成本，同时，数字金融服务产品的创新可以通过缓解信息不对称有效支持企业技术创新，数字金融发展对黄河上游地区科技创新具有促进作用，但是，数字金融的发展需要有信息技术的支撑，形成数字经济基础设施，才能推动数字金融在边远地区的发展，实现数字金融对创新的支持作用。黄河上游地区在信息化发展水平方面与发达地区存在较大差距，信息化发展水平会影响数字金融的使用深度和广度，从而影响数字金融服务黄河上游地区技术创新的力度，产生新的发展差距，即数据不对称造成数字经济发展的差距。在数字金融服务黄河上游地区技术创新中，数据不对称会影响数字金融对技术创新的支持。基于以上分析，本书提出以下研究假设：

H_{32}：数据不对称在黄河上游地区数字金融促进技术创新中具有中介效应。

第二节　研究设计与实证检验

一、研究设计

(一) 数据来源

本书以 2011～2020 年黄河上游地区的青海、甘肃、宁夏、内蒙古四省（区）的数据为样本，数据来源：《中国统计年鉴》《宁夏统计年鉴》《甘肃统计年鉴》《青海统计年鉴》《内蒙古统计年鉴》《北京大学数字普惠金融指数（2011～2020）》《中国分省份市场化指数报告》。

（二）变量设定

1. 被解释变量

区域技术创新能力（*Inno*）。区域技术创新能力是一项综合性较强的指标，遵循科学性、一致性和可操作性原则，以期综合准确反映区域技术创新水平，借鉴已有研究，本书使用发明专利授权数作为区域创新能力的代理变量，为缓解数据趋势波动，在模型中对专利申请授权量进行了对数化处理。

2. 核心解释变量

数字金融发展指数（*DF*）。本书使用北京大学数字金融研究中心编制的北京大学数字普惠金融指数代表四省（区）数字金融发展程度，该指标具体测算方法详见《北京大学数字普惠金融指数（2011~2020）》。该指数同时考虑了数字金融服务的广度和深度，是对数字金融内涵、特征的综合概括，能够体现数字金融服务的多层次性和多元化。[①] 北京大学数字普惠金融指数包含3个维度，共计33个具体指标。

3. 中介传导变量

数据资源（*DR*）。考虑到互联网的发展为数字金融的普及和使用提供了条件，且互联网接入端口数是地区互联网发展的基础设施，故而采用地区互联网接入端口数量作为数据资源指标。为缓解数据趋势波动，在模型中对互联网接入端口数量进行了对数化处理。

4. 控制变量

为了尽可能避免遗漏变量的影响，参照已有研究，考虑到创新在黄河上游地区产业结构调整中的促进作用以及黄河上游地区公共科技金融在创新发展中的重要地位，本书选取以下变量作为控制变量：①区域传统金融发展水平；②产业结构调整指数；③财政科技支出；④制度质量，同时，本书也控制了省份效应，采用个体固定效应模型对参数进行稳健性估计。变量设定和定义如表7-1所示。

---

① 郭峰，王靖一，王芳，孔涛，张勋，程志云. 测度中国数字普惠金融发展：指数编制与空间特征 [J]. 经济学（季刊），2020，19（04）：1401-1418.

表 7-1　变量设定定义

变量名称	变量名称	变量符号	度量方法
被解释变量	区域创新能力	*Inno*	专利申请授权数量
核心解释变量	数字金融发展指数	*DF*	数字普惠金融指数
中介传导变量	数据资源	*DR*	互联网宽带接入端口数
控制变量 （Controls）	区域金融发展水平	*CF*	金融机构贷款余额/GDP
	产业结构调整指数	*ST*	第三产业增加值/第二产业增加值
	公共科技金融	*PF*	地方财政科技支出占地方财政支出比重
	制度质量	*INS*	市场化指数

二、模型设定与实证策略

（一）基准线性回归模型

本书构建如下估计模型以验证研究假设H_{31}：

$$Inno_{i,\,t} = a_0 + + \beta DF_{i,\,t} + \sum \lambda_j Contro\,l_{i,\,t}^{j} + + \mu_i + \varepsilon_{i,\,t} \tag{7-1}$$

其中，被解释变量 *Inno* 代表区域技术创新水平，即区域专利申请授权数量，核心解释变量 *DF* 为区域数字金融发展指数，*Control* 代表一系列控制变量，*i* 表示省份，*t* 表示时间，μ 为省份虚拟变量，ε 为随机误差项。

（二）中介效应模型

本书参考温忠麟等（2014）的中介效应模型，[①] 分析数据资源在数字金融促进科技创新过程中的中介效应，构建如下估计模型以验证研究假设H_{32}：

$$Inno_{i,\,t} = \varphi_0 + \omega_1 DF_{i,\,t} + \sum \lambda_j Control_{i,\,t}^{j} + \mu_i + \varepsilon_{i,\,t} \tag{7-2}$$

$$Mediator_{i,\,t} = \psi_0 + \rho_2 DF_{i,\,t} + \sum \lambda_j Control_{i,\,t}^{j} + \mu_i + \tau_{i,\,t} \tag{7-3}$$

$$Inno_{i,\,t} = \varphi_0 + \varphi_1 Mediator_{i,\,t} + \omega_2 DF_{i,\,t} + \sum \lambda_j Control_{i,\,t}^{j} + \mu_i + \xi_{i,\,t}$$

$$\tag{7-4}$$

---

① 温忠麟，叶宝娟. 中介效应分析：方法和模型发展 [J]. 心理科学进展，2014，22（05）：731-745.

数字金融通过数据资源影响技术创新，在式（7-2）～式（7-4）中，中介变量为互联网宽带接入端口数，其余设定与式（7-1）相同。数据要素是数字金融发展的基础，黄河上游地区数字经济发展与东部地区存在差距，在数字金融服务科技创新的过程中，是否存在"数字鸿沟"是值得研究的问题，构建数据要素中介效应模型检验数据要素中介效应，为黄河上游地区发展数字金融、促进区域科技创新提供理论支撑和经验证据。

三、基准实证结果与经济解释

（一）描述性统计分析

表7-2报告了主要变量描述性统计结果，从表7-2中可以看出，数字金融发展标准差较大，说明黄河上游地区数字金融发展区域不平衡，产业结构调整指数标准差最小，说明黄河上游地区产业结构调整发展差距较小。区域创新能力、区域金融发展水平、公共科技金融、市场化程度标准差均较小，区域发展差距不大。

表7-2 主要变量描述性统计结果

变量名称	样本数	最小值	均值	最大值	中位数	标准差
lnInno	40	6.2186	8.1117	9.9518	8.2770	1.0254
DF	40	18.3300	192.7965	310.0200	208.2350	89.5918
lndr	40	4.1271	6.0601	7.2866	6.0988	0.8829
CF	40	1.0285	1.8305	2.5480	1.9221	0.4645
ST	40	0.8750	1.2060	1.7582	1.1935	0.2054
PF	40	0.3900	0.9483	2.4000	0.7850	0.4501
INS	40	3.3700	5.2756	7.2700	5.3300	0.9827

（二）数字金融对黄河上游地区创新的影响

为了验证数字金融对黄河上游地区科技创新能力的影响，本书对模型（7-1）进行实证检验，在检验中控制了省份效应，对模型进行稳健性估计，表7-3报告了回归结果。表7-3第1列是没有加入控制变量的回归结果，可以看出数字金融指数在1%的水平上显著为正；第2列为加入控制变量的回归结果，数字金融指数在1%的水平上显著为正；第3列为数字金融覆盖广度，在1%的水平上显著为正；第4列为数字金融使用深度，在1%的水平上显著为正；第5列为数字金融普惠程度，在5%的水平上显著为正。以上结果验证了数字金融可以促进黄河上游地区创新能力的提升的研究假设，但是从经济意义来讲，数字金融发展对黄河上游地区专利授权申请量的影响较小，尤其是普惠程度（数字化程度）对区域创新能力提升的促进作用尚未显现，本书将在影响机制部分对数字化程度做进一步分析。

表7-3　基准回归结果

变量	数字金融发展指数		覆盖广度	使用深度	普惠程度
DF	0.0077*** （12.76）	0.0084*** （18.41）			
DFGD			0.0080*** （26.60）		
DFSD				0.0081*** （14.85）	
DFCD					0.0036** （3.02）
Controls	不控制	控制	控制	控制	控制
观测值	40	40	40	40	40
调整后的R^2	0.4909	0.7322	0.6931	0.6181	0.7413
省份	控制	控制	控制	控制	控制
_cons	是	是	是	是	是

注：括号内的数值为t值，*、**、***分别表示在10%、5%、1%的水平上显著。

四、稳健性检验

为了检验本实证结果的稳定性，本书分别从创新产出、成果转化能力和产业化能力对模型（7-1）进行稳健性检验。考虑到数据的科学性、代表性和可获得性，综合已有研究，本书创新产出选取专利申请数量作为表征区域创新能力的指标，微观创新产出选取规上工业企业专利申请数量作为表征区域创新能力的指标，成果转化能力选取新产品销售收入占营业收入比重（％）作为区域创新能力的代理变量，产业化能力选取高技术产业营业收入占工业营业收入比重（％）作为区域创新能力的代理变量。在检验中使用个体固定效应模型进行稳健性估计，同时控制传统金融发展水平、公共科技金融、制度质量、产业结构调整指数。表7-4报告了回归结果，从回归结果可以看出，数字金融对创新产出和微观创新产出在1％的水平上显著为正，对成果转化能力在10％的水平上显著为正，对产业化能力在5％的水平上显著为正。从回归系数来看，数字金融对创新产出、成果转化、产业化能力的影响程度总体较低。实证结果表明，核心解释变量的回归结果与基准回归结果一致，再次证明了数字金融对黄河上游地区科技创新具有促进作用的研究假设。

表 7-4 稳健性检验回归结果

变量	创新产出	微观创新产出	成果转化能力	产业化能力
DF	0.0078 ***	0.0073 ***	0.0143 *	0.0081 **
	(30.15)	(13.25)	(2.43)	(3.37)
controls	控制	控制	控制	控制
观测值	40	40	40	40
调整后的R^2	0.5473	0.6947	0.0370	0.4745
省份	控制	控制	控制	控制
_ cons	是	是	是	是

注：括号内的数值为 t 值，*、**、*** 分别表示在10％、5％、1％的水平上显著。

五、影响机制检验

数据不对称对数字金融支持黄河上游地区创新发展的中介效应检验结果如表7-5所示，在中介效应检验中，使用逐步回归的方法检验中介效应，表7-5中第1列是对式（7-2）的回归结果，第2列为式（7-3）的回归结果，第3列为式（7-4）的回归结果。在模型（7-2）中 DF 的系数在5％的水平上显著为正，在模型（7-3）中 DF 的系数在5％的水平上显著为正，且在模型（7-4）中中介变量 $lndr$ 的系数在5％的水平上显著为正，满足中介效应显著的条件，说明存在中介效应；0.0084为总效应，0.0054和0.7163为间接效应和直接效应，中介效应为 0.0054×0.7163/0.0084 = 46.05%，存在部分中介效应。综上所述，数字金融发展可以通过提升数据发展水平来促进黄河上游地区创新能力提升，地区数据发展水平会影响数字金融对区域创新能力的提升，说明数据不对称对数字金融促进黄河上游地区创新发展有中介效应，验证了研究假设H_{32}。

表 7-5　中介效应回归结果

变量	(2)	(3)	(4)
DF	0.0084 **	0.0054 ***	0.0045 ***
	(18.41)	(13.91)	(7.26)
lndr			0.7163 **
			(4.94)
controls	控制	控制	控制
观测值	40	40	40
调整后的R^2	0.7322	0.4477	0.8288
省份	控制	控制	控制
_cons	是	是	是

注：括号内的数值为 t 值，*、**、*** 分别表示在 10%、5%、1%的水平上显著。

六、研究结论

黄河上游地区生态环境保护与发展的矛盾较为突出，以创新驱动黄河上游地区生态环境保护与高质量发展已经成为共识。创新发展离不开金融的支持，尤其是黄河上游地区，地广人稀，传统金融服务存在成本高、可及性弱的问题，数字技术的发展为传统金融服务创新带来了新的契机，特别是数字技术的地理穿透性，极大地提高了黄河上游地区金融服务的可及性、降低了服务成本。在数字金融快速发展中，黄河上游地区由于历史原因，存在由于数据不对称、信息化发展水平低而引发的数据不对称，制约地区数字金融发展，影响创新水平，进一步拉大与经济发达地区的发展差距。本书建立了黄河上游地区数字金融促进创新发展的固定效应模型和数据不对称对数字金融促进黄河上游地区创新发展的中介效应模型，使用 2011~2020 年黄河上游地区的面板数据，通过实证检验，发现数字金融的发展对黄河上游地区创新能力的提升具有正向的影响作用，同时，数字金融对黄河上游地区创新发展的促进作用较弱。通过中介效应检验，验证了数据不对称对数字金融促进黄河上游地区创新发展的中介效应，信息化发展水平的提升是数字金融影响黄河上游地区创新发展的重要途径。

第八章
国内科技金融服务科技创新的典型案例

科技创新是现代化发展的重要动力，我国历来注重科技创新对经济发展的引领作用，全国设立了很多高新技术产业园区和科技孵化园，培育了大量的科技型企业，成为了我国科技创新的主体，以创新引领发展取得了显著成效。科技创新离不开金融的支撑，我国科技金融服务科技创新有很多成功的案例，特别是以国家自主创新示范区和高新技术产业园区为代表的科技金融服务模式，不仅培育出了大量的科技型企业，而且处于国内科技金融产品创新前沿。本章总结国内三个国家自主创新示范区科技金融服务创新的政策和产品体系，为黄河上游地区科技金融服务科技创新提供可借鉴的国内经验。

第一节　中关村国家自主创新示范区

中关村国家自主创新示范区起源于 20 世纪 80 年代，起初是中关村电子一条街，随着高新技术企业的聚集和发展，1988 年 5 月，经国务院批准，北京市政府印发《北京市新技术产业开发试验区暂行条例》，该条例规定"以中关村地区为中心，在北京市海淀区划出 100 平方千米左右的区域，建立外向型、开放型的新技术产业开发试验区"，在北京市新技术产业开发试验区内注册的高新技术企业可以享受条例规定的国家各项优惠政策。由此，中国第一个国家级高新技术产业开发区成立。2012 年 10 月，国务院印发《关于同意调整中关村国家自主创新示范区空间规模和布局的批复》，原则同意对中关村国家自主创新示范区空间规模和布局进行调整。调整后，中关村示范区空间规模扩展为 488 平方千米，形成包括海淀园、昌平园、顺义园、大兴—亦庄园、房山园、通州园、东城园、西城园、朝阳园、丰台园、石景山园、门头沟园、平谷园、怀柔园、密云园、延庆园 16 个园区的"一区多园"发展格局。经过 30 余年的发展，中关村示范区已经形成了区域科技创新的高地，从中关村走出了北京三快在线科技有限公司（美团）、北京京东世纪贸易有限公司、北京字节跳动科技有限公司（今日头条）、小米科技有限责任公司等国内外知名科技公司，形成了区域科技创新投入和产出的高地。

一、科技创新聚集高地

中关村示范区已经形成了高新技术产业集群效应。2022 年中关村国家自主创新示范区工业总产值、出口总额、发明专利授权量占北京市同期数据的一半以上，2022 年 1~11 月示范区规模以上企业实现总收入 74834.1 亿元，工业总产值 11698.7 亿元，工业总产值占北京市的 56.8%，利润总额 6336.5 亿元，出口总额 2724.8 亿元，出口总额占北京市的 52%；期末从业人员 253 万人，其中研究开发人员 81.6 万人，占期末从业人员的 32.2%。[①] 从示范区六大重点技术领域分类来看（见表 8-1），2021 年六大重点技术领域企业数占示范区企业总数的 93.8%，工业总产值占示范区工业总产值的 97.2%，总收入占示范区总收入的 83.7%，技术收入占示范区技术收入的 82.5%，占示范区总收入的 24.2%，利润占示范区总利润的 88.6%，资产占示范区总资产的 78.8%，研究开发人员占示范区研发人员总数的 92.4%，研究开发经费占示范区研究开发经费总额的 91.3%，六大重点技术领域创新投入和效能突出，形成了中关村国家自主创新示范区技术创新、研发投入和创收的主体。其中，电子与信息技术领域总收入占示范区总收入的 50.9%，是中关村示范区高精尖产业发展的主力军；生物工程和新医药、现金制造技术发展强劲，2020 年，有 4 款 I 类新药获批上市，占全国的 1/3；累计 25 款创新医疗器械获批，占全国的 1/4，数量位居全国首位，国家级智能制造系统解决方案供应商数量位居全国第一。

---

① 北京市科学技术委员会、中关村科技园区管理委员会官网（beijing. gov. cn）。

表8-1　2021年中关村示范区六大重点技术领域主要经济指标

类别	电子与信息	生物工程和新医药	新材料及应用技术	先进制造技术	新能源与高效节能技术	环境保护技术	示范区合计
企业总数（个）	15823	1668	952	1979	1123	1011	24055
工业总产值（亿元）	3111.2	3893.3	859.9	4748.0	1969.4	362.6	15369.1
总收入（亿元）	42936.5	4937.0	4907.2	9216.0	6986.7	1667.0	84402.3
技术收入（亿元）	14566.3	335.3	114.5	574.5	867.1	391.2	20419.4
产品销售收入（亿元）	7615.3	3732.0	1301.8	5605.7	2616.0	718.2	23524.5
进出口总额（亿元）	3204.1	1526.1	720.1	2286.2	1351.8	86.9	9520.9
出口总额（亿元）	1637.6	1114.6	136.8	452.9	214.2	76.9	3893.8
利润总额（亿元）	2848.3	2155.4	315.6	865.3	595.5	63.1	7725.3
资产总计（亿元）	82112.9	6813.0	6958.8	13808.2	18349.3	6117.6	170177.3
研究开发人员（人）	685646	46011	29531	70925	48562	23793	978381
研究开发经费合计（亿元）	3151.9	301.1	127.0	320.5	221.8	77.4	4600.2

数据来源：北京市科学技术委员会、中关村科技园区管理委员会官网（beijing.gov.cn）。

数字经济蓬勃发展。2020年，中关村示范区数字经济核心产业信息传输、软件和信息技术服务业实现总收入14899.0亿元，在人工智能领域，CB Insights发布的2021年全球AI 100强榜单中，中国有6家企业上榜，其中北京地平线科技有限公司等4家企业来自中关村示范区；在区块链领域，示范区有18家企业上榜"2021年全球高相关度区块链授权发明专利排行"（TOP100），占中国上榜数量的1/3。[①]

形成了区域创新投入和产出的高地。2020年新设立科技型企业2.6万家，占北京市新设立科技型企业总量的35.1%，平均每天新设立72家，企业研发投入强度5.2%，超三成企业研发投入强度超20%。[②] 截至2020年底，示范区拥有国家重点实验室128个，当年入选科睿唯安"全球高被引科学家"231人。企业创新主体地位凸显，2020年示范区企业研究开发费用支出3785.4亿元，同比增长11.3%，有69家企业入选欧盟"2020年全球企业研发投入2500强"；企业PCT申请量6193件，同比增长33.5%，累计创制国际标准及国外先进标

[①] 中关村科技园区管理委员会.中关村年鉴2021［M］.北京：北京出版社，2021：28-29.

[②] 中关村科技园区管理委员会.中关村年鉴2021［M］.北京：北京出版社，2021：3.

准 505 项。① 2022 年获得专利授权 89733 件，占北京市企业专利授权量的 64.2%。其中，发明专利授权量 39527 件，占同期北京市企业发明专利授权量的 74.9%。截至 2022 年 11 月底，共有 420 家中关村示范区企业申请 PCT 专利 8161 件，占同期全市 PCT 专利申请量的 79.4%；中关村示范区企业拥有有效发明专利 216563 件，占北京市企业同期有效发明专利量的 69.4%。②中关村示范区创新产出区域聚集效应明显。

二、科技创新政策支撑体系

中关村示范区经过 30 余年的发展，已经形成了重大项目支持、人才聚集培养、创业孵化服务、新兴产业培育、科技金融、国际交流合作、创新环境营造、一区多园等全方位科技创新政策支持体系，为示范区形成区域科技创新投入和产出高地提供了有力的政策支持。

在重大项目支持方面，制定出台了《关于精准支持中关村国家自主创新示范区重大前沿项目与创新平台建设的若干措施》（中科园发〔2019〕11 号），该文件在重大高精尖成果产业化项目支持方面，指出："支持中关村企业面向世界科技前沿、面向国家重大需求、面向经济主战场，针对中关村示范区重点产业开展前沿颠覆性技术、关键核心技术和重大共性技术的成果转化和产业化，加快培育具有核心竞争力的高精尖产业。按照不超过项目总投资额 30% 的比例，每年给予最高不超过 1000 万元的资金支持，连续支持不超过 3 年。"对于符合条件的企业进行资金支持，第一年，按照不超过生产线建设、设备及材料购置、房屋租赁、人员费用、试验外协、合作研发、贷款利息等项目总投资额（项目涉及的土地投资和建安成本投入计入总投资额，但不参与资金支持）30% 的比例，给予最高不超过 1000 万元的资金支持。第 2~3 年，对上一年度项目绩效目标完成情况及企业收入规模增长、创新能力提升等发展情况进行综合考核评估，择优对通过考核的项目，按照上述标准和比例、根据企业自筹资金投入情况，每年给予最高不超过 1000 万元的资金支持。对于特别重大的产业化项目，按照市委市政府决策部署和相关支持协议，每年给予最高不超过 3000 万元的资金支持。在支持高精尖产业协同创新平台建设方面，文件规定："支持中关村企业和高水平研究机构，围绕重点产业创新发展需求，充分发挥中关村示范区科

---

① ② 北京市科学技术委员会、中关村科技园区管理委员会官网（beijing.gov.cn）。

技和人才优势，深化体制机制改革创新，建设对产业发展有重大带动作用的协同创新平台，推进产学研用深度融合，促进产业上下游和大中小企业融通发展，优化产业创新生态，重点开展合作研发、技术转移和成果转化、共性技术研发和开放服务、工程化技术集成、规模化试生产等高端研发服务或生产性服务。按照不超过项目总投资额30%的比例，每年给予最高不超过1000万元的资金支持，连续支持不超过3年。"此外，在硬科技孵化器、重大前沿技术产品示范应用、世界级顶尖科技人才及创新团队、重点金融机构集聚发展、具有重要影响力的企业和研发机构集聚方面都制定了资金支持政策，给予重大项目一定的资金支持，建设中关村科技、金融、人才、企业聚集高地。

在人才聚集培养和创业孵化方面，制定出台了《中关村国家自主创新示范区优化创业服务促进人才发展支持资金管理办法》（中科园发〔2019〕20号），在支持优秀青年人才创办企业方面，对于符合U30雏鹰人才企业条件的30岁以下创业人才（外籍创业人才年龄可放宽至35岁），按照不高于实缴注册资本50%的比例给予一次性启动资金支持，最高资金支持额度不超过10万元。对于符合获得投资类雏鹰人才企业条件且获得一定投资的35岁以下创业人才，按照不高于实缴注册资本50%的比例给予一次性启动资金支持，最高资金支持额度不超过30万元。对于高端领军人才，按照《中关村高端领军人才聚集工程实施细则》，给予符合条件的领军人才100万元的一次性资金支持。对于为孵化企业服务的创业服务机构，符合条件的服务机构在支持创业服务机构配备专业设备和设施方面，文件规定："支持中关村创业服务机构面向科技型企业，配备技术研发、中试熟化、小批量试制、检验检测等专业设备和设施，提升硬科技孵化能力。按照服务机构自建、购置、租赁、改造升级专业软硬件和聘用技术人员的实际投入，给予不超过30%补贴，每家创业服务机构每年度获得该项支持的额度不超过300万元。"在支持创业服务机构举办创新创业活动方面，支持中关村创业服务机构主办或承办具有国际国内影响力的创业大赛、创业节等活动；支持各机构联合相关单位主办或承办军民融合创新创业大赛等活动。按照服务机构在场地费、搭建费、设备租赁费等方面实际支出，给予不超过30%的补贴，每家创业服务机构每年度获得该项支持的额度不超过100万元。在支持创业服务机构吸引高成长企业在中关村示范区落地发展方面，支持中关村创业服务机构对毕业企业进行跟踪服务，引导符合首都功能定位的优质毕业企业（含京外或海外）在中关村非首都功能核心区分园落地。按照毕业企业综合经济贡献总额的10%给予创业服务机构支持，每家创业服务机构每年度获得该项支持的额度不超过 200 万元。此外，在海外人才创业园、高层次人才创业基地等方面也出台了相应的资金支持政策。

在科技金融发展方面，制定出台了《中关村国家自主创新示范区促进科技金融深度融合创新发展支持资金管理办法》（中科园发〔2019〕6 号），在科技信贷创新方面，文件指出："对符合条件的企业通过信用贷款、知识产权质押贷款、股权质押贷款、应收账款质押贷款、担保贷款、并购贷款等科技信贷产品融资，单笔贷款期限在 1 年（含）以上且贷款利率上浮幅度不超过银行同期贷款基准利率 30%（含）的，给予受贷企业 40% 的贷款贴息支持，对单家企业同一笔业务的年度补贴支持不超过 50 万元。积极支持银行开发研发贷款、订单贷款等新型产品。对企业首次获得以上科技信贷产品的，或取得两年期及以上的中长期科技信贷产品的，在贷款贴息支持条件中取消对贷款利率上浮幅度的限制，放宽对担保费率的限制，对中长期贷款贴息按照贷款期限给予连续支持。"支持符合条件的企业发行创新创业债、战略性新兴产业债、绿色债、双创孵化债、北京四板市场可转债等进行直接融资，按照票面利息的 40% 给予补贴，单家企业年度直接融资的利息补贴不超过 100 万元，同一笔债券融资业务补贴不超过 3 年。支持符合条件的企业发行商票进行融资，按照商票票面金额的 1% 给予补贴，单家企业年度补贴金额不超过 50 万元。在融资租赁方面，支持企业通过融资租赁的方式取得为科技研发和创新创业服务的设备、器材等，给予融资费用 20% 的补贴，年度补贴金额不超过 50 万元，同一笔业务补贴不超过三年。按照每年新增业务规模的 1%，给予融资租赁公司年度不超过 500 万元的补贴支持，纳入机构补贴总额的单个企业融资租赁业务额度不超过 3000 万元。同时，对银行、担保公司为企业提供的科技信贷创新产品，按照年度发生业务规模的 1% 给予银行、担保公司风险补贴支持；其中，对于金融机构提供首次贷款、中长期贷款（两年期及以上）等新型科技信贷产品的，按照年度发生业务规模的 2% 给予银行、担保公司风险补贴支持。单家银行、担保公司年度补贴金额不超过 500 万元。支持符合条件的机构为企业提供知识产权证券化融资服务，按照机构年度发债规模的 1% 给予其机构风险补贴支持，单家机构年度补贴金额不超过 500 万元。此外，在天使投资和创业投资体系、多层次资本市场服务平台、企业改制和上市、企业并购重组、金融科技等方面也制定了相应的资金支持政策，形成了示范区科技金融支持创新的政策体系。

在国际交流合作和创新环境营造方面，制定出台了《中关村国家自主创新示范区提升创新能力优化创新环境支持资金管理办法》（中科园发〔2019〕21

号），支持企业与"一带一路"相关国家开展合作，鼓励企业在海外建设特色鲜明的科技园区。每年每家企业支持金额不超过 500 万元，支持比例不超过实际发生费用的 30%。同时，支持企业在海外设立研发中心、离岸孵化器，支持知识产权服务机构在海外设立分支机构。每个分支机构一次性给予支持金额不超过 60 万元，支持比例不超过实际发生费用的 30%，每年每家单位累计支持金额不超过 300 万元；对上年度新认定的中关村海外孵化器，每个孵化器一次性给予支持金额不超过 100 万元，支持比例不超过实际发生费用的 30%。支持创新主体开展颠覆性技术的研发、成果转化和产业化，根据专家评审意见和资金预算评审情况，第一年给予最高不超过 200 万元资金支持；第 2~3 年，每年给予最高不超过 500 万元资金支持。在创新环境营造方面，对于获得发明专利和国际商标、科技服务平台建设、企业制定技术标准、开放实验室创新升级等，都有相应的资金支持。

在一区多园建设方面，制定出台了《中关村国家自主创新示范区一区多园协同发展支持资金管理办法》（中科园发〔2019〕19 号），在智慧产业园区建设、园区新建产业载体和盘活利用存量空间资源、园区提升服务运营能力、人才租赁住房等方面都出台了相关的政策，形成了园区建设的政策支撑体系。

三、多元化科技创新投入体系

中关村示范区已经形成了政府引导下的市场化科技金融投入体系。财政资金作为科技金融的重要组成部分，主要以政策性引导为主，通过科技贷款贴息、税收优惠、科研项目启动、人才引进、重大科技项目资金支持等方式引导市场科技金融投入和科技创新产出。2020 年，北京市财政局拨付中关村示范区专项资金 16.94 亿元，全年支出 16.91 亿元，其中，促进科技金融深度融合创新发展支持资金 0.3 亿元，占支出总额的 1.77%；提升创新能力优化创新环境支持资金 6.7 亿元，占支出总额的 39.63%；精准聚焦支持资金 6.02 亿元，占支出总额的 35.61%；服务保障经费 1.03 亿元，占支出总额的 6.11%；人才发展优化创业服务支持资金 1.63 亿元，占支出总额的 9.64%；一区多园协同发展支持资金 1.22 亿元，占支出总额的 7.24%。[①] 从 2020 年北京市财政局拨付中关村示范区专项资金的用途可以看出，财政资金主要用于中关村示范区创新能力提

---

① 中关村科技园区管理委员会. 中关村年鉴 2021［M］. 北京：北京出版社，2021：286.

升、创新环境优化和重大项目精准支持，具有引导和优化中关村创新环境的作用。此外，中关村示范区通过财政专项资金对科技贷款的利率和企业融资租赁费进行补贴，降低企业融资成本，支持科技企业创新发展。2020年，中关村科技信贷支持资金给予科技型企业贴息1.65亿元，共支持2300家次中关村示范区企业获银行贷款112.65亿元，企业信贷融资加权平均利率4.75%，获贴息后融资成本下降约35.96%；支持149家次中关村示范区企业首次获银行贷款4.01亿元；支持100家次中关村示范区企业获银行中长期贷款24.5亿元。中关村融资租赁支持资金全年给予科技型企业融资租赁费用补贴2119.64万元，共支持163家中关村示范区企业的266个项目获融资31.44亿元。①

市场科技金融形成了多元化融资体系。中关村示范区已经形成了多元化市场科技金融融资渠道，在科技贷款方面，2020年，中关村高新技术企业贷款余额6864.92亿元，贷款平均利率4.02%。辖区内银行累放知识产权质押贷款17.4亿元，累放贷款户数288户，贷款平均利率4.6%；知识产权质押贷款余额14.51亿元，存量贷款户数246户。在外债发行方面，截至2020年底，国家外汇管理局中关村中心支局共为56家中关村示范区企业办理79笔外债便利化业务，累计签约金额50亿美元，为企业节约财务成本12亿元。在资本市场融资方面，截至2020年底，中关村示范区拥有上市公司406家、新三板企业1073家、四板企业5900家。② 在风险投资方面，2020年，中关村示范区企业获风险投资369.9亿美元，在全球城市中位居第二，仅次于美国旧金山湾区（609.8亿美元），约是上海（269.3亿美元）的1.4倍、深圳（149.3亿美元）的2.5倍。③ 多元化的融资渠道为中关村示范区科技型企业发展提供了良好的融资环境，形成了中关村示范区科技创新投入高地。此外，中关村示范区内科技金融专营组织机构对园区内高新技术企业和先进制造业高质量发展提供专项资金，支持园区内重大科技创新项目实施，截至2020年底，69家中关村科技金融专营组织机构对中关村高新技术企业贷款余额1400亿元，其中，为首贷企业发放贷款1023笔，贷款金额75亿元。国家开发银行北京分行推出先进制造业高质量发展资金合作计划，截至2020年底，共支持10家企业获贷款2.3亿元。在政策性担保方面，中关村科技担保融资有限公司不断加强信用融资平台建设，

---

① 中关村科技园区管理委员会．中关村年鉴2021［M］．北京：北京出版社，2021：64-65．
② 中关村科技园区管理委员会．中关村年鉴2021［M］．北京：北京出版社，2021：270．
③ 中关村科技园区管理委员会．中关村年鉴2021［M］．北京：北京出版社，2021：28．

2020 年，北京中关村科技融资担保有限公司增资 10 亿元，新增担保规模 100 亿元。截至 2020 年底，中关村担保公司共为 10530 家次企业提供 381 亿元担保服务。同时，中关村示范区积极应用数字技术，建设数字信用平台，联合人民银行营管部建设"创信融"平台，打造"金融管理大数据+金融科技+政府政策配套"三位一体的企业融资综合信用服务平台，累计放款 352 笔，放款金额 2.55 亿元；联合中关村发展集团股份有限公司打造中关村企业线上融资服务平台，引入服务机构 350 余家，累计线上服务融资项目超 2000 个，融资规模 46 亿元。[①]

推动园区内企业通过上市进行直接融资。"新三板"改革后，中关村示范区积极推动企业进入"新三板"精选层，2020 年走访 60 余家拟挂牌发行企业，支持 7 家中关村示范区企业在精选层挂牌发行。积极推动园区企业进入科创板融资，2020 年，中关村示范区新增上海证券交易所科创板上市企业 22 家，包括中科寒武纪科技股份有限公司、北京天智航医疗科技股份有限公司、北京亿华通科技股份有限公司等。截至 2020 年底，中关村示范区共有科创板上市企业 34 家，占全国（215 家）的 15.81%；[②] 开展企业上市融资培育活动，针对生物医药等领域开展专场培训，协调解决企业上市过程中遇到的问题；支持北京四板市场提升小微企业服务能力，推动设立创新成长专板（孵化板），约 120 家企业提出挂牌申请；举办各类培训和推介活动，提升企业并购风险防控能力。

四、科技金融服务和产品

科技金融专营机构是中关村示范区科技金融服务的重要载体，在企业科技创新中，中关村科技金融机构不仅可以提供传统的金融服务，还通过金融服务和产品创新，为中关村示范区企业提供资金支持，截至 2020 年底，中关村示范区内科技金融专营机构总计 69 家，分布在示范区各个园区。表 8-2 为截至 2020 年底，中关村示范区科技金融专营机构，可以看出不仅分布广泛，而且有专门提供小微企业金融服务的科技金融机构。

---

① 中关村科技园区管理委员会. 中关村年鉴 2021［M］. 北京：北京出版社，2021：270.
② 中关村科技园区管理委员会. 中关村年鉴 2021［M］. 北京：北京出版社，2021：282.

表 8-2　中关村示范区科技金融专营机构（截至 2020 年底）

序号	名称	序号	名称
1	中国工商银行中关村小微金融业务中心	26	交通银行北京海淀支行
2	中国工商银行顺义小企业金融业务中心	27	交通银行北京上地支行
3	中国工商银行经济技术开发区小企业金融业务中心	28	中信银行北京清华科技园支行
4	中国工商银行地安门小企业金融业务中心	29	中信银行北京知春路支行
5	中国工商银行海淀西区小企业金融业务中心	30	中信银行北京新兴支行
6	中国工商银行海淀小企业金融业务中心	31	中信银行北京紫竹桥支行
7	中国工商银行朝阳小企业金融业务中心	32	中国光大银行北京海淀中小企业信贷中心
8	中国工商银行丰台小企业金融业务中心	33	华夏银行中关村支行
9	中国工商银行石景山小企业金融业务中心	34	华夏银行上地支行
10	中国工商银行昌平小企业金融业务中心	35	华夏银行知春支行
11	中国工商银行大兴小企业金融业务中心	36	中国民生银行中关村分行营业部
12	中国农业银行北京中关村分行	37	中国民生银行上地支行
13	中国银行中小企业金融服务崇文中心	38	中国民生银行万柳支行
14	中国银行中小企业金融服务顺义中心	39	中国民生银行成府路支行
15	中国银行中小企业金融服务海淀中心	40	中国民生银行中关村支行
16	中国银行中小企业金融服务昌平中心	41	招商银行北京清华园支行
17	中国银行中小企业金融服务中关村中心	42	招商银行北京上地支行
18	中国银行中小企业金融服务朝阳中心	43	广发银行中关村支行
19	中国银行中小企业金融服务石景山中心	44	兴业银行北京海淀支行
20	中国银行中小企业金融服务通州中心	45	平安银行北京分行营业部
21	中国银行中小企业金融服务丰台中心	46	上海浦东发展银行北京开发区支行
22	中国银行中小企业金融服务开发区中心	47	上海浦东发展银行北京清华园支行
23	中国建设银行北京清华园支行	48	上海浦东发展银行北京丰台支行
24	中国建设银行北京上地支行	49	上海浦东发展银行北京中关村支行
25	交通银行北京中关村园区支行	50	上海浦东发展银行北京电子城支行

序号	名称	序号	名称
51	中国邮政储蓄银行北京中关村支行	61	天津银行北京分行营业部
52	北京银行上地支行	62	天津银行北京分行丰台支行
53	北京银行海淀园支行	63	杭州银行北京中关村支行
54	北京银行双秀支行	64	南京银行北京中关村支行
55	北京银行互联网金融中心支行	65	浙商银行北京中关村支行
56	北京银行清华园支行	66	锦州银行北京中关村支行
57	北京银行中关村科技园区支行	67	徽商银行中关村支行
58	北京农商银行海淀支行	68	中关村银行
59	北京农商银行海淀新区支行	69	上海银行北京中关村支行
60	渤海银行北京魏公村支行		

数据来源：中关村科技园区管理委员会．中关村年鉴2021［M］．北京：北京出版社，2021：466.

科技金融服务和产品创新是中关村科技金融服务的重要特征，针对不同成长阶段的企业提供相应的金融服务，既可以满足企业融资需求，也可以有效降低科技金融风险，限于篇幅，不能覆盖所有科技金融服务和产品创新，本书对中关村科技金融服务和产品创新进行简单介绍。①

（1）"瞪羚计划"。"瞪羚计划"由中关村担保公司联合中关村管委会、北京银行股份有限公司等单位于2003年推出，建立了政、银、担三位一体的合作机制，在全国率先推出支持高成长企业融资发展的政策性担保产品。申请进入"瞪羚计划"的条件为：①中关村科技园区内的高新技术企业；②经济指标：以企业申请"瞪羚计划"上一年度实现的技工贸总收入规模及技工贸总收入和利润的同比增长率作为界定标准。企业的技工贸总收入规模在1000万~5亿元，其中，总收入在1000万~5000万元，要求收入增长率达到20%或利润增长率达到10%；总收入在5000万~1亿元，要求收入增长率达到10%或利润增长率达到10%；总收入在1亿~5亿元，要求收入增长率达到5%或利润增长率达到10%。对进入"瞪羚计划"的企业，主要金融扶持政策有：①将企业贷款贴息

---

① 科技金融服务和产品创新介绍资料来源于北京市科学技术委员会、中关村科技园区管理委员会官网（beijing.gov.cn），并经作者整理而得。

比例提高 5 个百分点，一星级至五星级企业贴息比例分别提高到 25%、30%、35%、40% 和 45%。②为企业提供综合金融支持。按照相关规定，对瞪羚重点培育企业发行的企业债券、信托计划、中期票据、短期融资券等直接融资产品，给予社会筹资利息 30% 的补贴；对企业发生的信用保险和贸易融资，给予 50% 的资信调查费用补贴和 50% 的保费补贴；对流动资金贷款参照银行贷款给予一定比例的贴息；对企业融资租赁而发生的融资费用给予 20% 的补贴；对企业投标承接重大建设工程，给予保函手续费、评审费、担保费等综合成本 20% 的补贴，按照银行基准利率给予贷款企业 40% 的利息补贴。对企业的息费补贴按照有关规定实行总额控制。

（2）知识产权质押。中关村知识产权质押的快速发展始于 2007 年中关村国家知识产权制度示范园区知识产权质押贷款贴息专项资金开始正式实施时，这笔专项资金每年的额度为 100 万元，成为了中关村知识产权质押融资推进的起始动力。2009 年《北京市人民政府关于同意加快建设中关村国家自主创新示范区核心区的批复》提出，支持商业银行率先在核心区设立专门为科技型中小企业服务的分支机构，扩大信用贷款、知识产权质押贷款试点的规模。此后知识产权质押成为中关村示范区重要的科技金融产品，拓宽了小微科技企业间接融资渠道。2019 年中关村科技园区管理委员会、中国人民银行营业管理部、中国银行保险监督管理委员会北京监管局、北京市知识产权局印发《关于进一步促进中关村知识产权质押融资发展的若干措施》中指出："支持银行、担保公司等金融机构建立专门的知识产权质押融资管理制度，设立专职部门或团队，单列信贷计划，创新授信、担保审批制度，完善利率、费率定价机制，促进知识产权质押融资年累放贷款户数、年累放贷款金额逐年合理增长。"通过政策支持，给予银行、担保公司、支持产权专业机构一定的资金补贴，大力推动知识产权质押及其创新产品的发展，譬如，文件指出："支持银行、担保公司运用大数据、云计算等金融科技手段提升对高价值发明专利等核心知识产权的综合评估能力，开展知识产权收益权质押（担保）、线上批量授信、知识产权交易履约担保等新型业务模式，不断扩大信贷和担保规模。中关村管委会按照年度发生业务规模的 1% 给予银行、担保公司风险补贴支持，单家银行、担保公司年度补贴金额不超过 500 万元。支持知识产权专业机构为科创企业提供知识产权证券化服务，将知识产权进行集中打包等方式在资本市场发行证券进行融资。中关村管委会按照机构年度发债规模的 1% 给予其机构风险补贴支持，单家机构年度补贴金额不超过 500 万元。"在政策的推动下，中关村示范区知识产权质押快速发展，目前已经成为中关村示范区科技企业进行贷款的重要渠道，2020 年，中关村知识产权质押贷款余额 14.51 亿元，存量贷款户数 246 户。① 知识产权质押金融产品创新也得到了新的发展，极大便利了小微企业融资，譬如，中关村科技融资担保有限公司等金融机构联合推出知识产权质押融资产品——"知融保"，该产品可让小微企业无须提供实物资产抵质押，仅凭企业或实际控制人名下专利进行质押即可获最高 200 万元的融资。

（3）数字技术支持科技金融服务平台建设。①北京企业上市综合服务平台系统。该平台是由北京启元资本市场发展服务有限公司搭建的企业上市综合服务的线上系统，可为企业、机构和政府提供上市全景分析、企业评估服务、上市培育服务、综合金融服务和政策落地服务。平台分别与 12 家区级政府金融管理部门和上海证券交易所北方基地、深圳证券交易所北京中心、全国中小企业股份转让系统有限责任公司、新加坡交易所北京中心以及相关券商、会计师事务所、律师事务所签署战略合作协议；与北京"科创 100"代表企业和北京企业上市重点培育库代表企业签署咨询服务协议。将开展"万家种子企业"、"千家精英企业"、"科创 100"企业、"文创 100"企业的入库评估工作，对不同梯次企业制订差异化的培育方案，为企业上市提供服务支撑；重点围绕科创板、新三板、再融资等主题，开展培育服务，助力企业做好上市筹备工作。②中关村易（e）创服务平台。该平台是由中关村发展集团股份有限公司利用大数据和人工智能技术开发的普惠、开放、共享的科技创新市场化服务平台。提供政策匹配、企业征信、智能园区、基金管理、人才匹配、企业投融资、产业分析和知识产权 8 类"服务包"，为中小企业提供全周期、一站式管家服务。③中关村企业线上融资服务平台，该平台由中关村管委会和中关村发展集团股份有限公司主办，平台以"信息链、信用链、融资链"三链合一为特色，是重点涵盖资本市场融资、供应链融资、信用交易融资三大业务领域的科技型企业线上综合金融服务平台，由北京中关村科技创业金融服务集团有限公司运营管理。平台通过区块链技术建立可追溯防篡改的数据交换信息链、采用大数据技术建立对企业精准画像分层分级评价信用链、运用机器学习技术建立资金供需双方精准匹配智能撮合融资链，与数据源公司联合建模，以"分层评级、智能匹配、股债联动"为基础，解决融资方和投资方的信息不对称问题，提高创新创业企业融资效率。④"创信融"企业融资综合信用服务平台。该平台由人民银行营

---

① 中关村科技园区管理委员会 . 中关村年鉴 2021 ［M］. 北京：北京出版社，2021：270.

管部和中关村管委会联合发布，是全国率先利用"金融管理大数据+金融科技+政府政策配套"三位一体的企业融资综合信用服务平台，具有"多元数据、联合建模、沙盒评价、授信直连、政策助推"等特点。平台在中关村示范区开展试点，重点优化金融基础设施建设，提升商业银行小微企业金融服务能力，加快推动"纯信用、线上化"金融服务产品落地，提高小微企业融资的获贷率、首贷率、信用贷款率，降低利率和不良率，增强信贷融资服务的便利性、精准性和连续性。⑤"信易贷"平台。该平台以北京市金融大数据为基础，依托北京小微企业金融综合服务平台，以"首贷中心"和"续贷中心"为支撑，与市级及17个区协同合作，与多家银行、担保公司、保险公司等金融机构配合，形成"1+17+N"的模式，建立金融服务实体经济的常态化对接机制，与国家"信易贷"基础平台对接，督促和引导金融机构加大对中小微企业信用贷款的支持力度。⑥中关村科技担保公司新一代担保业务系统。系统依托底层的大数据平台，综合应用大数据、云计算、智能风控等技术，建成一站式数据查询、信用报告下载、核准报告自动生成、数据源及用户管理五大功能模块，实现信息一次性录入、一键式查询、批量进件、自动化与人工审批结合、机器辅助担保要件生成，可提高小微企业担保业务项目的审批效率，提升批量获客、精准获客、大数据风控、智能评审等能力。⑦北京区域性股权市场区块链登记托管系统。该系统是深证通金融区块链平台在区域性股权市场股权登记场景下的应用，系统将区块链技术创新应用于股权登记托管场景，利用区块链技术去中心化及不可篡改等特点，使交易和数据更加可靠，帮助非上市股份公司规范公司治理，增强股东名册公信力和可信度，减少公司管理成本，提高股权管理效率。同时，通过与中国证监会中央监管链对接，可为监管部门实时动态监管提供基础保障。⑧ECO BANK金融开放平台。由北京中关村银行开发的ECO BANK金融开放平台应用大数据、人工智能、区块链、云计算等前沿科技，在前瞻性顶层设计的基础上，从战略规划、制度规范、产品创新、系统安全、用户体系、数据体系、运营体系及平台管理8个方面统筹建设，通过云部署方式彻底摆脱对底层硬件类型的依赖，具备智能风控决策、大数据分析、企业客户画像、产品快速发布等核心能力，为中小微企业、科创企业用户提供线上化、场景化、个性化的一站式综合金融服务。

（4）其他金融服务和产品创新。①北京科技企业"科创钻石指数"。北京市金融监管局联合北京证监局、市科委、市经济和信息化局、中关村管委会、中关村发展集团股份有限公司发布的北京科技企业"科创钻石指数"，重点从

"核心技术、研发能力、研发成果市场认可、相对竞争优势、技术成果转化、科创加分项" 6 个维度、39 项一级指标、183 项二级指标、超过 1000 个基础指标，以系统性、可量化、多维度的方式，综合评价科技企业的科技创新和持续发展能力。指数将依托北京企业上市综合服务平台（启元资本）向社会企业、金融机构开放，助力科创企业通过指数评估科创进展，加速金融机构、投资机构对企业科创属性的研判。② "金文三宝"。由北京市文化创意产业促进中心、北京中关村科技融资担保有限公司、北京国华文科融资担保有限公司等单位推出的文化金融创新产品，包括 "金创宝"（扶持千家北京文创大赛百强企业和最具投资价值文创企业）、"金园宝"（扶持百家市级文化产业园和区级文化产业园）、"金片宝"（扶持百家优秀影视企业）3 款产品，该金融创新产品致力于贷投保携手，做到 "贷投保携手，见保即贷，保贷联动，贷投对接"，企业无须实物抵押即可为文创企业提供担保贷款支持，具有低利率、低门槛、审批快、手续简便等特点。

第二节　上海张江国家自主创新示范区

上海张江高新区，原名上海高新区。1991 年 3 月，国务院批准漕河泾新兴技术产业开发区为全国首批国家高新区之一；自 1992 年，上海陆续将知识经济集聚的区域纳入上海市级高新区范围，先后成立张江、金桥园等高科技园区；高新区从 1 园、2 园、6 园、8 园、12 园、18 园，到目前的 22 园，总面积 531 平方千米，覆盖上海市 16 个行政区。2006 年 3 月，国务院批准上海各高科技园整体更名为 "上海张江高新区"。2011 年 1 月，国务院批复同意支持上海张江高新技术产业开发区建设国家自主创新示范区。张江示范区是上海建设具有全球影响力的科技创新中心核心载体和先行先试区域，已经形成生物医药、信息技术、节能环保、高端装备制造、新材料、新能源、新能源汽车、文化科技融合产业和现代服务业等 9 大产业集群。

一、科技创新集聚效应显著

上海张江国家自主创新示范区是上海科技创新的主体，经济规模持续大幅增长。2021 年，示范区企业实现营收 7.8 万亿元，工业总产值 1.89 万亿元。高新技术企业聚集效应明显，创新主体不断扩大，2021 年，张江示范区共有高新技术企业 11590 家，占上海市高新技术企业的 57.8%，共有 A 股上市企业 240 家（科创板上市企业 50 家）、港股上市企业 88 家、美股上市企业 32 家，独角兽企业 58 家，其中，A 股上市的企业占上海市的 61.5%，港股上市企业占上海市的 59.1%，美股上市企业占上海市的 71.1%，科创板上市企业占上海市的 84.1%，独角兽企业占上海市的 81.7%。①张江示范区聚集了上海市一半以上的高新技术企业，成为了上海市创新主体最为密集的工业园区，创新聚集效应显著。

科技创新产出能力不断提升。2021 年张江示范区专利授权量为 82681 件，比 2020 年增长 43.5%。其中，发明专利授权量为 22169 件，比 2020 年增长 44.0%，PCT 国际专利申请量为 3507 件，比 2020 年增长 48.3%，占上海市的 72.6%。技术合同成交金额 1882.4 亿元，比 2020 年增长 50.1%，占上海市的 69.1%。张江示范区内企业、高校、科研院所等单位获 2020 年度国家科学技术奖（通用项目）33 项，占上海市的 78.6%，其中，牵头完成 19 项，占获奖项目总数的 57.6%；获得国家自然科学奖 8 项，占上海市的 88.9%，获得国家技术发明奖 4 项，占上海市的 66.7%，获得国家科学技术进步奖 21 项，占上海市的 77.8%。②张江示范区科技创新产出快速增长，已经成为了上海市科技创新产出高地。

三大核心产业聚集度不断提升。集成电路、生物医药产业和人工智能是上海张江国家自主创新示范区的三大核心产业，近年来张江示范区三大核心产业不断聚集，销售规模迅速增长。2021 年，张江示范区共有集成电路重点企业 271 家，比 2020 年净增 24 家，其中 IC 设计企业 19 家、设备材料企业 8 家，集成电路设计和设备制造的销售规模达 2424.2 亿元，占上海市的 94.0%，比 2020 年增长 34.5%，连续 8 年实现两位数增长，其中，集成电路 IC 设计业、芯片制造业、封装测试业、设备材料业销售规模依次为 1213.6 亿元、614.1 亿元、382.8 亿元、213.8 亿元，分别占总规模的 50.1%、25.3%、15.8%、8.8%。2021 年，张江示范区规模以上医药工业企业 221 家，占上海市总数的 62.2%，其中，营业收入超 10 亿元的企业 22 家，总营业收入占示范区的 60.3%；营业收入亿元以上企业 138 家，总营业收入占示范区的 95.9%，医药工业实现营业收入 1150.8 亿元，占上海市的 78.6%，比 2020 年增长 13.1%。2021 年，张江

①② 2021 张江国家自主创新示范区年度报告（科创上海公众号）。

示范区人工智能重点企业 343 家，占上海市的 74.1%；总营业收入 2840.2 亿元，占上海市的 92.1%，比 2020 年增长 13.7%。从园区分布来看，杨浦园是人工智能重点企业最为集聚的园区，占张江示范区的 24.2%，张江科学城、静安园、漕河泾园等也是人工智能重点企业分布较多的园区。2021 年，张江示范区规模以上人工智能企业 288 家，比 2020 年增长 43.3%，占上海市的 77.4%。[①]张江示范区已经成为集成电路、生物医药产业和人工智能产业的聚集地。

二、科技发展政策体系

上海张江国家自主创新示范区已经形成了涵盖重大专项、集成电路产业和软件产业高质量发展、特色产业园区建设促进产业投资、高层次人才引进、科技金融等方面的科技创新政策体系，为建设国家自主创新示范区提供了有力的支撑。

在重大专项方面，先后制定出台了《关于加快建设具有全球影响力的科技创新中心的意见》《上海市推进科技创新中心建设条例》和《上海市市级科技重大专项管理办法》（以下简称"重大专项"），对上海市重大专项定位为加快建设具有全球影响力的科技创新中心提供支撑，指出："坚持面向世界科技前沿、面向经济主战场、面向国家重大需求、面向人民生命健康，聚焦基础研究和关键核心技术攻关，注重发挥重大科技基础设施和战略科技力量作用，在国家有需求、上海有基础的重点领域，组织实施一批具有重大引领作用、资金投入量大、协同效应突出、支撑作用明显的市级科技重大专项。"给予申请立项的重大专项一定的资金支持，文件规定："重大专项按程序立项获批后，先行拨付核定补助金额的 40%；中期评估通过后，拨付核定补助金额的 40%；核定补助金额 20% 的尾款。"

在集成电路产业和软件产业高质量发展方面，出台了《新时期促进上海市集成电路产业和软件产业高质量发展的若干政策》，文件从人才支持、企业培育支持、投融资支持政策、研发和应用、长三角协同创新等方面给予集成电路产业和软件产业一定的支持。[①]在人才支撑方面，从资金奖励、境外高端紧缺人才扶持、企业人才引进、企业人才住房保障、高校人才培养、软件人才职业资质认证与职业能力评价等方面制定了发展政策。譬如，在优化研发设计人员和

---

① 2021 张江国家自主创新示范区年度报告（科创上海公众号）。

企业核心团队奖励政策方面，重点支持承担国家及本市重大攻关任务的集成电路生产、装备、材料、设计、先进封装测试企业研发设计人员和基础软件、工业软件、新兴技术软件、信息安全软件企业以及符合国家规划布局导向的大型行业应用软件企业研发设计人员；在企业引进人才方面，对列入国家鼓励的重点集成电路和软件企业清单的单位，经上海市战略性新兴产业领导小组办公室向相关主管部门推荐后，纳入当年非上海生源普通高校应届毕业生进沪就业重点扶持用人单位，此单位引进符合条件的高层次人才，直接纳入上海市级相关人才引育计划。在人才住房保障方面，将上海市行业主管部门认定的集成电路和软件企业纳入上海市级人才公寓保障范围，将在沪国家级集成电路创新平台研发人员纳入上海市级人才租房补贴范围。②在企业培育支持方面，从专项资金支持力度、集成电路中小企业产能保障、软件创新平台培育机制方面制定了相关的支持政策。③在投融资支持方面，扩大上海市级集成电路产业基金规模，创新信贷支持和软件行业融资方式，实施集成电路优惠利率中长期信贷专项贴息政策，对符合条件的企业并购贷款、债券融资，以及企业为参与集成电路产业投资基金和装备材料基金出资而发行的债券，给予长期优惠利率信贷专项贴息。依托上海"信易贷"、大数据普惠金融应用和"银税互动"等平台，支持银行开发企业特色融资产品；支持保险机构参与集成电路产业发展，加强适合集成电路产业特点的保险产品供给，探索建立集成电路保险共保体及大灾风险分散机制，支持自主安全可控装备、材料、EDA上线验证，研究制定重点领域和重点项目保险费补贴支持政策；支持集成电路和软件企业融资担保服务，鼓励市场化融资担保机构为上海市集成电路装备材料企业提供融资担保服务，对担保费率不超过2%对应发生的担保费部分，给予融资担保机构75%的担保费用补贴。推动上海市政策性融资担保基金加大为企业提供融资担保服务的力度。④此外，在研发应用和长三角协同发展等也制定了相应的扶持政策。

在特色产业园区建设方面，制定出台了《关于加快特色产业园区建设促进产业投资的若干政策措施》，从产业空间布局、打造特色产业园区、新经济发展、产业生态园、招商、科技成果转化、重大产业项目落地、资金支持重大产业项目、金融服务实体经济、人才保障等方面出台了相关政策。在金融服务实体经济方面，文件指出："制定专项融资方案，优化融资结构，加强金融服务。设立总规模1000亿元面向先进制造业的中长期信贷专项资金，将中长期低息贷款政策从集成电路扩大至人工智能、生物医药等领域。用好人民银行专项再贷款政策和政策性金融机构复工复产专项贷款，降低融资成本。"为重点产业发展提供有效的资金支持。

此外，在人才引进、科技金融发展、产业投资、资本市场促进科创企业高质量发展以及园区土地使用等方面都制定了相关的政策，本书中就不一一赘述了。

三、科技金融服务和产品创新体系

上海张江国家自主创新示范区经过 20 余年的发展，已经形成了较为完善的科技金融支撑体系，在科技金融政策、科技金融服务、科技金融产品方面有很多值得借鉴的经验。特别是上海证券交易所科创板的开通以及注册制的实施，使其成为全国重要的科技投融资中心，丰富和完善了我国科技创新投融资体系，进一步强化了金融服务科技创新的作用，为张江示范区成为高新技术产业和战略新兴产业聚集地提供了良好的融资条件。

（1）"浦江之光"。上海市作为我国最早的金融中心，一直是我国对外开放的前沿，也是我国科技创新的中心，为全力落实党中央交给上海的三项新的重大任务，支持上海证券交易所设立科创板并试点注册制，着力发挥资本市场服务科技创新作用，促进科创企业高质量发展，上海市政府办公厅制定印发了《关于着力发挥资本市场作用促进本市科创企业高质量发展的实施意见》，简称"浦江之光"行动。"浦江之光"行动旨在通过部门联动、市区协同的协调推进机制，搭建科创企业和政策工具两个资源库，服务企业孵化培育、改制上市、并购重组三个关键环节，集聚金融市场、股权投资、长期资金、中介机构四类资本要素，力争用 5 年时间，将上海建设成为服务全国科创企业的重要投融资中心、金融创新服务实体经济高质量发展的重要示范区、高新技术产业和战略新兴产业的重要策源地。[①] "浦江之光"行动由一系列的科技创新和科技金融政策体系构成，主要由上海市级政策和区、重点园区政策两部分构成，市级政策主要从资本市场建设、科技成果转化、科技创新中心建设、中小企业发展、上市公司高质量发展、上海市创业投资、区域股权市场发展、高新技术产业发展、人才引进等方面支撑建设上海市服务科创企业的重要投融资中心，包括《上海市人民政府办公厅关于着力发挥资本市场作用促进本市科创企业高质量发展的实施意见》《上海市促进科技成果转化条例》《上海市推进科技创新中心建设条

---

① 上海市政府官网（https：//www.shanghai.gov.cn/nw42230/20200823/0001-42230_1396054.html）。

例》等。区和重点园区的政策主要从财政扶持中小企业挂牌、企业改制和上市并购重组、发展科技金融等方面制定政策，支持区域内中小企业进入资本市场融资，大力发展科技金融，构建创新链与资金链相匹配的融资支撑体系，包括《浦东新区"十四五"期间促进中小企业上市挂牌财政扶持办法》《黄浦区关于进一步推进企业改制上市和并购重组的实施意见（试行）》《徐汇区关于做优科技金融品牌促进金融服务支持科技创新的实施意见》《杨浦区金融服务办公室等杨浦区关于促进科技金融创新发展若干政策》等。

（2）"张江之星"。上海推进科技创新中心建设办公室发布《推进张江高新技术产业开发区高质量发展行动方案（2021—2023年）》，简称"张江之星"行动。"张江之星"旨在力争到2023年，涌现一批具有全球影响力的原创性成果，突破一批关键核心技术，形成集成电路、生物医药、人工智能三大世界级产业集群，以及数字经济、绿色低碳等若干引领全国的特色产业集群，培育一批创新型科技企业，集聚一批杰出创新创业人才，建设一批创新型特色基地，提升特色产业园区产业集聚度，使张江高新区成为上海高新技术产业和战略性新兴产业的核心载体、深化改革的试验田，作为支撑上海科技创新中心建设的主战场，率先成为全国创新驱动发展的示范区和高质量发展的先行区，基本建成具有全球重要影响力的高科技园区。"张江之星"重点在科技基础设施建设、集聚高水平研究力量、推动颠覆性技术创新、推动关键核心技术攻关、培育创新型科技企业、促进创新成果转化、全面推进数字化转型、绿色低碳发展、园区协同发展、激发各类人才创新活动、提升金融服务效能、促进科技创新服务供给、强化知识产权保护、开放创新等方面进行政策支持，力争取得重大科技进展。

（3）科技金融产品。作为国家级自主创新示范区和上海市科技创新聚集区，张江示范区内金融服务机构分布广泛，科技金融服务产品丰富，与科技创新的融资需求匹配度较高。目前，服务张江示范区企业投融资的合作金融机构主要有工商银行股份有限公司上海市分行、中国银行股份有限公司上海市分行、中国建设银行股份有限公司上海支行、交通银行股份有限公司上海分行、上海浦东发展银行股份有限公司、中信银行股份有限公司上海分行、上海银行股份有限公司、上海农村商业银行股份有限公司、北京银行股份有限公司上海分行、兴业银行、中国民生银行上海分行、光大银行、宁波银行、盛京银行等。①

1）工商银行股份有限公司上海分行根据科创企业"两高一轻"的特征，创新研发了科创企业专属评级授信模型，可结合科创企业个性化需求，设计专属信贷产品。与担保公司、保险公司、专业评估机构、政府部门等联动，给予担保增信，运用知识产权质押等方式提供科创企业专属融资支持。

2）中国建设银行股份有限公司上海支行提供以下金融产品：①建知贷。该产品无须抵押，可以有效盘活知识产权等无形资产，解决轻资产科技型小企业抵押物不足的问题；可通过引入第三方保证保险或保证担保机构，为科技型小微企业提供增信，单笔最高贷款金额为 500 万元，最优利率为人行 LPR，最短审批周期为 3 个工作日。②科技履约贷。该产品可以享受政府提供保费 50% 的补贴，可以减轻企业融资成本，银政协作，无须抵押，单笔最高贷款金额为 1000 万元，最优利率为人行 LPR，最短审批周期为 3 个工作日。③善新贷。该产品是专为"专精特新"小微企业量身定制的信贷产品，单笔最高贷款金额为 1000 万元，最优利率为 3.95%，最短审批周期为 1 个工作日。④科创助力贷。该产品是银政协作、多方增信、无须抵押、无须缴纳保证金、无担保费的助力贷款产品，单笔最高贷款金额为 300 万元，最优利率为 4.2%，最短审批周期为 3 个工作日。

3）交通银行股份有限公司上海分行金融产品：①人才贷。主要支持范围为：培养期内县（市、区）及以上人才计划的人才个人或人才设立科技创新企业，包括国家级人才计划、上海市"千人计划"、"浦江计划"以及区域内各市、县（市、区）人才办、科委、科技局等牵头负责的人才计划，单笔最高贷款金额为 300 万元，最优利率为人行 LPR，最短审批周期为 2 周。②研发贷。主要用于企业技术研发、工艺开发或技术更新改造所需的贷款，包括流动资金贷款和固定总资产贷款，单笔贷款期限最长可达 10 年，单笔最高贷款金额不限，最优利率为人行 LPR，最短审批周期为 1 个月。③创融贷。产品面向高瓴资本、红杉中国、IDG 资本等知名创投机构，交银国际、交银投资、交银国信入股的私募股权投资公司，全国性金融机构成立的股权投资公司，长三角区域各省市设立的创投公司（基金）及其下属股权投资执行机构（含 SPV、合伙企业）等在长三角区域投资入股的科技创新企业。单笔最高贷款金额不限，最优

① 科技金融产品介绍来自上海张江国家自主创新示范区官网（https：//kcb. sh. gov. cn/html/1/272/ 280/index. html）。

利率为人行 LPR，最短审批周期为 2 周。

4）上海浦东发展银行股份有限公司提供的金融产品：①上市贷。该产品针对拟上市企业，提供纯信用流动资金贷款，单笔最高贷款金额为 8000 万元，最优利率不超过 1YLPR，最短审批周期为 2 周。②小巨人贷。针对科委小巨人名单内企业，提供纯信用流动资金贷款，单笔最高贷款金额为 8000 万元，最优利率不超过 1YLPR，最短审批周期为 2 周。③员工股权激励贷，该产品针对符合要求的拟上市企业员工持股平台，提供长期限低成本的股权激励出资款贷款融资，根据实际需求提供单笔最高贷款金额，最优利率为不超过 5YLPR，最短审批周期为 4 周。④在线银票贴现。该产品针对有银票贴现的科技、小微企业，提供快捷、低成本的银票贴现融资产品，单笔最高贷款金额为 2500 万元，最优利率根据同业市场价格波动，近期远低于 1YLPR 价格，最短审批周期为 2 天。

5）中信银行股份有限公司上海分行提供以下科技金融产品：①科创 e 贷。针对国家级或市级专精特精企业，提供快速审批流程、纯信用、全程线上、自助申请、签约、按日计息贷款，单笔最高贷款金额为 1000 万元，最优利率为 3.85%（国家级）、4.35%（市级），预审通过后，开户后线上审批，当天批复后提款。②政采 e 贷。该产品为政府采购的上游供应商或中标企业提供纯信用融资，可以盘活应收账款，贷款全程线上、自助申请、签约，按日计息、随借随还，线上最高可贷 500 万元，线下最高可贷 1000 万元，单笔最高贷款金额为 500 万元，最优利率为 3.85%~4.35%，预审通过后，开户后线上审批，当天批复后提款。③关税 e 贷。该产品针对进口型企业，纯信用贷款，可支付海关关税、增值税、消费税等，贷款全程线上、自助申请、签约，按日计息、随借随还，单笔最高贷款金额为 300 万元，最优利率为 3.8%~4.2%，预审通过后，开户后线上审批，当天批复后提款。④专精特精企业专区流动资金贷款。该产品针对国家级专精特精企业，年限最长 3 年，审批模式为打分制且专人审批，额度最高可贷 3000 万元，单笔最高贷款金额为 3000 万元，最优利率为 3.7%，材料齐全后预计 2 周内出批复。

6）上海银行股份有限公司提供以下科技金融产品：①研发贷。该产品授信期限原则上最高为三年，对于生物医药、集成电路等行业可根据企业实际需求适当放宽期限限制；担保方式灵活，灵活运用企业拥有的无形资产（知识产权、专利权、著作权等）作为担保方式。该产品从背景调查、研发能力、外部支持、资产状况等维度对企业进行综合评估，与传统银行过度依赖企业财务指标、经营数据的评估模式相比更适用于科创企业。适用对象为有较大研发投入需求的科技型企业，重点支持高新技术企业、国家级和省市级专精特新企业、专精特新"小巨人"企业等，单笔最高贷款金额根据客户实际情况而定，最优利率为3.4%，最短审批周期为7日。②知识产权质押贷。该产品享受政策贴息，即浦东新区对符合一定条件的科创企业给予最高50万元贴息资助，闵行区按同期人民银行贷款基准利率予以全额贴息；该产品非常贴合科创企业轻资产、体量小、无力提供其他抵押物等特点，为拥有优质核心技术的企业提供了良好的融资渠道；适用于知识产权密集型企业，单笔最高贷款金额可根据客户实际情况而定，最优利率为3.4%起，最短审批周期为7日。③上市技易贷。该产品基于财务状况、专业技术、经营能力等要素，结合上海技术交易所技术属性评定，以及其认定的技术合同交易金额，采用"科技属性匹配+合同额度核定+初审通过率设置"的方式，为企业提供差异化的信贷支持；科创属性高评分企业最长支持5年，适用对象为有技术升级改造、合作开发、技术许可应用、技术转让与技术人才引进等需求的科技型企业，单笔最高贷款金额不超过5000万元，最优利率为3.4%起，最短审批周期为7日。④科创贷。该产品审批流程快，授信期限灵活，与上海市中小微企业政策性融资担保基金管理中心合作，依托政府政策性扶持，给予企业更好服务，适用对象为优质科创企业，单笔最高贷款金额：中小微科创企业，单户授信额度最高可达2000万元；对于特别优质的科创企业，单户授信额度最高可达5000万元；大型科创企业，单户授信额度最高不超过1亿元，最优利率为3.4%起，最短审批周期为7日。

7）上海农村商业银行股份有限公司提供以下科技金融产品：①创业担保贷款。该产品审批通过率高，针对创业型企业发放，对财务数据要求低，信用担保，政府贴息约2%（需到期后6个月内向上海市就促中心申请），单笔最高贷款金额为300万元，最优利率为3.50%~4.15%，全流程预计1个月。②浦江之光批次贷款。该产品审批周期短，财务指标要求较低，亏损企业可申请，单笔最高贷款金额：高新技术企业信用类1000万元，高新技术企业组合类2000万元，最优利率为3.5%~4.5%，担保费0.5%，收齐材料后银行1周完成审批。③高企贷。该产品为独立审批类信用贷款，亏损企业可申请，单笔最高贷款金额为500万元，最优利率为4.2%~5.0%，收齐材料后银行2周完成审批。④科技履约贷。该产品审批通过率高，可在中小微担保产品额度上叠加，单笔最高贷款金额为1000万元，最优利率为3.5%~4.5%，担保费0.75%（补贴后），银行1周完成审批，担保公司科委审批全流程预计1个月。⑤投贷联动。应用场景：一为股权资金到位前作为过桥，即公司正在进行股权融资，在股权资金到位前作为过桥资金；二为股债联动，即匹配公司融资规模，股债联动，减少公司股权稀释，且不干预公司决策与日常经营；三为优化公司财务成本，即补充日常运营现金流，尤其公司有并购或扩张计划，充分发挥债权资金的体量及成本优势，单笔最高贷款金额为5000万元。

8）北京银行股份有限公司上海分行提供以下科技金融产品：①科企贷。企业只需申请知识产权，认定为高新，经营期限满两年即可申请；在线申请贷款，期限为一年，单笔最高贷款金额为300万元，最优利率为4.5%，最短审批周期为2周。②领航贷。适合专精特新或专精特新小巨人，一些硬科技将要或者已经获得投资款的企业更适合该品种贷款，单笔最高贷款金额为5000万元，最优利率为不低于4.35%，最短审批周期为3~4周。

9）兴业银行提供以下科技金融产品：①线上快易贷（科技型企业）。通过电子化流程，融合企业现金流及技术流的线上融资产品，通过分析企业专利数量、结构、高管团队及产学研情况对企业拥有的科技创新要素进行计量和评价，预测企业未来发展潜力，综合评估授予融资额度，广泛适用于各类科技型企业。全线上申请和提款，随借随还、循环使用。单笔最高贷款金额为500万元，最优利率为3.5%，最短审批周期为3个工作日。②知识产权质押贷款。接受发明专利权、实用新型专利权、商标权等知识产权质押融资，盘活企业无形资产；通过专利权质押融资，可享受各地政府贷款利息、评估费、保险费等补贴政策，降低融资成本；额度最高可达质押知识产权评估价值的40%。单笔最高贷款金额不限，最优利率为3.6%，最短审批周期为10个工作日。③投联贷。针对已引入或拟引入兴业银行白名单投资机构股权投资的企业，按照已引入或拟引入投资金额的一定比例为企业提供债权融资。通过"计分卡"对企业进行快速评审。可信用免担保，贷款期限最长可达5年，单笔最高贷款金额为5000万元，最优利率为3.8%，最短审批周期为15个工作日。④人才贷。向实际控制人被纳入政府特殊人才计划的科创企业提供的中短期授信业务，针对处于研发阶段尚未形成稳定经营收入的企业，可办理不超过500万元的信用免担保业务，针对已形成经营收入的，信用免担保额度按照销售收入的50%和人才层次对应额度（比如省级人才1000万元、国家级2000万元）核定。授信期限可至两年，项下各类融资产品期限1~5年，单笔最高贷款金额不限，最优利率为3.8%，最短审批周期为15个工作日。⑤工业厂房贷款。向融资人发放的用于购买一手、二手工业厂房，或自建工业厂房的贷款，融资额度可达购置或建设总成本的80%，贷款期限最长可达15年，单笔最高贷款金额不限，最优利率为4%，最短审批周期为 20 个工作日。

10）中国民生银行上海分行提供以下科技金融产品：①网乐贷。面向小微客户推出的产品，基于大数据、移动互联网等技术，运用客户授权的税务、工商、征信、司法、收入、资产等多维数据，通过线上或线上线下相结合模式发放的信用或担保贷款产品。客户通过民生"小微 APP"等在线服务渠道自助申请，只需身份证，即可完成申请。支持纯信用贷款，同时可根据审批情况追加担保公司担保。单笔最高贷款金额为 300 万元，最优利率为 4.5%，最短审批周期为 2 周。②云企贷。为小微企业法人客户推出的以小微企业主及配偶所拥有的普通住宅作抵押担保，通过线上化、自动化、智能化的流程快速处理的标准抵押贷款产品。该产品支持无还本续贷，期限最长 5 年。单笔最高贷款金额为 1000 万元，最优利率为 3.85%，最短审批周期为 2 周。③易创信用贷。易创信用贷是针对北交所上市/新三板创新层、国家及省市级专精特新"小巨人"等优质科创型企业定制的贷款产品，无须抵押担保。该产品享有专项定价支持，绿色审批通道等优势，期限最长 3 年。准入标准为：成立 1 年（含）以上或创始人从业 3 年（含）以上，企业或实控人掌握核心技术，研发人员占比不低于 10%，主营收入 1000 万元以上或已获 CFDA 认证/临床三期批件医药企业。单笔最高贷款金额为 3000 万元，最优利率为 3.5%，最短审批周期为 1 个月。④民生知识贷。民生知识贷面向科创企业发放的由企业或实际控制人以其合法拥有的、依法可以转让的专利权、著作权等知识产权提供质押担保短期授信产品。该产品期限最长 3 年，质押率不超过 50%。单笔最高贷款金额为 3000 万元，最优利率为 3.5%，最短审批周期为 1 个月，该产品要求提供的担保方式为专利权质押，同时要求出质人承诺将未来改进专利一并质押。

11）光大银行提供以下科技金融产品：①信贷工厂批量贷。该产品采用纯信用方式，针对注册在上海的科技型中小微企业，提供流动资金贷款，审批时效性高。单笔最高贷款金额为 1000 万元，最优利率为人行 LPR，最短审批周期为 7 个工作日。②阳光 e 税贷。该产品为纯信用贷款，随借随还，全线上申请、提/还款。主要针对能够按期申报缴税的科技类小微企业，单笔最高贷款金额为 200 万元，最优利率为人行 LPR，最短审批周期为 7 个工作日。③科创贷。针对获得知名投资机构（如红杉资本、IDG 等业内龙头；济峰资本、源码资本等行业领域代表性投资机构；中银国际、中金资本等非银机构）股权融资，尚未实现生产的科技型小微企业，给予高效快捷的流动资金支持，单笔最高贷款金额为 300 万元，最优利率为人行 LPR，最短审批周期为 10 个工作日。④科创园区贷。对科创园区内中小企业提供定制化方案，按季结息，到期还本包括专项贷款额度、优惠贷款利率、绿色审批通道、专业团队服务等。单笔最高贷款金额为 5000 万元，最优利率为人行 LPR，最短审批周期为 20 个工作日。⑤科技创新再贷款。为高新技术企业、"专精特新"中小企业、国家技术创新示范企业、制造业单项冠军、国家级专精特新"小巨人"企业、国家关键产业链龙头骨干企业及上下游关键配套企业等名单内企业提供便利化低利率融资，用于企业更新改造及设备更新等。单笔最高贷款金额不限，最优利率为 2.51%，最短审批周期为 15 个工作日。

12）宁波银行提供以下科技金融产品：①出口微贷。对于有出口业务的专精特新企业，可提供最高 100 万美元的纯信用外币贷款，单笔最高贷款金额为 100 万美金。②伙伴贷。针对产品完成研发进入小样阶段，合作技术水平领先、成长空间庞大的科技类企业，秉承"小而散"策略。企业准入要求：其一，控股股东、实控人技术出身，常青藤大学或 985 等知名院校毕业、具备国内外细分行业龙头企业 3 年以上工作经验，研发技术基础扎实；其二，完成 1~2 轮股权融资，获得风投机构融资款，且 1 年内可落实下轮融资；其三，原则上含宁波银行授信不超过 2 家，敞口额度不超过 1000 万元；其四，入驻专业产业园区且形成产业协同效应的企业可加强合作。单笔最高贷款金额为 500 万元，最优利率为 3.65%~4.20%，最短审批周期为 1 个月。③成长贷。针对进入小批量供货阶段，形成小规模销售收入，并逐步获得批量化订单的企业。企业准入要求：其一，实控人及技术骨干符合伙伴贷款要求；其二，企业近 1 年已获得 B/C/D 轮融资，且 1 年内将获得下轮融资，阶段性资金有保障；其三，获得销售或在手订单，产品销路逐步打开。单笔最高贷款金额为 3000 万元，最优利率为 3.65%~4.20%，最短审批周期为 1 个月。

13）盛京银行提供以下科技金融产品：①科创核心企业供应商融资。依据核心企业（买方）融资需求及订单量确定授信额度，为核心企业上游供应商（卖方）提供无追索权应收账款融资；不进买卖双方的征信、支持异地供应商、支持买卖双方灵活协商付息，2000 万元以下线上可贷。适用客户：希望延长付款账期，缓解付款压力，增强资金管控力度的核心企业。单笔最高贷款金额不限，最优利率为 LPR 基准利率，最短审批周期为 30 个工作日。②订单融资。依托优质买方信用和历史履约记录，帮助卖方解决新订单项下组织货源的专项启动资金。该业务不占用买方的授信，支持单笔订单和长期订单融资。适用客户：订单买方信用及支付能力良好，买卖双方合作稳定，历史履约记录良好，希望通过银行融资扩大订单采购和生产的卖方企业。单笔最高贷款金额不限，最优利率为 LPR 基准利率，最短审批周期为 15 个工作日。③科创核心企业商票保贴。针对大型优质的科创企业向供应商开立商业票据，供应商持票据到银行贴现以实现快速变现提升资金使用效率。银行根据该优质科创企业的支付需求核定相应授信额度，当供应商来银行贴现时，该融资行为只上贴现人征信，核心企业不上征信。该业务支持优质集团集中结算、支持线上快贴。适用客户：适用于经营情况良好、希望通过商票结算降低财务成本的优质科创企业。单笔最高贷款金额不限，最优利率为 LPR 基准利率，最短审批周期为 15 个工作日。

第三节 武汉东湖国家自主创新示范区

武汉东湖国家自主创新示范区，也称中国光谷，中国第一条光纤在这里诞生，已建成国内最大的光纤光缆、光电器件生产基地，最大的光通信技术研发基地和最大的激光设备生产基地，光纤光缆生产规模全球第一，成功研发了我国首个 400G 硅光模块。东湖自创区是国务院 2009 年 12 月批复的全国继北京中关村之后第二家国家自主创新示范区。"武汉·中国光谷"作为国内最大的光电子信息产业集群，"光谷制造"和"光谷创造"已成为我国在光电子信息产业领域参与国际竞争的知名品牌。

一、科技创新集聚效应显著

武汉东湖国家自主创新示范区人才聚集，特色产业突出，经济发展规模持续增加。东湖自创区规划总面积 518 平方千米，集聚了武汉大学、华中科技大学等 42 所高等院校，56 个国家及省部级科研院所，30 多万专业技术人员，80 多万在校大学生，是中国三大智力密集区之一。东湖自创区下辖光谷生物城、未来科技城、综合保税区等 8 个园区，已形成了以光电子信息为主导，生物、新能源、环保、消费类电子等产业为支柱的高新技术产业集群，光电子信息、生物、消费电子、环保等已成为总收入过百亿元、数百亿元的产业。截至 2021 年底，东湖自创区市场主体总数超 18 万家、企业总数超 12 万家。2017~2021 年，光谷 GDP 相继跨越 1700 亿元、1800 亿元、2000 亿元、2400 亿元大关，

2021年达到2401.44亿元，年均增速9.7%，人均GDP3.1万美元。[①]

形成了武汉市科技创新产出的高地。东湖自创区面积仅占湖北省的2.8‰，GDP占湖北省比重从2018年的4.3%增长至2021年的4.8%。2018~2021年武汉自创区GDP从湖北省的第9名上升至第7名。上市公司总数达58家，占湖北省的1/3；高新技术企业4300余家，占湖北省三成以上；2021年发明专利授权量为11596件，占湖北省的51.5%；PCT申请量为1385件，占湖北省的81.9%。光谷规上工业企业从329家增至553家，规上工业增加值年均增速13.1%。规上服务业企业由169家增至729家，企业数量增长4.3倍，规上服务业营业收入年均增速34.7%。国家高新技术企业从670余家增长至4300余家，约占武汉市一半、全省三成以上。截至2021年，有95家国家级专精特新"小巨人"企业，占武汉市的46%；17家国家级重点"小巨人"，占武汉市的65%。[②]

在产业体系上，东湖自创区初步形成了以"光芯屏端网"和生命健康两大主导产业为支撑，数字经济与新消费两大新兴业态深度融合，未来产业（脑科学、区块链、量子信息等）的"221"产业发展格局。聚集了大量企业研发中心，现有36个企业研发机构，其中，重大科技基础设施11个，包括脉冲强磁场实验装置、高端生物医学成像设施、农业微生物设施等；国家级创新中心6个，包括国家数字建造技术创新中心、国家智能设计与数控技术创新中心、武汉光电国家研究中心等；湖北实验室5个，包括湖北光谷实验室、湖北珞珈实验室、湖北江城实验室等；产业技术研究院10个，包括武汉光电工业技术研究院、武汉产业创新发展研究院、武汉生物技术研究院等；中试平台2个，即12英寸集成电路中试服务平台、武汉智能制造中试服务平台；创新资源2个，即武汉国家级人类遗传资源库、国家水生生物种质资源库。已经形成了孵化、众创空间、大学科技园等创新创业载体。东湖国家自主创新示范区现有科技孵化器和重创空间平台157个，其中，科技企业孵化器49个，国家级26个，省级9个；众创空间103个，国家级41个，省级25个；国家级大学科技园5个。

瞪羚企业发展迅速，规模不断扩大。武汉自创区自2011年起开展瞪羚企业培育工作，瞪羚企业数量由最初的30家增加到2021年的502家，11年间数量翻了16倍。光谷瞪羚中已涌现14家上市公司、6家独角兽企业。2021年10月，湖北省科技厅发布首批湖北科创"新物种"企业榜单及发展报告，光谷有210余家企业入围，其中九成为瞪羚企业。2021年，光谷瞪羚企业总营收为

243.6 亿元，同比增长 49%。其中，新晋企业超过 200 家，营业收入过亿元的瞪羚企业达 64 家。2021 年 1~10 月，有 26 家光谷瞪羚获得股权投资，累计融资金额超 20 亿元，投资方包括腾讯、OPPO、扬子江药业等大型企业，以及红杉资本、达晨创投、恒信华业、济峰资本等知名机构。近 3 年，共有 159 家光谷瞪羚合计获得超过 113 亿元股权投资，14 家光谷瞪羚已上市，从入榜到上市，平均 6.2 年。[①]

二、科技发展政策体系

东湖自创区已经形成了推动创新创业高质量发展，建设有全球影响力创新创业中心建设的一系列政策文件，包含园区高质量发展、重点产业高质量发展、重点企业科技创新、科技投融资等文件，包含"硬核科技"企业创新发展、工业经济高质量发展、外资企业投资、制造业高质量发展、促进集成电路产业高质量发展、现代服务业高质量发展、知识产权高质量发展、创业投资引导基金管理、合伙人投资引导基金管理、促进企业上市、打造中部地区风投创投中心等方面的内容。

在高质量发展方面，出台了《东湖高新区支持工业经济高质量发展的若干政策》《武汉东湖新技术开发区管理委员会、中国（湖北）自由贸易试验区武汉片区管理委员会印发关于推动制造业高质量发展的若干政策的通知》《武汉东湖新技术开发区管理委员会、中国（湖北）自由贸易试验区武汉片区管理委员会印发关于推动创新创业创造高质量发展建设有全球影响力创新创业中心十条措施》《武汉东湖新技术开发区管理委员会、中国（湖北）自由贸易试验区武汉片区管理委员会印发关于促进集成电路产业高质量发展的若干政策及实施细则的通知》等文件。从支持"卡脖子"关键技术攻关、支持产业创新联合体、培育引进高端项目、促进技术转移、鼓励园区小微企业增加规模、引导企业"专精特新"发展、支持企业提质扩量、支持企业创新平台建设等方面制定了相关的政策。譬如，在支持"卡脖子"关键核心技术攻关方面，文件提出："聚焦光电子信息、生物医药及医疗器械、智能产业等东湖高新区重点规划发展的'3+X'产业领域关键核心技术瓶颈，支持企业自主实施或者联合外部优势创新资源开展关键核心技术项目攻关。对获得国家、湖北省立项的关键核心技

---

① 武汉东湖新技术开发区政务网（wehdz.gov.cn）。

术攻关项目分年度按照国拨、省拨经费的 50%、30% 的比例给予支持，单个企业每年不超过 1000 万元。"在支持企业提质扩量方面，文件指出："企业上年度产值达到 5 亿元及以上，产值增速不低于全区平均水平的企业，按照企业年度工业增加值增量的 2% 给予补贴，每家企业不超过 2000 万元。"在高质量发展方面，从企业技术攻关、创新平台建设、企业产出等方面都给予了一定的资金补贴，支持园区企业高质量发展。

在外资企业投资方面，出台了《武汉东湖新技术开发区管理委员会、中国（湖北）自由贸易试验区武汉片区管理委员会关于印发东湖高新区促进外资企业投资发展管理办法及实施细则》，文件从鼓励落户发展、促进固定资产投资、给予场地补贴、提供贷款贴息、人才奖励、奖励总部落户、鼓励研发等方面出台了优惠政策。对符合条件的外商投资进行现金补贴，即企业年累计新增"外资到资"金额达到或超过 300 万美元但是低于 1000 万美元或等值货币的，按照落户企业年累计新增"外资到资"金额的 2% 给予当年落户发展奖励；金额达到或超过 1000 万美元但是低于 3000 万美元或等值货币的，奖励比例为 4%；金额达到或超过 3000 万美元或等值货币的，奖励比例为 6%。但单个企业每年累计奖励金额最高不超过人民币 2000 万元。在固定资产投资方面，文件规定："企业固定资产投资年累计实际投入的外资部分达到或超过 300 万美元但是低于 500 万美元或等值货币的，按照固定资产年累计实际投入的外资部分金额的 2% 给予奖励；达到或超过 500 万美元但是低于 2000 万美元或等值货币的，奖励比例为 4%；达到或超过 2000 万美元但是低于 5000 万美元或等值货币的，奖励比例为 6%；达到或超过 5000 万美元或等值货币的，奖励比例为 8%。单个企业奖励金额每年累计最高不超过人民币 3500 万元。"在贷款贴息方面，规定针对当年累计新增"外资到资"达到 50 万美元或在东湖高新区年实际缴纳（不含减免部分，下同）税款达到人民币 100 万元的企业，企业从境内银行取得自用贷款的，按照实际贷款金额，给予中国人民银行同期贷款基准利率或全国银行间同业拆借中心发布的贷款市场报价利率（LPR）的 25% 的贴息，单个企业年贴息总额累计最高不超过人民币 300 万元。若企业实际贷款利率低于中国人民银行同期贷款基准利率或全国银行间同业拆借中心发布的贷款市场报价利率（LPR），则以企业实际贷款利率为基数贴息 25%。此外，在场地补贴、人才奖励等方面都给予企业现金补贴奖励，鼓励外资企业积极投资园区。

在科技金融发展方面，出台了《东湖高新区创业投资引导基金管理办法》《武汉东湖新技术开发区管理委员会、中国（湖北）自由贸易试验区武汉片区管理委员会关于印发武汉光谷合伙人投资引导基金管理办法》《武汉东湖新技术开发区管理委员会印发关于打造中部地区风投创投中心的若干措施》等文件，从吸引风投创投聚集发展、引导风投创投投资光谷、优化风投创投退出环境、人才支持、投资引导基金企业组织方式、投资运作、风险控制等方面制定了相关的政策和管理规范，积极引导高新区风险投资的规范、科学发展。在吸引风投资金发展方面，文件规定："鼓励公司制风投创投发展，对新设立或新迁入的公司制风投创投机构（实缴资本达1亿元），按照实缴资本的1%给予落户奖励，累计最高不超过2000万元。"在投资引导基金发展方面，秉持政府引导，市场运作，放大资本、科学管理的原则，围绕高新区产业布局对重点产业进行投资，推动高新区重点产业高质量发展。截至2021年底，高新区有备案的私募基金管理机构178家，管理基金410只，净值规模近1100亿元，占武汉市一半以上，集聚效应明显。光谷创投引导基金2012年成立，已出资设立创投子基金20只，总规模超35亿元，累计投资项目188个，有力支持了爱博泰克、华引芯、宏韧生物等一批科技创新企业发展。[①]

三、企业创新积分平台

武汉东湖国家自主创新示范区成立十几年来，在科技金融发展方面积累了很多有益的经验，已经形成了较为完善的科技金融服务和产品体系，在科技贷款、创业风险投资、创业投资引导基金、科技担保等方面取得了很多成功的案例。特别是2023年上线的企业创新积分平台是东湖自创区科技金融创新发展的重要内容，该平台旨在探索建立基于企业创新能力量化评价的新型政策工具，缓解银行、金融机构对科创企业"看不清、看不透"，科创企业"融资难、融资贵"的发展困境。根据企业不同发展阶段，结合科技部核心指标与高新区特色指标，光谷建立了3个维度，共28项指标的评价体系，借助大数据和人工智能技术，结合科技企业研发投入、成果产出、生产经营、融资信用等各类数据，形成单一、群体企业画像，主动识别和筛选创新能力突出的科技型中小企业。目前上线的企业创新积分信息管理平台，已具有"企业数据档案""创新积分""企业服务"等多个功能模块。已纳入积分平台的企业达到了近1万家，平台在"创新积分"模块，重点推出了"积分贷"功能，工商银行武汉分行等多家金

---

① 武汉东湖新技术开发区政务网（wehdz.gov.cn）。

融机构定制开发了线上金融产品。该平台针对处于初创期、成长期且创新积分达标的科创型中小企业，整合金融资源，开展批量主动授信，力争破解科创企业过去不敢贷、不能贷、不愿贷、不会贷以及金融机构授信难、额度低、利率高、放款慢等问题。

积分贷目前上线的金融产品有 17 个，限于文本，本书选择其中 10 个产品进行介绍，以下为各银行上线的积分贷产品：

（1）科技易贷。是指向武汉地区内优质科技型小微企业提供人民币流动资金贷款或固定资产贷款的融资业务，适用客户为武汉市辖区内科技型小微企业。申请条件为：①企业的经营年限在 2 年（含）以上。对于原以个人名义或以其他企业名义经营，企业承接原主营业务，有丰富的生产、销售、从业经验的，允许结合原个人或企业的实际生产经营年限进行准入；②经有关部门批准成立，有固定生产经营场所，生产经营合法合规，符合国家产业、行业、环保政策；③借款人及其法定代表人、主要投资人、实际控制人、关键管理人无不良信用记录，或虽然有过不良信用记录，但不良信用记录的产生并非主观恶意且申请本次信用前已全部偿还了不良信用或落实了本行认可的还款计划；④有 1 项及以上重大或 I 类知识产权或 2 项及以上 II 类知识产权；⑤科技成果已具备产业化生产条件，产品和服务有较强的市场竞争力和成长性，已形成经营性现金流入或取得有效订单；⑥科研团队稳定、创新能力强，近 12 个月研发经费占营业收入比重超过 3%。贷款额度最高 3000 万元，最长期限为 120 个月，利率为 3.65%~4.05%。

（2）纳税 e 贷。是以企业涉税信息为主，结合企业及企业主的结算、工商、征信等内外部信息，运用大数据技术进行分析评价，对诚信纳税的优质小微企业提供的在线自助循环使用的网络融资产品。适用客户为经营 2 年以上的诚信纳税企业；申请条件为：①企业生产经营 2 年以上；②企业最近一次纳税信用等级在 M 级（含）以上；③企业近 2 年诚信缴税，企业近 12 个月纳税总额在 1 万元（含）以上；④法定代表人在企业投资占比不得低于 20%；⑤法定代表人当前无逾期贷款，且近 2 年内逾期或欠息在 30 天（含）以内的次数未超过 6 次，近 2 年内不存在逾期或欠息在 30 天以上的信用记录，近 2 年在农业银行不存在贷款风险分类为次级及以下的记录；⑥企业在其他银行授信不超过 2 家，企业及其法定代表人在其他银行用信余额不超过 500 万元（私人银行客户不超过 2000 万元，个人房贷、信用卡额度除外）。最高贷款额度为 300 万元，贷款期限在 12 个月以内，利率不低于 3.35%。

（3）"科创企业"融资服务方案。多种产品组合，可组合运用贷款、银票、保函及信用证等多种金融产品；担保方式多样，可采用专利权、应收账款等创新担保方式以及纯信用担保方式；还款方式灵活，可无还本续贷，不用偿还到期本金的情况下提前审批进行续贷；增值服务，可为企业员工提供专属个人消费贷、个人理财综合服务。适用客户：优先支持获得高新企业证书、获得东湖高新区瞪羚企业、3551 认定企业、获得省级以上"专精特新"认定企业、获得东湖高新区创新积分认定企业。申请条件为：注册在东湖高新区，成立时间 1 年以上，经营稳定的各类科创类企业。贷款额度最高为 5000 万元，期限 36 个月以内，利率为 3.65%~5.50%。

（4）汉口银行"创新积分贷"。依托创新积分制评价体系，将企业创新积分与授信评审体系融合，作为确定授信额度的重要参考依据，为科技型企业发放用于其日常经营用途的贷款。纳入"鄂创融"等专项政策的企业可进一步享受优惠利率。适用客户为已获得东湖高新区创新积分的企业或湖北省科技厅创新积分入池企业，包括科技型中小企业库入库企业和国家高新技术企业。申请条件：①具备合法有效的经营资质，经营活动符合国家法律和行政规章；②企业及其实际控制人和配偶、主要关联企业没有不良信用记录，包括但不限于人民银行征信系统中的违约记录、被法院列入失信名单等；③企业具备一项或多项与主营业务相关的知识产权或核心技术。贷款额度 5000 万元，贷款期限 36 个月以内，利率一年期 LPR。

（5）快易贷—科技型企业专属。无须抵押物，实控人提供保证担保；线上申请、线上审批、线上放款；贷款利率按照企业评级浮动；随借随还；按月付息，到期还款。适用客户为高新技术企业和科技型小微企业。申请条件：①符合国标小型、微型企业划型；②有合法有效的营业执照，有固定经营场所；③成立年限不低于 2 年，且连续缴税不低于 12 个月；④申请企业、实控人征信记录良好，无当前逾期，无异常担保记录；⑤年度计税收入不低于 200 万元；最高可贷 500 万元，期限为 1~12 个月，利率为 3.65%~6.00%。

（6）科创 e 贷。无须抵质押物，实控人提供最高额保证担保，在线审批、极速放款，中信"金额联合舰队"提供全生命周期金融服务，贷款利率依据客户评级浮动，还款方式为按月付息，一次性还本。适用客户为国家级、省级专精特新"小巨人"企业。申请条件：①符合四部委标准小型、微型企业划型；②有合法有效的营业执照，有固定经营场所；③借款企业成立年限长于 2 年；上年度净资产不能为负；④借款企业、实控人征信记录良好，且当前无逾期、无异常担保。贷款额度 1000 万元，期限为 1~12 个月，利率 3.3%~5.5%。

（7）惠如愿·创新积分贷。为工商注册地为武汉市东湖高新区且已经获得"创新积分"的科创型小微企业提供"线上+线下"融资支持和各类综合金融服务的专属产品方案。申请条件：①符合银行信贷工厂或"中银企 E 贷"等产品授信准入要求；②企业持续经营年限 2 年以上；③企业及实际控制人信用状况良好；④符合反洗钱和绿色信贷的相关规定，符合行业管控政策。贷款额度最高 3000 万元，期限为 1~36 个月，利率为一年期贷款利率 3.7%。

（8）创新积分贷（科技型企业专属）。建设银行依托从湖北省科技厅"智慧大脑"平台获取科技企业创新积分，结合企业营业收入、创新积分等向创新积分大于 45 分的科技企业发放的用于企业生产经营的人民币流动资金贷款业务。适用客户为湖北科创企业"智慧大脑"平台上创新积分大于 45 分的科技企业。申请条件：①企业实际经营满 1 年（含）以上；②企业在湖北科创企业"智慧大脑"平台上创新积分大于 45 分；③企业主年龄 18~65 岁。最高贷款额度为 3000 万元，贷款期限为 0~36 个月，贷款利率为 3.82%起。

（9）科创贷。是微众银行为科创企业提供的线上流动资金贷款服务，该产品是结合大数据分析及互联网技术的一款金融创新产品。企业从申请至提款全部在线完成，无须抵质押，额度立等可见，资金分钟到账，按日计息，随借随还。纯信用最高额度为 500 万元；最快 1 分钟到账，无须抵质押、无须申请资料、无须线下开户。适用客户为国家高新企业、科技中小型企业、有专利企业等科技型企业。申请条件：①企业持续经营 1 年（含）以上；②近 12 个月无欠税行为；③纳税人状态、企业工商登记正常；④企业及法人征信符合银行要求。贷款期限 1~24 个月，利率为 3.6%起。

（10）创新积分贷。为有效解决科创型中小微企业金融产品不适配、融资办理效率不高等方面的难点和痛点，工商银行武汉分行充分发挥创新积分制场景下大数据的乘数效应，构建差异化的智能算法模型，开展批量主动授信，创新推出国内首款面向全行业科技领域、更适用高新技术和科技中小企业的线上融资产品"创新积分贷"。创新积分贷相比于其他的金融产品优势在于线上办理、手续简便、额度高、利率低、按月付息、到期还本。适用客户为处于初创期、成长期的科创中小微企业。申请条件为东湖高新区内高新技术企业、科技型中小企业、专精特新、制造业单项冠军、新物种、重点实验室推荐企业等名单内具有明显科创属性且创新积分达标的中小微企业。最高贷款额度为 600 万元，期限为 1~12 个月，利率为一年期 LPR（3.7%）。

第九章
科技金融服务黄河上游地区创新发展的对策建议

黄河上游地区特殊的生态保护需求和经济社会发展阶段使得科技金融服务创新发展有其特殊性。认识到黄河流域脆弱的生态环境和高强度的资源环境承载，是正确处理黄河流域生态保护和高质量发展关系的基本出发点。[①] 在生态环境保护方面，黄河上游地区的科技创新投入应不以经济利益为主导，而是以人类生态价值为导向进行生态修复与保护；同时，黄河上游地区经济发展基础薄弱，科技创新能力较低，在科技创新引领生态保护与高质量发展中存在科技创新难与资金支持难双重难题，需要更多的政府政策引导，才能在短期内建立起完善的科技金融支撑体系。

第一节　构建黄河上游地区科技创新空间布局

黄河上游地区人才储备、创新投入、高新技术企业发展与发达地区存在较大差距，且存在原始创新能力较弱、技术应用水平低、生态环境保护战略地位突出、经济基础薄弱等特点，要实现生态环境优美、经济高质量发展、人民生活富裕，需要根据实际情况，大力实施创新驱动发展战略。在创新驱动发展中，根据黄河上游地区的特点，进行科技创新发展空间布局，实施重大科技发展计划，重点发展生态保护修复技术，实现生态产业化发展，推广产业生态技术，实现产业生态化发展；大力发展现代农业、信息技术、数据储存、新能源等产

---

① 金凤君. 黄河流域生态保护与高质量发展的协调推进策略 [J]. 改革, 2019 (11)：33-39.

业，构建现代产业体系。在技术创新中应注重引进、吸收、再创新，积极吸取国内前沿生态修复和产业生态化发展的最新技术，弥补黄河上游地区原始创新能力不足的问题。

一、以技术创新引领黄河上游地区生态保护与修复

我国"十四五"发展规划提出"实施重要生态系统保护和修复重大工程，加快推进青藏高原生态屏障区、黄河重点生态区、长江重点生态区和东北森林带、北方防沙带、南方丘陵山地带、海岸带等生态屏障建设"，将黄河重点生态区（含黄土高原生态屏障）作为重大生态修复保护工程，为黄河上游地区实施重大生态保护修复工程提供了政策依据。同时，《全国重要生态系统保护和修复重大工程总体规划（2021—2035年）》明确提出，将实施"黄河重点生态区生态保护和修复重大工程"等九大工程，将黄土高原水土流失综合治理作为重点任务纳入黄河重点生态区生态保护和修复重大工程。国家自然资源部、发展改革委、水利部、林业和草原局联合印发《黄河重点生态区（含黄土高原生态屏障）生态保护和修复重大工程建设规划（2021-2035年）》指出，黄河上游地区以加强水源涵养能力为主要任务，进一步明确了黄河上游地区生态保护修复的重点任务。黄河上游地区水源涵养区重大生态修复保护工程，离不开生态保护修复技术的应用，在生态环境保护中应积极引进国内外先进的水源涵养和生物多样性保护技术，结合自然生态发展特点，修复黄河上游地区重点生态保护区，改变黄河流域生态脆弱现状。

针对黄河上游地区不同生态功能区生态保护修复的特点，发展生态保护修复技术。甘南黄河上游水源涵养区包括甘南州合作、夏河、玛曲、碌曲、临潭、卓尼6市、县，这里主要分布着高山草甸、天然草原等生态系统，应该大力发展山水林田湖草沙生态保护修复技术，积极推动退牧还草工程和沙化草原综合治理工程，加强草原鼠虫害综合治理、退化草原生态修复、干旱草原灌溉等生态治理项目的实施，逐步遏制生态恶化趋势，增加黄河上游的补给水量。在上游地区的甘肃临夏州积石山、临夏、康乐、和政4县，应以增强水源涵养能力为主导，积极发展水源涵养技术，推动区域内高原草甸的修复和绿化，同时，推动以若尔盖国家公园为主体的自然保护地体系建设，有效恢复和保护高原湿地，综合治理退化草地，促进草地森林增量提质。黄河上游祁连山生态安全屏障区包括祁连山国家公园和自然保护区所属的酒泉肃北县、阿克塞县，张掖市

山丹县、甘州区、肃南县、民乐县，武威市天祝县、古浪县、凉州区，金昌市永昌县，这里应以增强祁连山水源涵养能力为核心，发展山地水源涵养林抚育技术，建设祁连山国家公园，加强区域综合治理，加大冰川和雪山的保护力度，综合治理退化草地，提高森林质量，构建荒漠化、沙化综合防护体系。黄河上游陇中陇东黄土高原水土保持区，包括庆阳、平凉、定西、天水、白银、兰州及临夏州永靖、临夏市、东乡、广河 4 市县，以水土流失综合治理为重点，发展水土流失综合治理技术，有效保护和恢复林草植被，结合工程措施，开展流域综合治理，有效提高森林覆盖率和水土流失保持率。

创新生态治理技术体系，加强黄河上游地区生态环境修复监测。构建黄河上游地区生态环境保护修复监测技术体系，利用遥感、卫星定位、无人机水下监测系统、大数据模型等现代信息技术，将平面监测与立体监测相结合，创新构建天空地一体化、点面结合的黄河上游林草资源综合监测体系。统筹开展森林、草原、湿地、荒漠资源全覆盖监测评价，初步掌握黄河上游地区林草资源的数量、质量、结构、分布，利用大数据模型分析评价林草生态系统的类型、格局、质量、功能及其价值，全面客观反映林草湿资源保护、建设、管理成效。提升黄河上游地区生态保护信息化精准化水平，通过监测系统和大数据模型，详细评估生态修复治理效益、林草生态系统质量和林草碳汇增量，做到对林草生态保护修复效果"有据可查"，发展碳汇市场交易"有数可依"。继续加强黄土高原水土流失动态监测，重点加强生产建设项目水土保持监测和工业面源污染监测，积极推进水土保持监测技术应用和发展，进一步提升黄河上游地区水源涵养和水土保持监测能力，服务于黄河上游地区重点生态修复保护项目。

二、以技术创新推动黄河上游地区生态产业高质量发展

黄河上游地区是我国重要的生态屏障，在生态环境保护修复中不仅要恢复生态功能，也要掘生态产品的经济价值，在保护中积极开发生态产品，创造更多绿色价值，让绿水青山变成金山银山。积极推动黄河上游地区生态产业高质量发展，大力推广应用生态产业技术，以技术应用驱动生态产业高质量发展。

在特色产业发展方面，积极布局全产业链生态产品，以技术应用推动产品高质量发展，创造丰富的生态产品，满足国内不同消费者需求。譬如，虫草经济、畜牧业和高原生态旅游业是青藏高原地区的特色产业，长期以来，产业同质化严重，标准不一，产业链分工布局粗放，虫草产业和畜牧业初级产品以直

销和鲜销为特点，生态产品全产业链尚未建立起来，生态产品价值还有较大开发空间。在黄河上游地区产业生态化发展方面，应该立足于上游地区优质的生态环境特征，大力发展有机畜牧产品，构建畜牧产品有机生产体系和高原有机农牧产品标准体系，在畜牧产品方面，开发高原牛羊肉养殖和奶产业深加工体系，延长产业链和价值链，将原始的生态农牧产品转换为高品质的肉、奶产品。在藏药产业链建设方面，结合传统工艺和现代技术，积极引入新技术、新工艺，形成产、供、销全产业链发展模式，以精品药材种植和健康品牌孵化为特色，推广多样化产品，丰富和完善藏药品牌。在高原生态旅游业方面，依托河源地区丰富的生态资源和壮美的自然景观，特别是夏季凉爽的气候条件，加强高原生态旅游产业发展，发展旅游+康养生态体验产业，同时，加强数字技术的应用，在生态旅游推广阶段，使用 VR 技术，将青藏高原、甘南地区自然景观、生活方式等建立虚拟现实景象，形成身临其境的体验感，吸引更多游客到黄河上游地区旅游。在游客住宿、餐饮、康养阶段加强大数据的应用，形成不同客户群体的产品模式，特别加强游客个性化服务，譬如，发展文化旅游、康养旅游、森林观光、湿地观光、研学旅游等产品，丰富草原旅游产品和服务体系，提升高原生态旅游业的服务品质。

应用数字技术推动黄河上游地区碳汇市场建设。黄河上游地区林草碳汇资源丰富，在绿色发展中，可充分发展碳汇交易，增加碳汇收入。数字技术具有地理穿透性，在数据采集、数据分析、数据模型运算方面具有独特优势，可以缓解黄河上游地区地广人稀、服务成本高的问题。在碳汇市场建设方面，发挥数字技术的优势，结合黄河上游地区丰富的林草资源，构建数字交易体系，融入全国碳汇交易市场，将林草碳汇转化为经济利益。在碳汇市场机制建设、碳汇产品开发、碳汇产品定价、管理服务主体职责、交易程序、中介服务等方面广泛应用现代信息技术，推动线上线下市场同步建设，形成黄河上游地区碳汇交易市场。在碳汇价值分配方面，根据黄河上游地区生产生活场景和林草碳汇的实际价值，建立碳汇价值指标体系，应用大数据、云计算、区块链等技术收集生态区各权益主体的数据，应用大数据模型估算不同利益主体的收益，形成碳汇价值分配体系。

三、加强黄河上游地区产业生态化技术应用

黄河上游地区生态环境脆弱，资源环境承载能力有限，产业生态化发展是

未来的方向。特别是黄河流域宁夏段、内蒙古段产业结构倚重倚能特点突出，同时也是重要的粮食主产区，更应该加强产业生态化发展，在大力发展新产业、新业态的同时，着力对高耗能、高污染、高排放产业进行绿色化改造。构建黄河上游地区先进制造业、现代农业、现代煤化工产业为主导，以创新为主要动能的现代化经济廊道。

发展农业节水技术，建立现代农业生产体系。河套平原是黄河上游地区重要的粮食主产区，长期以来面临着水土流失严重、农业生产用水率低、面源污染严重等问题。在现代农业生产体系建设方面，应该大力推动农业节水技术和水循环技术的推广应用，大力推广喷灌技术、微灌技术、地下渗灌技术和生物性节水技术的应用，有效降低农业生产用水量。发展并推广抗旱节水品种筛选技术——分子育种技术、生理调控技术，降低河套地区农业生产用水量。依据农业生产兼具生产与观光的功能，在城市周边推广生态观光农业。发展生态观光农业，可为城市地区短途旅行观光、休闲度假提供空间。应用生态学技术，发展生态农业，把粮食生产与多种经济作物生产结合起来，把大田种植与林、牧、副、渔业相结合，将农业与第二、三产业融合起来，利用传统农业精华和现代科技成果，通过人工设计生态工程，协调发展与环境之间、资源利用与保护之间的矛盾，形成生态与经济良性循环。

发展煤化工产业工业节水技术和园区循环经济。黄河上游分布着我国重要的煤化工产业，特别是宁夏段和内蒙古段已经形成了我国重要的煤化工产业基地，煤炭是我国主要的能源材料，要保障国家能源安全，就必须开发黄河上游的煤炭，如何实现煤炭开采与矿区生态环境保护发展是需要解决的重要问题。煤化工企业不仅污染大，而且工业用水量高，过度开采会导致地下水位下降，矿区塌陷等问题。煤化工产业应该发展低碳循环技术，延长产业链，实现园区内部废水、废料循环利用。针对煤化工企业工业用水量大的问题，一方面，要大力发展矿井水处理利用技术和保水采煤技术，做好节水和保护地下水的工作；另一方面，要发展矿井水污染治理技术，去除水中的硫酸根离子和氟离子，实现排水达标。针对煤化工产业发展粗放的问题，应该大力推动园区内部产业链的延链补链，做到废水、废料在园区内部企业循环利用，整体降低工业用水，减少不必要的污染。鼓励黄河上游地区的工业企业、园区与市政再生水生产运营单位合作，完善再生水管网、衔接再生水标准，将处理达标后的再生水用于钢铁、火电等企业生产，减少企业新水取用量。针对煤化工企业高排放、高耗能的问题，推动节能技术在高耗能企业的推广，通过技术工艺升级，减少重点用能企业能耗，利用高效换热器、热泵等先进节能技术装备，减少余热资源损失。加强绿色低碳工艺技术装备推广应用，提高重点行业技术装备绿色化、智能化水平。推动重点行业存量项目开展节能降碳技术改造，对照重点行业能效标杆和基准水平，开展相关领域标准的制度修订和推广应用工作。

四、加强区域科技创新合作与互助

建立区域之间科技创新与科技金融协同发展机制。根据黄河上游地区科技创新与科技金融耦合协调实证结果，黄河上游地区存在耦合协调度区域追赶效应不明显的特点，尤其是2016~2020年，绝对收敛和条件收敛半周期都有所加长，说明黄河上游区域间和区域内收敛速度在下降。应该在重大生态环境保护和重点产业发展方面建立区域创新合作机制，建立科技金融服务区域重大生态环境保护与重点产业发展的协调机制，实现区域内技术和金融的协作发展，发挥黄河上游区域优势，各取所长，在区域内形成科技创新的新局面，整体带动黄河上游地区科技创新能力的提升。

形成东西部科技创新合作机制。黄河上游地区经济发展基础薄弱、综合创新能力较弱、高层次人才缺乏、科技创新投入较低，短时期内难以形成支撑生态修复与保护的科技创新体系，科技创新的重点应该放在引进、吸收、再创新方面，应该以引进高新技术企业、先进技术、高层次人才为主要方向，建立起东西部科技合作机制，优化区域创新环境，促进区域科技创新。在科技金融政策方面，应该重点支持技术合作、技术引进、人才引进、优化创新环境等方面，通过科技项目支持、创新环境改善、各类人才贷款利率补贴、科技贷款利率补贴、科技保险保费补贴、税收减免等方式服务于地区高新技术企业人才引进和区域科技合作。在产业结构优化方面，应该大力培育新兴产业技术创新，政府以政策引导各类创业投资基金、科技贷款、科技保险、科技担保服务新兴产业。

借鉴已有成功发展经验，加强区域科技创新合作。黄河上游四省（区）中甘肃省和宁夏回族自治区科技创新能力较强，从历史发展来看，甘肃省一直是我国重要的工业省份，具有良好的经济发展基础，在工业技术创新方面具有一定的优势，需要继续发挥科技创新能力高的优势，加强对科技创新的鼓励和支持，在未来的发展中继续保持优势。宁夏科技创新能力提升较快，得益于宁夏近年来大力实施的创新驱动战略，在人才引进和科技金融发展方面出台了相关的优惠政策，吸引了大量的年轻博士和硕士来宁工作；此外，在科技创新资金投入方面，宁夏地方财政科技支出占地方财政支出比重为 2. 17% ,[①] 高于其他三个省份，政府科技创新政策和公共科技金融发展促进了地区科技创新。黄河上游四省（区）应该形成科技创新合作机制，借鉴已有科技创新发展的成功经验，在生态修复保护、科技创新、人才引进、科技创新补助、科技金融政策方面加强合作，促进地区科技创新水平提升。

第二节　构建科技金融政策体系

在创新驱动黄河上游地区生态保护与高质量发展的进程中，技术创新是基础，科技金融政策体系是支撑。构建与黄河上游地区科技创新发展需求相匹配的科技金融政策体系，可以促进资金流向技术创新企业，实现对企业技术创新的支持，提升创新链与资金链的耦合度，增强区域科技创新能力。特别是建立适应于不同规模、不同产业特点、不同生命周期的科技金融政策体系，对于地区整体科技创新能力的提升具有重要意义。

一、高新技术企业科技金融支撑政策

我国高新技术企业一般指在国家颁布的《国家重点支持的高新技术领域》范围内，持续进行研究开发与技术成果转化，形成企业核心自主知识产权，并以此为基础开展经营活动的居民企业，是知识密集、技术密集的经济实体。黄河上游地区高新技术企业主要分布在煤化工企业和战略新兴产业中。长期以来，黄河上游地区原始创新能力不足，产业技术创新缺乏资金支持是制约企业进行技术创新的主要瓶颈，构建与黄河上游地区高新技术企业发展相匹配的科技金融政策体系可以有效促进企业技术研发和应用，特别是在战略新兴产业和传统煤化工企业产业生态化发展方面，应该支持科技领军企业牵头组建创新联合体，突破关键技术，围绕产业链部署创新链，围绕创新链布局产业链，提升产业链创新水平。在废水超低排放和资源循环利用技术研发方面给予研发补贴，对于已经取得的国际前沿技术成果，要进行奖励，鼓励煤化工企业进行生态化改造。

---

① 中华人民共和国科学技术部. 中国区域创新能力监测报告 2021 ［M］. 北京：科学技术文献出版社，2021：268.

对于战略新兴企业，特别是现代信息技术、智能制造、大数据产业要给予一定的政策优惠，在园区土地使用、税收、贷款利率方面进行补贴，积极推动地区产业结构优化升级。

构建高新技术企业产、政、研一体化的科技金融支持体系。从国内外科技创新发展的成功经验来看，技术创新需要联合政府部门、企业、研究机构形成多主体合力共进的机制。在技术研发、成果转化、成果应用推广、高新技术产业化阶段对金融服务的需求不一样，黄河上游地区应该构建企业主体、市场导向、政策支持引导的科技金融政策支持体系，对高新技术企业技术研发、成果转化、推广应用、产业化阶段实施不同的科技金融支持政策，要特别关注在研发阶段和成果转化阶段的资金支持，弥补市场科技金融发展不足的短板。

形成企业研发投入、政府政策补贴、研究机构智力支撑的高新技术企业创新协同机制，政府以资金补贴的形式引导高新技术企业技术创新，以产业生态化改造、生态产业重大技术攻关、产业节能环保、信息技术创新为方向，面向国家重大发展战略，面向区域重大科技需求，面向区域重大发展现实问题进行引导，对符合条件的高新技术企业技术研发和成功转化的科技成果进行资金补助，降低企业研发投入的成本。积极鼓励企业和国内外科研机构的合作，将国内外最新的科研成果转化为企业商业技术，对于引进国内外先进技术并已经广泛应用的企业，给予一定技术引进补助。根据黄河上游地区原始创新能力不足的现状，政府应该大力支持区域内高新技术企业引进、吸收、再创新，特别是在数字经济和人工智能领域，鼓励国内外知名企业落户发展，对于落户黄河上游地区的高新技术企业在土地使用、税收、贷款利率方面给予一定的优惠政策。

二、重大科技项目科技金融支撑政策

重大科技项目是黄河上游地区实施重点生态修复保护工程、产业低碳绿色转型、战略新兴产业技术创新的抓手，是黄河上游地区生态保护与高质量发展的重要内容，也是黄河上游地区经济发展新旧动能转换的关键，对于黄河上游地区科技创新具有重要意义。从资金来源看，重大科技项目资金主要由企业研发投入和政府科技支出构成，企业研发投入是重大科技项目资金的主要来源，政府应该制定相应的政策，大力支持重大科技项目的发展。从黄河上游地区科技创新空间布局来看，政府应该根据地区重大科技创新需求，制定区域重大科技项目目录，对重大高精尖成果产业化项目、高精尖产业协同创新平台建设、硬科技孵化器、重大前沿技术产品示范应用、世界级顶尖科技人才及创新团队、重点金融机构集聚发展、具有重要影响力的企业和研发机构集聚等方面进行较大幅度的资金奖励。可以借鉴国内国家自主创新示范区的做法，譬如，中关村国家自主创新示范区中，对于重点产业开展前沿颠覆性技术、关键核心技术和重大共性技术的成果转化和产业化。按照不超过项目总投资额30%的比例，每年给予最高不超过1000万元的资金支持。对于企业和高水平研究机构，围绕重点产业创新发展需求，建设对产业发展有重大带动作用的协同创新平台，促进产业上下游和大中小企业融通发展，优化产业创新生态，重点开展合作研发、技术转移和成果转化、共性技术研发和开放服务、工程化技术集成、规模化试生产等高端研发服务或生产性服务。按照不超过项目总投资额30%的比例，每年给予最高不超过1000万元的资金支持。黄河上游地区可根据本区域重大科技项目目录，对企业进行奖励。

对于黄河上游地区重大科技项目制定实施科技贷款利率补贴，科技保险保费补贴，科技债券利息补贴和科技担保等政策，满足重大科技项目在不同阶段的资金需求，特别是科技创新的早期，要充分发挥财政科技支出的作用，推动重大科技项目落地，并在生态环境保护修复和高质量发展中取得实质性进展。在重大科技项目商业化阶段，鼓励市场科技金融投入，在创业投资基金、科技贷款、科技保险等方面积极引导社会资金投入，通过市场科技金融体系，进一步分散科技创新的风险，同时创造更多生态和经济价值。

三、人才聚集和创业孵化科技金融政策

科技创新离不开人才队伍的建设。黄河上游地区由于历史发展和社会经济地理位置原因，高端科技人才长期缺乏，人才资源短缺成为困扰地区科技创新能力提升的重要因素。在科技创新发展中，人才队伍的建设应该成为黄河上游地区科技创新的重点工作，既要大力引进国内外顶尖人才团队，也要注意培养本地科技人才，形成人才队伍的合理梯队。

以地区重大科技项目为方向，大力引进国内外顶尖科技团队。人才队伍引进要符合地区产业发展方向，特别是在生态环境修复保护、高海拔生物多样性、农业节水技术、工业节水技术、水污染处理技术、煤化工产业绿色低碳发展、生态农业建设等方面大力引进国内外知名专家团队，服务黄河上游地区重大生态环保工程技术支撑和产业生态化发展。制定地区分类别人才引进支撑政策，

对于引进的国内外顶尖人才团队，在科研启动经费、人才补助、住房、教育、医疗、贷款利率等方面给予优惠政策。对人才进行分类管理，不同人才类别给予不同的优惠政策，对于做出重要贡献的团队给予一定的创新奖励。在支持优秀青年人才创办企业方面，对于符合条件的人才，按照一定比例给予一次性启动资金支持。对于符合企业投资人才条件的，按照一定比例给予一次性启动资金支持。积极开发"人才贷"产品，对于引进的创业团队，给予贷款利率优惠。构建多元化引进方式，建立长期工作和临时工作机制，大力引进可长期工作的青年博士和科研人员，补充人才队伍，建立合理的科研梯队；对于国内顶尖科研团队，可以尝试柔性引进，在重大技术攻关方面发挥引领作用。

积极支持区域内孵化企业的发展。制定孵化企业和服务机构奖补措施，对于为孵化企业服务的创业服务机构，符合条件的服务机构在支持创业服务机构配备专业设备和设施方面，按照服务机构自建、购置、租赁、改造升级专业软硬件和聘用技术人员的实际投入，给予一定比例补贴。在支持创业服务机构举办创新创业活动方面，支持创业服务机构主办或承办具有国际国内影响力的创业大赛、创业节等活动；支持各机构联合相关单位主办或承办军民融合创新创业大赛等活动。按照服务机构在场地费、搭建费、设备租赁费等方面的实际支出，给予一定比例的补贴。在支持创业服务机构吸引高成长企业在地区落地发展方面，支持创业服务机构对毕业企业进行跟踪服务，引导符合条件的优质毕业企业在高新技术产业园区落户。按照毕业企业综合经济贡献总额的10%给予创业服务机构支持，每家创业服务机构每年度获得该项支持的额度不超过200万元。

四、科技担保政策

科技创新具有高风险和高收益性，在企业科技创新及商业应用中，一方面，企业自有资金有限，创新资金不足；另一方面，银行基于风险控制的考量，不敢贷款给科技型中小企业；导致科技创新的资金链与创新链不匹配，制约了企业技术创新，进而导致区域科技创新发展缓慢。建立适合区域科技创发展的贷款担保体系，可以促进银行贷款流向科技创新企业，对于区域科技创新能力提升具有重要意义，特别是对种子期、初创期企业的培育和发展具有推动作用，可以有效缓解地区创新发展资金支持不足的问题。国外科技发达国家科技担保体系已经非常成熟，美国、德国、日本都建立了科技型小微企业担保体系，积极培育市场竞争主体，建立科技创新生态体系，对地区科技创新能力提升和经济发展都具有重要推动作用。譬如，美国小企业局（SBA）对于科技型企业在贷款方面的担保，SBA与金融机构合作，由金融机构贷款给符合条件的小企业，政府负责对贷款的担保，最高可赔付贷款额度的80%，作为对政府担保成本的控制，小企业需要交纳一定的担保费用，来降低政府担保的损失。通过建立政府科技担保体系，有效缓解了美国科技型小企业缺乏抵押品、融资难问题，同时也降低了合作金融机构科技贷款的风险，对于美国科技创新生态体系建设、市场主体培育、市场竞争机制的构建具有重要意义，保持了市场主体的活力和科技创新的竞争力。黄河上游地区应该逐步推动政府科技贷款担保体系的建设，在担保规模和数量方面，逐年增加政府专项资金投入，培育地区科技型小微企业成长，建立区域科技创新资金支持体系。

建立区域科技创新担保体系。黄河上游地区经济发展水平与全国平均水平存在一定差距，区域内大型企业不多，中小微企业构成了区域科技创新的主体，培育中小微科技型企业成长是黄河上游地区面临的实际问题。在市场科技金融体系发展缓慢的条件下，要实现科技创新能力的增长，就必须发挥政府财政科技支出的作用。面向区域科技创新需求，建立担保企业目录，与区域金融机构合作，对于符合条件的企业贷款，进行政府担保，特别是对小微科技型企业贷款，政府应该负担不少于贷款金额70%的担保，在控制风险、降低成本方面，对于愿意参加政府担保的小微企业，收取一定的担保费，分散政府担保风险，同时保留对无法按期偿还贷款的小微企业的债务追索权。

创新政府担保机制。在政府担保机制建设方面，应该积极应用数字技术，通过大数据、云计算、区块链、智能合约等技术，建立覆盖区域科技型企业的信息流、现金流、信用流系统。应用现代信息技术，建立科技型企业信用体系，采用区块链去中心化和不可篡改的特点，建立数字担保系统，建立科技企业科技创新指标体系，按照相应的指标将企业日常经营的数据采集至系统中，建立政府、企业、银行端口，不同端口授权不同，银行可以根据日常数据的采集形成企业信用报告，采用线上授信的方法给企业贷款，政府端可建立智能合约标准，对于符合标准的贷款，通过智能合约自动签订担保合约，同时，政府和银行可以在贷款中、后期通过系统指标对企业进行监督，确保贷款按合约要求使用。

根据科技创新的阶段，创新担保产品，不同担保产品根据风险大小确定担保比例。科技创新不同阶段的成功率、投入资金以及风险大小都不一样，担保体系建立也应该根据科技创新的具体特点，发展不同的担保产品，确定政府担保比例。在研发阶段，风险大，投入周期长，企业获得资金困难，此时政府担保比例应该提高至80%左右，在成果商业化应用阶段，投入较大，收益高、风险较小，政府担保比例应该降低至40%。针对不同的担保产品，建立筛选机制，选择具有一定潜力的创新产品进行担保，对于获得国内外知名风险投资基金投资的企业，担保比例和金额适当降低，对于已经获得3轮投资的企业，担保比例进一步降低，将更多的资源投入至初创期企业。

五、市场科技金融政策

黄河上游地区应该发挥市场科技金融支持科技创新的作用，制定科技贷款、科技保险、科技担保、创业风险投资等科技金融发展政策，鼓励各类金融机构发展科技金融，建立科技金融支持科技创新的政策体系，提升区域科技创新能力。

（1）优化科技金融发展环境。黄河上游地区金融市场发展状况与发达地区存在较大差距，在科技金融发展方面，存在市场主体不健全，创业风险投资、私募股权投资基金数量少、规模小，区域股权交易中心流动性低的问题，市场科技金融的发展与科技创新的需求匹配度较低。在发展市场科技金融时，应针对黄河上游地区市场科技金融发展的症结出台相应的政策文件，特别是要出台科技型企业信用体系和创新能力评估方面的相应政策，降低各类市场金融机构对科技型企业投融资的疑虑，大力推动国内科技金融机构落户黄河上游地区。为减少市场科技金融主体对科技型企业投融资的顾虑，优化市场科技金融环境，缓解科技创新企业与金融机构之间信息不对称问题，应该建立黄河上游地区"科创指数"，借鉴国内外"科创指数"指标体系构建的原则和成功经验，结合黄河上游地区科技型企业技术创新的周期、投入、风险、盈利等指标，建立黄河上游地区"科创指数"，加速金融机构、投资机构对企业科创属性的研判，进一步优化科技创新环境，为各类市场科技金融主体投资科技型企业风险—收益提供参考。譬如，中关村建立的北京科技企业"科创钻石指数"，该指数重点从"核心技术、研发能力、研发成果市场认可、相对竞争优势、技术成果转化、科创加分项"6个维度、39项一级指标、183项二级指标、超过1000个基础指标，以系统性、可量化、多维度的方式，综合评价科技企业的科技创新和持续发展能力，为客观评价科技型企业创新能力提供了依据。建立区域科技企业信用系统，优化企业信用环境。采用现代信息技术，建立科技型企业数字信用体系，使用区块链作为企业信用体系的底层技术，并入各市场金融服务主体系统和政府监管系统，通过现代信息技术，远程采集企业生产信息和财务信息，自动生成企业数字信用报告，为各类市场科技金融主体提供有效的信用报告，助力科技企业贷款，同时，通过联网金融服务，实现线上金融服务。

（2）发展科技贷款。科技贷款是科技型企业融资的主要渠道，针对企业技术创新的不同阶段，鼓励银行开发不同的科技贷款产品，建立匹配创新链的科技贷款支撑体系。科技贷款在国内发展已经有 40 余年，北京银行、上海银行、兴业银行、中关村银行、中国农业银行、中国建设银行等金融机构在国家自主创新示范区已经发布了多款科技贷款产品，黄河上游地区应该积极与国内科技金融服务机构合作，将商业银行、股份银行、各城市银行已经发展成熟的科技贷款产品引进来，针对黄河上游地区科技企业的特点进行创新。譬如，中国建设银行股份有限公司上海支行在上海张江国家自主创新示范区提供的"建知贷"产品，该贷款产品无须抵押，通过引入第三方保证保险或保证担保机构，为科技型小微企业提供增信，单笔最高贷款金额为 500 万元，可以有效盘活知识产权等无形资产，解决轻资产科技型小企业抵押物不足的问题。上海银行股份有限公司在上海张江国家自主创新示范区提供的"研发贷"，该产品授信期限原则上最高为三年，对于生物医药、集成电路等行业可根据企业实际需求适当放宽期限限制；灵活运用企业拥有的无形资产（知识产权、专利权、著作权等）作为担保方式，该产品从背景调查、研发能力、外部支持、资产状况等维度对企业进行综合评估，与传统银行过度依赖企业财务指标、经营数据的评估模式相比，更适用于科创企业。国内科技贷款产品发展已经形成了覆盖研发、成果转化、高新技术产业化发展的各个阶段的产品，普遍采用担保+贷款的模式，且担保方式灵活多样，引进国内成熟的科技贷款产品，可丰富黄河上游地区科技金融服务产品，灵活多样的贷款方式，可以缓解区域内科技企业抵押物不足和融资难问题。

（3）发展知识产权抵押贷款。知识产权贷款在国内已经发展了近 20 年，已经形成了较为成熟的产品服务体系和模式。黄河上游地区知识产权贷款发展较为缓慢，有些地区甚至还未开发出知识产权贷款产品，已经远远落后于全国发展速度。结合现在数字经济的发展，黄河上游地区应该大力发展知识产权抵押贷款，缓解科技型企业抵押物不足的问题，支持银行、担保公司运用大数据、云计算等金融科技手段提升对高价值发明专利等核心知识产权的综合评估能力，开展知识产权收益权质押（担保）、线上批量授信、知识产权交易履约担保等新型业务模式，不断扩大信贷和担保规模。地方政府应该按照年度发生业务规模的1%给予银行、担保公司风险补贴支持，单家银行、担保公司年度补贴金额不超过300万元。支持知识产权专业机构为科创企业提供知识产权证券化服务，将知识产权进行集中打包等方式在资本市场发行证券进行融资。按照机构年度发债规模的1%给予机构风险补贴支持，单家机构年度补贴金额不超过300万元。

（4）发展科技保险。科技保险是对科技企业或研发机构在研发、生产、销售、售后及其他经营管理活动中，因各类现实面临的风险，导致科技企业或研发机构出现财产损失、利润损失、科研经费损失，及其对股东、雇员，甚至第三者的财产、人身造成现实伤害而应承担的各种民事赔偿责任，由险企给予赔偿或给付保险金的保险保障方式。目前各地推出的科技保险产品主要包括研发责任保险、关键研发设备保险、营业中断保险、产品质量保证保险、雇主责任保险、环境污染责任保险、专利保险、小额贷款保证保险、项目投资损失保险，以及出口信用保险等险种。科技保险可对科技企业研发、生产、销售等全过程实现风险覆盖，对促进企业科技研发，分散科技创新型企业风险具有重要意义。我国科技保险产品自2006年推出后，已经形成了较为完备的险种体系，国内高科技企业也从科技保险中受益良多，但是，科技保险在国内发展速度并不快，主要的原因是缺乏对风险评估的定量工具，同时，科技企业保险意识薄弱也是科技保险发展缓慢的原因之一。随着数字技术的发展，为科技保险风险评估定量模型的发展带来了发展的契机，黄河上游地区应该鼓励各保险公司研发科技保险产品，通过大数据、云计算等科技手段对科技保险风险进行评估和定量计算，对于发展科技保险的保险公司按照产品销售额和赔付率给予一定的资金补贴，鼓励各类保险公司开发针对黄河上游地区生态产业化和产业生态化发展技术的科技保险产品。针对科技企业保险意识薄弱的问题，应该加强政府政策宣传和引导，鼓励企业对科技创新进行投保，进一步降低企业创新风险。

（5）发展创业风险投资基金。创业风险投资基金是科技型企业种子期、初创期、发展期直接融资的重要来源，是促进科技创新发展的重要市场力量。国内外成功通过创业风险投资基金培育起来的科技型企业案例较多，譬如，滴滴出行、阿里巴巴等国内网络巨头公司，都是创业风险投资促成的企业，创业风险投资基金发展对地区科技创新发展具有重要意义。黄河上游地区创业风险投资规模小、数量少，在科技创新中的作用不突出，应该从培育地区风险投资基金与引进国内风险投资基金两方面入手制定创业风险投资基金发展政策。大力培养本地区创业风险投资基金，通过建立政府出资的创业风险引导基金，加强创业风险投资基金的发展，对新设立的创业风险投资基金在税收方面给予一定的优惠政策，对于已经创立并成功投资的创业风险投资基金给予一定的资金奖励，鼓励地区创业风险投资基金发展。积极引进国内知名创业风险投资基金投资于区内重大科技专项、生态修护项目和产业绿色转型项目，对于各园区引进的创业风险投资基金在办公地、落地服务支持、成功投资等方面制定优惠政策，提供一定面积的办公场地，给予一定的税收优惠政策，在投资于区内重大发展科技项目时，给予一定的资金奖励，促进区域创业风险投资基金的发展。

第三节　构建多元化科技金融投入体系

科技创新投入由公共科技金融和市场科技金融共同构成，黄河上游地区生态环境保护修复任务重，产业转型升级压力大，在新一轮的发展中，应该注重构建多元化科技金融投入体系，发挥政府政策的引导作用，积极培育各类市场科技金融主体，促进资金流向科技创新。黄河上游地区生态保护与高质量发展的现实需求和基础不同，根据不同地区的发展基础，建立不同的科技金融投入机制。对于河源地区，由于资金投入持续时间、收益尚未显现，市场科技金融主体以利益最大化为导向，难以实现市场科技金融的持续投入，需要发挥财政科技支出"四两拨千斤"的作用，建立财政科技支出为主、市场科技投入为辅的机制；对于黄河上游粮食主产区和城市化地区，经济发展水平相对较高，各类经济要素聚集度高，产业盈利能力较强，需要发展以市场科技金融投入为主，财政科技支出为辅的科技金融投入机制。

一、发挥财政科技支出的杠杆作用

黄河上游地区经济发展基础薄弱，生态保护与高质量发展的形势严峻，且生态环境保护修复公益属性较强，短期内难以形成市场投入—收益机制，市场科技金融体系在生态环境保护修复方面难以形成支撑体系，应该发挥财政科技支出，不同区域采取不同的投入方式。

河源地区应该以中央和地方政府财政科技投入为主体，市场科技金融投入为辅助手段。设立黄河上游地区生态环境保护与修复技术创新专项资金，在重大生态环境修复保护技术引进、重大生态环境修复保护技术立项方面加强政府财政科技支出的支持，确保生态环境保护与修复技术创新应用方面的资金投入。同时，以政府财政科技支出为杠杆，撬动市场科技金融资金的投入，在科技贷款、科技保险、科技担保方面适当给予各类金融机构和科技型企业补贴，鼓励各类金融机构发展科技金融，服务生态环境保护与修复技术在生态保护修复方面的应用。设立各级政府财政科技担保基金，对生态保护修复科技贷款进行担保，分散科技创新的风险；设立各级政府财政科技引导基金，发挥财政资金在科技创新中的杠杆作用，促进社会资金流入生态环境保护与修复中；在科技金融政策方面，加大科技贷款利率补贴和科技保险保费支付的力度，鼓励各类金融机构发展科技贷款。

针对黄河上游部分地区经济发展基础薄弱、金融市场化发展程度较低的现实，应该构建以政府投入和政策支持为主体，市场科技金融投入为支撑的金融服务科技创新的体系。在青海省产业生态化发展方面，应该以政府政策为主导，推动科技金融对产业生态化技术引进的支持，充分发挥财政科技支出的作用，对产业生态化技术引进和应用进行资金补贴。根据不同企业技术引进和应用的经费支出，给予一定比例的资金补助。考虑到青海省地广人稀，科技金融机构分布网点建设成本高的问题，可以利用国有商业银行分布广、网点多的特点，通过政府科技贷款利率补贴积极引导国有商业银行对产业生态化技术和设备引进进行科技贷款。利用现有保险公司分布广的特点，鼓励保险公司开展科技保险，特别是对有机农牧业科技发展进行科技保险业务，由政府对保险公司科技保险进行保费补贴；同时，发挥财政科技担保放大资金的作用，对于中小微科技企业、农牧业创新贷款进行科技担保，扩大产业生态化发展的科技贷款规模，促进社会资金对产业生态化的持续投入。

针对甘肃省、宁夏回族自治区和内蒙古自治区产业生态化发展的科技创新需求，应该共同发挥政府财政科技支出和市场科技金融的作用，以政府科技金融政策为引导，市场科技金融为支撑，在科技贷款、科技保险、科技担保给予企业和银行税收优惠，在贷款利率和保险保费方面给予一定的补贴。譬如，在现代农业生产体系建设、现代煤化工绿色低碳技术改造方面，积极引导各类金融机构发展科技贷款，政府可以提供科技贷款利率补贴，在重大技术创新科技贷款中，政府可以进行科技贷款担保，降低科技创新风险，引导市场科技金融投入到产业生态化发展中。在新动能培育方面，由于黄河上游地区创业投资基金数量少、规模小，在科技型企业孵化方面，缺乏资金支持，难以形成对原始创新项目的资金支持，市场科技金融大多会支持高新技术产业化阶段的项目，因此，在科技研发、成果转化阶段需要政府财政科技支出的大力支持。政府和银行可联合开发"银+保"机制，在银行研发贷款方面，政府提供贷款担保，促进"创新链与资金链"的融合，缓解科技型企业在研发阶段融资难问题。同时，优化科技金融市场环境，积极引进和培育各类创业投资基金和科技金融市场服务中介机构，形成良好的科技金融市场环境，促进科技金融市场的发展，服务于产业生态化发展。

二、不同区域采取不同优先发展策略

从黄河上游地区科技创新与科技金融动态耦合协调发展实证结果可以看出，黄河上游四省（区）科技金融综合序参量数值整体低于科技创新综合序参量数值，科技金融对科技创新的支撑能力有待提高。根据实证结果，需要对不同地区采取不同的优先发展策略，内蒙古科技创新综合序参量数值低于科技金融综合序参量数值，应该优先发展科技创新，提高区域内科技创新水平，进而提升科技创新与科技金融的耦合协调度。在政策层面，需要加强各类人才的引进，在税收、教育、医疗、住房等方面出台人才引进政策，使各类人才引得进、留得住，可发展"人才贷"，与本地金融机构合作，对于引进的不同层次人才，可以给予不同规模的创业贷款和信用贷款，政府对"人才贷"产品进行担保和利率补贴，鼓励国内外创新创业人才落户内蒙古自治区；同时积极鼓励企业、科研院所、高校开展东西部科技合作，尤其是要加强技术的引进；加大对科技创新的奖励力度，在企业税收减免、科研人员科研成果转化收益分配方面向创新一线倾斜，形成区域创新发展的良好环境。宁夏科技金融综合序参量数值低于科技创新能力综合序参量数值，说明科技金融市场发展滞后于科技创新发展的需求，需要大力发展科技金融以支持科技创新。在政策层面，需要完善科技金融市场结构，大力引进国内成熟的科技金融产品，譬如，中关村、上海张江国家自主创新示范区等高新技术聚集区的科技贷款、科技保险等产品，建立企业研发、成果转化、高新技术产业化全方位的科技金融资金支持体系，同时，积极引进各类非银行金融机构，发展私募股权投资、天使投资、创业投资基金，补足科技研发阶段资金供给低的短板；发挥财政科技金融的引导作用，成立政府科技金融引导和担保基金，促进各类金融资源流向科技创新，加大对科技贷款的利率补贴，鼓励银行发展科技贷款支持企业创新。青海省科技创新综合序参量数值和科技金融发展水平综合序参量均较低，耦合协调度较低，需要在科技创新和科技金融方面同时提高，一方面，要加大政府科技创新投入，建立财政科技支出为主体，市场科技金融投入为辅助的科技金融投入体系，发挥政府科技创新引导基金的资金放大作用，积极引导社会各类资金投入到科技创新中；另一方面，也需要政府加强对科技创新的鼓励和支持，从税收减免、科技补助资金等方面鼓励企业进行科技创新。加强技术的引进，鼓励企业在技术引进、吸收、再创新方面加强投入。

三、积极构建市场科技金融投入体系

在发挥政府科技资金支持作用的同时，积极建立区域市场科技金融投入体系，最终形成以市场科技金融投入为主体的科技创新投融资模式。根据黄河上游地区现阶段市场科技金融发展的现状，应该从市场科技金融主体培育和引进、市场科技金融投入体系建设、市场科技金融服务体系和产品创新等方面逐步构建与黄河上游地区科技创新发展实际相吻合的市场投入机制。

培育市场科技金融服务主体，筑牢市场科技金融体系的微观基础。市场科技金融主体发展不足是黄河上游地区科技金融发展的最大短板，黄河上游地区由于经济发展水平与沿海发达地区存在较大差距，各类市场主体发展不充分，市场体制机制不健全的问题一直存在，在科技创新驱动高质量发展的进程中，科技创新与市场科技金融服务能力在较低水平下匹配。市场科技金融主体不健全，各类市场服务中介发展不足，使得黄河上游地区科技型企业融资难度较大，特别是小微企业融资难、融资贵问题突出。黄河上游地区在创新驱动发展中，应该积极培育各类市场科技金融主体，与国内科技金融产品和服务发展较好的银行建立合作机制，积极引进北京银行、上海银行、兴业银行、中关村银行等分支机构落户本地区，同时，组建黄河上游地区科技发展银行，分布于黄河上游四省（区）各高新技术产业园区，针对黄河上游地区各类科技企业提供专门服务。在发展科技金融市场主体时，注重对各类中介服务机构的培育与引进，特别是各类会计师事务所、各类律师事务所、各类证券公司、各类创业创新孵化机构、资产评估公司的引进，服务于区域内科技金融的发展。在健全市场主体的同时，注意发挥已有各类商业银行、证券公司、保险公司的作用，鼓励本地区各类金融机构开展科技金融业务，设立科技金融服务中心，对于已经成立科技金融服务中心的金融机构和成功提供科技金融服务的公司，政府给予一定的现金奖励和政策优惠，促进区域内各类科技金融服务机构的发展。

建立市场科技金融服务体系。科技金融服务体系可以有效促进资金流向科技创新企业，建立区域内重大生态环保技术创新、生态产业化技术创新、产业生态化技术创新以及战略新兴产业技术创新企业库，定期对库内重大支持技术进行更新，鼓励企业申报入库，并对入库企业进行评级分类，评选出"领军企业""瞪羚企业""优势企业""专精特新"等优质企业，以政、银、企科技金融合作机制为引导，对于入库企业，在科技贷款方面进行担保支持，在科技保险方面给予保费补贴，特别是要开展知识产权抵押贷款、"研发贷"等产品的应用，形成匹配创新链的投融资支持系统，促进各类资金流向区域内重大科技创新项目。此外，对于入库企业，从公司治理结构、财务标准、技术发展、上市融资等方面进行咨询服务和培训，帮助企业完善公司治理结构，掌握本领域前沿技术应用，熟悉上市融资要求和流程等。健全融资担保体系，对接国家融资担保基金，发挥地方政府再担保机制服务经济的作用，设立地级市小微企业担保基金，降低融资担保费率，有效缓解小微企业融资难、融资贵问题。设立中小企业担保代偿补偿资金，专项用于中小企业担保代偿损失补偿，化解担保风险，解决担保机构收取的担保费与其承担的风险不相称问题，防止担保机构因发生大量代偿，失去担保能力。建立助贷基金补偿机制，增强助贷能力，为企业提供更多过桥资金，解决续贷难题。鼓励引导融资担保机构积极履行社会责任，落实担保降费政策，进一步降低企业融资成本。

加强区域内科技型企业直接融资培育。夯实资本市场发展的微观基础，积极鼓励中小企业建立现代企业制度，完善企业内部运行机制，规范企业运作模式。完善的现代企业制度是企业进入资本市场进行直接融资的先决条件，健全的法人治理结构，完善的企业财务管理制度，是企业进入资本市场进行直接融资的基本法律要求。《中华人民共和国证券法》《上市公司证券发行管理办法》对上市公司的组织机构健全程度、运行情况、上市公司盈利能力的可持续性、财务状况、募集资金的数额和使用等方面做了详细的规定，明确了上市公司申请公开发行证券的一般条件。综合各类法规，对于在各个板块上市挂牌企业的财务规定都有明确的要求，其中，中国证券监督管理委员会2018年6月6日公布的《首次公开发行股票并上市管理办法》中，对首次公开发行股票的一般性条件规定为：发行人应该是持续经营3年的股份有限公司、发行人的生产经营符合法律法规，发行人的注册资本、实际控制人没有变动等，并对发行人的具体条件做了量化规定，对公司的净利润、经营现金流、总股本、净资产等都做了明确的规定，符合条件的企业方可申请上市。黄河上游地区应对企业主体资格、财务状况、治理结构和独立性进行认真分析，积极推动中小企业健全法人治理结构，做到资产完整、人员、财务、业务独立，主营业务突出，从企业治理制度和治理结构健全现代企业制度，夯实资本市场发展的微观基础。提升对企业上市挂牌的服务能力，推动企业上市步伐，建立市属企业上市后备库，按照"储备一批、培育一批、改制一批、辅导一批、上市一批"的思路，大力培育一批主业突出、成长性好、带动力强、符合国家产业政策的企业。对市级上市后备库企业进行一对一辅导培育，帮助重点培育企业解决上市过程中的困难和问题，改善企业资本结构，推进融资渠道多元化进程。对进入上市辅导的重点企业，协助解决短期资金流动性短缺的问题，积极利用股权投资等方式助推上市工作，通过产业基金参股方式，扶持重点企业做强做大，做好企业上市准备工作。针对企业对资本市场功能认识不足，对融资程序、融资规则不了解等情况，通过以会代训、外出学习、交流座谈等多种形式，进行上市挂牌辅导培训，帮助企业经营者树立资本市场运作观念和上市的信心，激发企业上市挂牌的热情，提高企业融资运作的能力、水平和效率。

充分发挥区域股权交易中心的融资作用。区域股权交易中心是我国多层次资本市场体系的重要组成部分，是区域中小企业直接融资的重要场所，是发展资本市场的重要基础。根据证监会 2017 年 5 月发布的《区域性股权市场监督管理试行办法》中第三十一条规定："区域性股权市场可以在依法合规、风险可控前提下，开展业务、产品、运营模式和服务方式创新，为中小微企业提供多样化、个性化的服务。"为地方政府创新发展区域股权市场提供了法律依据，黄河上游地区应当根据本地区企业发展实际情况，创新区域股权融资方式和监管模式，更好地为中小型科技企业服务，为企业进一步进入主板、科创板、创业板、"新三板"市场融资做好准备。创新区域股权交易市场融资产品，拓宽企业融资渠道，黄河上游地区应该充分发挥区域股权交易市场的作用，创新融资方式和产品，为企业提供多元化的融资方式。推广私募股权、股权质押、债权、商业保理、资产证券化、可转换债、融资抵押等融资方式，多途径解决企业融资问题。引进产业基金、风险投资等机构，撬动更多的金融资本和社会资本对重点产业、重点企业进行股权投资，支持优质企业做大做强。在区域股权托管交易中心尝试建立区域特色企业板块，支持特色优势企业发展壮大，譬如，在宁夏股权托管交易中心设立的地市级"科创板"即"石嘴山科技创新板"专板，首期有 25 家科技型中小企业挂牌，有效地促进了科技金融的发展，支持了经济结构转型升级。

创新市场科技金融服务和产品。市场科技金融产品是科技金融服务技术创新的终端，丰富的科技金融产品是科技创新企业获得融资支持的前提，国内不同科技自主创新示范区，都会与合作银行共同推出符合本地区企业科技创新实际的科技金融服务产品，譬如，在武汉东湖国家自主创新示范区，2023 年上线的创新积分贷系统，包含 17 种科技金融服务产品，包括"科创企业"融资服务方案，该产品为多种产品组合，可组合运用贷款、银票、保函及信用证等多种金融产品，而且担保方式多样，可采用专利权、应收账款等创新担保方式以及纯信用担保方式，还款方式灵活，可无还本续贷，不用偿还到期本金的情况下提前审批进行续贷。根据黄河上游地区生态环境修复保护、生态产业化、产业生态化以及现代农业生产体系发展的技术创新需求，创新黄河上游地区科技金融产品。对于生态环境修复保护应该加强公共科技金融的扶持力度，建立政府主要担保的科技贷款和科技保险产品体系，开发"创新贷""研发贷""科技引进贷""科技推广贷"等面向公益性环境修复保护的金融产品。开发"科技保险"对技术应用、产品销售、售后进行保险，最大限度降低科技创新风险。针对生态产业化发展周期长的特点，可发展周期较长、利率较低的科技贷款，支持生态产业发展。根据产业生态化发展和现代农业生产体系建设，也可根据企业创新和生产周期创新金融服务产品，发展"农业科技贷款""农业科技保险""循环经济发展贷"等金融产品，通过金融产品创新，进一步提升科技金融服务企业技术创新的能力。

第四节　发挥数字金融服务科技创新的作用

充分发挥数字金融服务科技创新的作用。数字金融通过缓解融资约束、优化产业结构可以显著提高区域技术创新水平，[1] 数字技术具有较强的地理穿透性，黄河上游地广人稀，传统金融服务成本高，通过数字技术的应用，可以有效地降低金融服务成本。同时，大数据、云计算、区块链、智能合约等数字技

---

[1] 聂秀华，江萍，郑晓佳，吴青. 数字金融与区域技术创新水平研究 [J]. 金融研究，2021（03）：132-150.

术在金融领域的应用，可以构建企业数字化信用体系，缓解信息不对称和道德风险，降低金融服务企业的成本，可以促进资金对企业技术创新的支持。黄河上游地区应该充分发挥数字金融在远程数据传输、企业生产经营信息收集、数字信用体系建设方面的优势，创新数字金融服务方式和产品，提升资金链与创新链的匹配度，促进地区科技创新能力提升。

一、提升数字金融服务黄河上游地区创新发展能力

数字金融在服务成本、信息收集处理、企业数字信用体系建设等方面具有较大的发展空间，可以有效缓解传统金融服务中信息不对称造成的道德风险和逆向选择问题，为金融服务实体经济发展带来了新的契机。根据第七章实证研究结果，黄河上游地区数字金融对科技创新具有正向促进作用，但是对创新的促进作用有待于进一步提升。黄河上游地区应该抓住数字经济发展的契机，充分发挥数字金融的优势，补足传统金融服务不足的短板。在科技型中小企业培育、现代农业生产体系建设方面，数字金融可以通过数字技术实现远程数据传输，及时收集企业信息，构建企业数字信用体系，缓解信息不对称造成的信贷约束；同时，数字金融可以通过区块链技术构建闭环资金链，形成金融机构、企业、监管机构、中介机构权限不同的数字金融服务网络，对科技创新资金的使用进行闭环使用和监督，促进信贷资金流向企业技术创新。

（1）提升数字技术在生态保护修复中数据采集、分析和应用的能力。在生态环境保护修复方面，建立"智慧生态系统"，可利用大数据、云计算对通过遥感技术、无人机、红外相机等设备采集的山林湖草信息进行采集、储存、分析和应用，实现对林草资源各类指标及各级林长管护区域数据的收集、处理、统计、分析，为科学绿化、资源保护、生态修复及金融机构投融资决策提供有力的数据支撑。建立生态环境保护修复数字信息台账，通过远程通信设备将信息台账汇总至科技金融服务机构，及时对科技投融资应用效果和成效进行评估，同时，构建大数据计算模型，将采集的生态环保信息进行碳汇定价，计算碳汇价值和分配标准。

（2）建立数字金融服产业生态化信息系统。利用大数据、云计算、智能合约、区块链等数字技术开发构建数字金融服务产业生态化信息系统，将黄河上游地区高污染、高耗能、高排放企业纳入信息系统，通过现代通信技术采集企业低碳化发展数据，将排放量、绿色技术应用、财务指标、循环经济发展等数

据纳入信息系统，形成产业生态化发展数据库，利用大数据和云计算技术，对数据进行分析和应用，同时使用区块链去中心化和不可篡改的特点构建企业、政府、金融机构、监管部门端口，银行可以利用系统自动生成企业绿色发展信用报告，对企业科技贷款进行评估，同时使用该系统的信息，发展线上贷款；政府可利用该系统对企业进行分类，特别是对企业申报贷款担保进行审核和监督，发展智能合约，对符合条件的企业一键生成合约；监管部门通过该系统对生态环境保护进行监督，提升生态环境保护的监督能力。通过数字技术的应用，建立相应的信息采集、储存、分析系统，可以缓解企业、政府、金融机构之间的信息不对称，降低道德风险，不断提升数字金融服务企业创新发展的能力。

（3）建立现代化农业数字金融服务系统，提升数字金融服务现代农业生产的能力。农业生产不仅周期长，而且存在分布广、金融服务成本高的问题，利用现代信息系统，可以通过通信设备采集农牧业生产信息，建立农牧业生产信用体系，为金融机构服务农牧业发展提供决策参考依据。譬如，对于农牧民生产贷款，可以使用远程通信技术将牛、羊等视频传送至银行系统，对贷款使用进行远程监督。同时，利用数字技术，可以将农牧业生产企业的财务信息录入采集系统中，形成企业、金融机构、政府、上下游企业闭环系统，形成技术创新贷款、融资担保、票据融资使用的全程数字化运行模式，将科技贷款定向使用至农牧业科技创新与应用项目中，减少银行贷款使用监督成本。利用该系统对缺乏抵押物的小微企业，形成数字信用报告，采集企业生产、销售等财务指标，只要企业正生产经营，没有亏损，即可为企业提供信用贷款。

二、创新数字金融服务黄河上游地区生态保护与高质量发展的模式和产品

黄河上游地区生态保护与高质量发展有其特殊性，针对黄河上游生态涵养区、粮食主产区、城市化地区、煤化工产业基地技术创新发展的特点，创新数字金融服务模式。在生态涵养区，生态环境保护投入周期长、收益低，具有极高的公益属性，应该充分发挥政府财政科技支出的作用，以数字技术的应用推动财政科技资金的使用监控，结合大数据和云计算，对财政科技资金支出的使用进行闭环管理与监督，提升财政科技支出支持生态环境保护修复的效率；在粮食主产区和城市化地区，大力发挥数字金融在信息收集和数据处理方面的优势，通过大数据和云计算技术，建立科技型企业日常生产经营信息网络，积累

企业信用信息，为科技贷款、科技保险、创业风险投资等市场科技金融的运营构建良好的企业信用体系，形成数字科技贷款、数字科技保险、数字创业风险投资等数字金融服务技术创新的新运行机制，缓解传统金融服务中信息不对称、服务成本高等问题，促进黄河上游地区科技创新；在煤化工产业基地，产业生态化发展是主要方向，在产业生态化发展中，应该引导数字金融支持企业生态化改造技术革新，利用区块链技术构建企业生态化改造技术创新闭环资金链，对各类科技贷款资金进行闭环管理和使用。

创新数字金融服务产品。针对黄河上游地区生态保护修复与产业生态化发展的特点，创新数字金融服务产品，在研发投入贷款方面，可重点支持技术引进与应用贷款，根据不同类型企业的数字信息系统，可以开发出"技术应用"线上贷款，实现系统自动审批、自动监督、智能化合约等一站式服务。发展数字金融与产业链金融相结合的服务产品，通过产业链上下游的交易场景和交易数据，运用大数据、互联网、区块链、开放银行服务等新兴技术，开发全流程线上化服务中小微企业的数字金融产品。支持银行与供应链上的核心企业建立合作关系，为产业链上下游企业提供信用贷款，解决产业链上下游小微企业的融资难题，并通过大数据风控有效管控信贷风险，降低小微企业的融资成本。发展金融工具组合，农牧业生产面临的自然风险高，农牧民信用信息缺乏，形成了农牧民贷款藩篱，为了化解农业自然风险和农户信贷配给错位，更好地服务黄河上游地区广大农牧区生产贷款，可开发推广，数字"银保互动、保险＋期货、农业保险"等金融工具组合模式，金融工具组合模式可以提高农户种粮积极性，缓解农牧业生产的自然风险，提高和稳定农户收入，促进农户对新技术的选择。同时，可以缓解农业保险在定损及理赔过程中需要进行实地勘测的成本，降低在保险运行过程中存在的自选择、道德风险以及高额运营成本。

三、建设数字技术支持科技金融服务平台

建立企业上市综合服务平台系统。为企业、机构和政府提供上市全景分析、企业评估服务、上市培育服务、综合金融服务和政策落地服务。形成政府金融管理部门、证券交易所、券商、会计师事务所、律师事务所协同合作，对区域内科创企业和重点培育上市企业进行咨询服务和上市评估，对不同梯次企业制订差异化的培育方案，为企业上市提供线上服务支撑；重点围绕科创板、新三板、再融资等主题，开展培育服务，助力企业做好上市筹备工作。

（1）建立中小微企业信息服务平台。利用大数据和人工智能技术，开发形成普惠、开放、共享的科技创新市场化服务平台，为中小微科技型企业提供政策匹配、企业征信、智能园区、基金管理、人才匹配、企业投融资、产业分析和知识产权等服务，为中小企业提供全周期、一站式服务。

（2）开发企业线上融资服务平台。形成"信息链、信用链、融资链"三链合一的系统，重点涵盖资本市场融资、供应链融资、信用交易融资三大业务领域，为科技型企业线上综合金融服务提供平台，可通过区块链技术建立可追溯防篡改的数据交换信息链、采用大数据技术建立对企业精准画像分层分级评价，通过信用链、运用机器学习技术建立资金供需双方精准匹配智能撮合融资链，与数据源公司联合建模，以"分层评级、智能匹配、股债联动"为基础，解决融资方和投资方之间的信息不对称问题，提高创新创业企业融资效率。

（3）开发企业融资综合信用服务平台。形成"金融管理大数据+金融科技+政府政策配套"三位一体的企业融资综合信用服务平台，实现多元数据、联合建模、沙盒评价、授信直连、政策助推等功能，重点优化金融基础设施建设，提升商业银行小微企业金融服务能力，加快推动"纯信用、线上化"金融服务产品落地，提高小微企业融资的获贷率、首贷率、信用贷款率，降低利率和不良率，增强信贷融资服务的便利性、精准性和连续性。

（4）建立区域性股权市场区块链登记托管系统。将区块链技术创新应用于股权登记托管场景，利用区块链技术去中心化及不可篡改等特点，帮助非上市股份公司规范公司治理，增强股东名册公信力和可信度，减少公司管理成本，提高股权管理效率。同时，通过与中国证监会中央监管链对接，可为监管部门实时动态监管提供基础保障。

四、促进黄河上游地区信息化发展水平提升

现代信息技术和数字技术是数字经济发展的基础，也是数字金融推广应用的前提条件，在数字经济发展中，完善的数字基础设施条件，可以为数字金融服务科技创新提供极大的便利。黄河上游地区经济发展基础薄弱，在信息化发展水平、数字技术应用等方面与发达地区存在差距，在新一轮的发展中，容易形成数字发展"鸿沟"。从黄河上游地区近十年的经济发展数据可以看出，黄河上游经济发展速度虽然实现了较快增长，但是与发达地区，甚至全国平均水平的差距越来越大。在数字经济发展阶段，由于数字技术地理穿透性强等特点，

为黄河上游地区实现跨越式发展带来了新的契机，可以有效缓解发展差距。要实现黄河上游地区生态保护与高质量发展，就需要大力发展数字经济，提升数字金融服务创新发展的水平，这离不开数字基础设施的建设和支撑，因此，需要大力提升黄河上游地区信息化发展水平，为数字金融服务科技创新提供基础。

提升黄河上游地区数字基础设施服务能力，积极主动融入"东数西储"发展战略。2022年1月，国务院发布的《"十四五"数字经济发展规划》中提出国内数字经济"东数西储"发展布局，为黄河上游地区快速融入数字经济发展提供了政策依据。在数字经济大规模发展中，数据要素已经发展成为一种新的生产要素，西部地区良好的自然气候条件，为数据储备提供了先天的条件，可以有效降低数据储备的能耗，服务全国各大数字企业的数据储备。在发展数据储备中，应该注重地区数字基础设施的发展，特别是边远牧区、广大山区，要大力提升信息化发展水平，尤其是要加大通信网络、数据算力设施方面的布局，包括5G、数据中心、云计算、人工智能、物联网、区块链等新一代信息通信技术的推广和应用，通过不断完善数据基础设施，提升数字金融服务技术创新的能力。

参考文献

［1］［美］约瑟夫·熊彼特．经济发展理论［M］．北京：商务印书馆，2016．

［2］［美］R.I. 麦金农．经济发展中的货币与资本［M］．上海：上海三联书店，1997．

［3］［美］爱德华·肖．经济发展中的金融深化［M］．上海：格致出版社，上海三联书店，上海人民出版社，2015．

［4］Solow R M. Technical Change and the Aggregate Production Function［J］. The Review of Econimics and Statistics，1957，39（03）：312-320.

［5］赵昌文，陈春发，唐英凯．科技金融［M］．北京：科学出版社，2009．

［6］房汉廷．科技金融本质探析［J］．中国科技论坛，2015（05）：6-10．

［7］张芷若，谷国锋．中国科技金融与区域经济发展的耦合关系研究［J］．地理科学，2020，40（05）：751-759．

［8］徐玉莲，王玉冬，林艳．区域科技创新与科技金融耦合协调度评价研究［J］．科学学与科学技术管理，2011，32（12）：116-122．

［9］中华人民共和国科学技术部．中国区域创新能力监测报告2016-2017［M］．北京：科学技术文献出版社，2017．

［10］刘小鹏，马存霞，魏丽等．黄河上游地区减贫转向与高质量发展［J］．资源科学，2020，42（01）：197-205．

［11］习近平．在黄河流域生态保护和高质量发展座谈会上的讲话［J］．水利建设与管理，2019，39（11）：1-3+6．

［12］任保平．黄河流域生态保护和高质量发展的创新驱动战略及其实现路径［J］．宁夏社会科学，2022（03）：131-138．

［13］Thomas J. Chemmanur，William J. Wilhelm. New Technologies，Financial Innovation，and Intermediation［J］. Journal of Financial Intermediation，2002，11（1）：2-8.

［14］Alessandra Canepa，Paul Stoneman. Financial Constraints to Innovation in the

UK: Evidence From Cis2 and Cis3 [J]. Oxford Economic Papers, 2008, 60 (4).

[15] 张明喜, 魏世杰, 朱欣乐. 科技金融: 从概念到理论体系构建 [J]. 中国软科学, 2018 (04): 31-42.

[16] Carlota Perez. Technological Revolutions and Financial Capital: The Dynamics of Bubbles and Golden Ages [M]. England: Edward Elgar Publishing, 2002.

[17] 孙伍琴, 王培. 中国金融发展促进技术创新研究 [J]. 管理世界, 2013 (06): 172-173.

[18] 林三强, 胡日东, 张秀武. 我国金融结构体系促进技术创新的实证分析 [J]. 科技管理研究, 2009, 29 (05): 294-295+287.

[19] 辜胜阻, 庄芹芹. 资本市场功能视角下的企业创新发展研究 [J]. 中国软科学, 2016 (11): 4-13.

[20] 聂正彦, 马彦新. 金融深化与中国工业企业技术创新——基于空间计量模型的实证研究 [J]. 兰州大学学报 (社会科学版), 2013, 41 (02): 115-120.

[21] 顾海峰. 金融支持产业结构调整的传导机理与路径研究 [J]. 证券市场导报, 2010 (09): 27-33.

[22] 金浩, 李瑞晶, 李媛媛. 科技金融投入、高新技术产业发展与产业结构优化——基于省际面板数据 Pvar 模型的实证研究 [J]. 工业技术经济, 2017, 36 (07): 42-48.

[23] 王认真. 中国省域技术创新的科技金融支持研究 [J]. 经济问题探索, 2014 (04): 93-100.

[24] Miao Tian, Wenni Fe. Construction and Niche-Fitness Evaluation of the Science and Technology Financial Ecosphere [J]. Academic Journal of Engineering and Technology Science, 2019, 2 (01).

[25] 邵传林, 王丽萍. 创新驱动视域下科技金融发展的路径研究 [J]. 经济纵横, 2016 (11): 65-69.

[26] 孙伍琴. 论不同金融结构对技术创新的影响 [J]. 经济地理, 2004 (02): 182-186.

[27] Elisa Ughetto, Marc Cowling, Neil Lee. Regional and Spatial Issues in the Financing of Small and Medium-Sized Enterprises and New Ventures [J]. Regional Studies, 2019, 53 (05).

[28] 许宁跃. 以科技金融支持产业升级转型 [J]. 中国银行业, 2015

（07）：53-55.

［29］蔡庆丰，陈熠辉，林焜．信贷资源可得性与企业创新：激励还是抑制？——基于银行网点数据和金融地理结构的微观证据［J］.经济研究，2020，55（10）：124-140.

［30］洪银兴．科技金融及其培育［J］.经济学家，2011（06）：22-27.

［31］徐玉莲，王宏起．科技金融对技术创新的支持作用：基于 Bootstrap 方法的实证分析［J］.科技进步与对策，2012，29（03）：1-4.

［32］芦锋，韩尚容．我国科技金融对科技创新的影响研究——基于面板模型的分析［J］.中国软科学，2015（06）：139-147.

［33］张玉喜，赵丽丽．中国科技金融投入对科技创新的作用效果——基于静态和动态面板数据模型的实证研究［J］.科学学研究，2015，33（02）：177-184+214.

［34］李媛媛，陈文静，王辉．科技金融政策、资金网络与企业创新绩效——基于潜在狄利克雷分布模型［J］.科技管理研究，2022，42（06）：28-35.

［35］孟庆松，韩文秀，金锐．科技—经济系统协调模型研究［J］.天津师范大学学报（自然科学版），1998（04）：9-13.

［36］孟庆松，韩文秀．复合系统协调度模型研究［J］.天津大学学报，2000（04）：444-446.

［37］王宏起，徐玉莲．科技创新与科技金融协同度模型及其应用研究［J］.中国软科学，2012（06）：129-138.

［38］徐玉莲，王玉冬，林艳．区域科技创新与科技金融耦合协调度评价研究［J］.科学学与科学技术管理，2011，32（12）：116-122.

［39］刘义臣，沈伟康，刘立军．科技金融与先进制造业创新发展的动态耦合协调度研究［J］.经济问题，2021（12）：36-43.

［40］张文合．黄河上游经济带综合开发初探［J］.地域研究与开发，1990（02）：10-13+62.

［41］霍明远，成升魁，黄兆良．黄河经济带可持续发展战略与关键技术［J］.资源科学，1999（02）：8-13.

［42］安祥生，张复明．黄河经济带可持续发展的战略构想［J］.地理科学进展，2000（01）：50-56.

［43］杨永春，张旭东，穆焱杰，张薇．黄河上游生态保护与高质量发展的

基本逻辑及关键对策［J］. 经济地理，2020，40（06）：9-20.

［44］朱永明，杨姣姣，张水潮. 黄河流域高质量发展的关键影响因素分析［J］. 人民黄河，2021，43（03）：1-5+17.

［45］高煜. 黄河流域高质量发展中现代产业体系构建研究［J］. 人文杂志，2020（01）：13-17.

［46］金凤君. 黄河流域生态保护与高质量发展的协调推进策略［J］. 改革，2019（11）：33-39.

［47］石涛. 黄河流域生态保护与经济高质量发展耦合协调度及空间网络效应［J］. 区域经济评论，2020（03）：25-34.

［48］王金南. 协同推进黄河流域生态保护和高质量发展［J］. 科技导报，2020，38（17）：6-7.

［49］钞小静. 推进黄河流域高质量发展的机制创新研究［J］. 人文杂志，2020（01）：9-13.

［50］孙浦阳，张蕊. 金融创新是促进还是阻碍了经济增长——基于技术进步视角的面板分析［J］. 当代经济科学，2012，34（03）：26-34+125.

［51］米展. 金融发展对企业技术创新模式影响研究——基于中国高技术产业的实证分析［J］. 审计与经济研究，2016，31（06）：112-120.

［52］梁少群. 促进中国高新技术产业发展的金融创新体系研究［J］. 科技管理研究，2009，29（11）：103-105.

［53］Henny Indrawati，Caska，Suarman. Barriers to Technological Innovations of Smes：How to Solve Them？［J］. International Journal of Innovation Science，2020，12（5）.

［54］Wang Chenguang，Qiao Cuixia，Ahmed Rahil Irfan，Kirikkaleli Dervis. Institutional Quality，Bank Finance and Technological Innovation：A Way Forward for Fourth Industrial Revolution in Brics Economies［J］. Technological Forecasting and Social Change，2020（Prepublish）.

［55］徐勇，王传胜. 黄河流域生态保护和高质量发展：框架、路径与对策［J］. 中国科学院院刊，2020，35（07）：875-883.

［56］安树伟，李瑞鹏. 黄河流域高质量发展的内涵与推进方略［J］. 改革，2020（01）：76-86.

［57］黄益平，黄卓. 中国的数字金融发展：现在与未来［J］. 经济学（季刊），2018，17（04）：1489-1502.

［58］滕磊，马德功．数字金融能够促进高质量发展吗？［J］．统计研究，2020，37（11）：80-92.

［59］钱海章，陶云清，曹松威，曹雨阳．中国数字金融发展与经济增长的理论与实证［J］．数量经济技术经济研究，2020，37（06）：26-46.

［60］聂秀华，江萍，郑晓佳，吴青．数字金融与区域技术创新水平研究［J］．金融研究，2021（03）：132-150.

［61］任碧云，刘佳鑫．数字普惠金融发展与区域创新水平提升——基于内部供给与外部需求视角的分析［J］．西南民族大学学报（人文社会科学版），2021，42（02）：99-111.

［62］刘佳鑫，李莎．"双循环"背景下数字金融发展与区域创新水平提升［J］．经济问题，2021（06）：24-32.

［63］梁金华，厉飞芹，刘旭凤．数字金融对区域创新能力提升的影响研究——基于长三角城市群的实证检验［J］．技术经济与管理研究，2022（01）：37-42.

［64］郑万腾，赵红岩．数字金融发展能驱动区域技术创新收敛吗？——来自中国284个城市的经验证据［J］．当代经济科学，2021，43（06）：99-111.

［65］唐松，伍旭川，祝佳．数字金融与企业技术创新——结构特征、机制识别与金融监管下的效应差异［J］．管理世界，2020，36（05）：52-66+9.

［66］谢雪燕，朱晓阳．数字金融与中小企业技术创新——来自新三板企业的证据［J］．国际金融研究，2021（01）：87-96.

［67］郑雅心．数字普惠金融是否可以提高区域创新产出？——基于我国省际面板数据的实证研究［J］．经济问题，2020（10）：53-61.

［68］何宗樾，张勋，万广华．数字金融、数字鸿沟与多维贫困［J］．统计研究，2020，37（10）：79-89.

［69］王作功，李慧洋，孙璐璐．数字金融的发展与治理：从信息不对称到数据不对称［J］．金融理论与实践，2019（12）：25-30.

［70］郭峰，王靖一，王芳，孔涛，张勋，程志云．测度中国数字普惠金融发展：指数编制与空间特征［J］．经济学（季刊），2020，19（04）：1401-1418.

［71］温忠麟，叶宝娟．中介效应分析：方法和模型发展［J］．心理科学进展，2014，22（05）：731-745.

[72] Solomon Tadesse. Innovation, Information, and Financial Architecture [J]. Journal of Financial and Quantitative Analysis, 2006, 41 (04).

[73] 徐建军. 金融系统促进技术创新的作用机理与动态效应 [J]. 商业研究, 2010 (09): 98-104.

后　记

　　科技金融的快速发展可追溯至 20 世纪 90 年代美国的信息技术革命，特别是信息技术在金融服务领域的应用，催生了一批金融创新产品，极大地提升了金融服务科技创新的能力。由信息技术革命引发的金融创新对科技创新的促进现象，引起了国内外学者对科技金融的广泛关注，引发了对科技金融的研究，在理论与实证层面，国内外学者发表了丰硕的研究成果。在国外，特别是欧美等发达国家，科技金融体系较为完善，已经形成了较为完善的资金链支持创新链的科技金融体系和运行机制，科技金融对科技创新的支撑作用明显，创新对经济发展的促进作用较强。在国内，科技金融已经发展了 40 余年，在理论方面，科技金融基本概念、分类、作用机制、绩效等方面的研究成果丰硕，理论体系初步形成；在实证检验方面，科技金融对创新的促进作用研究成果较多，在影响机制、空间扩散等方面国内学者进行了广泛的研究；在实践层面，科技金融服务和产品体系在我国经济发达地区较为完善，特别是在国家自主创新示范区发展较好，科技金融服务体系和产品创新较多，资金对技术创新的支持方式灵活多样，科技金融市场发展活跃，特别是在数字技术应用方面，科技金融已经走在了前列，各地区已经开发出了丰富的数字金融产品，为科技创新投融资服务提供了强有力的支撑。黄河上游地区由于历史发展原因，科技金融对科技创新的支撑作用尚未凸显。在现代化发展中，要实现跨越式发展，离不开科技创新的引领，因此，大力发展科技金融对黄河上游地区生态保护与高质量发展具有重要意义。随着数字技术的发展和应用，科技金融创新又走到了历史重大进步的关口，抓住新一轮信息技术革命的机遇，特别是人工智能技术的商业化应用，对于经济欠发达地区意义重大。本书无法涵盖所有科技金融理论与案例，特别是新一代信息技术发展带来的科技金融创新，因此，期待能够涌现出更多的研究，为经济欠发达地区提供更多可供参考的经验。限于作者能力，书中难免有不尽如人意的地方，希望读者批评指正。

　　本书不仅凝结着家人的殷切期盼，也承载着众多良师益友的深情厚谊。非常感谢我的家人，在书稿写作期间，他们给了我很多无私的支持，没有他们的理解与支持，我不会全身心地投入书稿写作。非常感谢我人生路上的老师们，他们的点拨和教导使我终身受益。非常感谢北方民族大学的支持，如果没有北方民族大学的资助，本书的出版就不会这么顺利！

马　琴

2023 年 2 月